dtv MERIAN reiseführer

Norwegen

Von Anja Carstanjen Schroth

dtv
Deutscher
Taschenbuch
Verlag

Gräfe und Unzer Verlag, München
Reiseredaktion
Redaktion: Ulrike Bässler
Lektorat: Andrea Sach
Bildredaktion: Ulrike Bässler
Kartenredaktion: Dagmar Piontkowski

Wir freuen uns, Ihre Meinung zu diesem Reiseführer zu erfahren. Bitte schreiben Sie uns, wenn Sie Berichtigungen und Ergänzungsvorschläge haben oder wenn Ihnen etwas besonders gut gefällt.

Gräfe und Unzer Verlag
Reiseredaktion
Stichwort: dtv MERIAN
Postfach 40 07 09
Isabellastraße 32
80707 München

Originalausgabe
1. Auflage 1996
Deutscher Taschenbuch Verlag
GmbH & Co. KG, München

Visuelles Konzept und
Umschlaggestaltung:
Klaus Meyer/Jorge Schmidt,
München
Umschlagfoto: Ernst Wrba
Blick auf den Geirangerfjord
Kartographie: Huber, München
Produktion:
Verlagsbüro Walter Lachenmann,
Waakirchen-Schaftlach
Druck und Bindung:
Kösel, Kempten

Printed in Germany
ISBN 3-423-37014-9

Inhalt

Unterwegs zum Nordkap

Routen und Touren

A
↓
Z

Allgemeine Informationen

Geruhsame Lektüre vor einem Holzhaus aus dem letzten Jahrhundert im Fagernes Folkemuseum

TRYGD

Erste Begegnung mit Norwegen

Erste Begegnung mit Norwegen

Norwegen ist ein Land voller Mythen. So kennt ein mancher Geschichten über frei herumlaufende Eisbären oder über Elche, die sich mitten in Oslo breitmachen. Auch der Glaube, hier im Norden Europas herrsche nur eisige Kälte oder ständiger Regen, ist weit gestreut. Obwohl man natürlich bestrebt ist, diese Vorstellungen als Hirngespinste zu entlarven, lassen sie sich trotz allem nicht ganz abweisen. Auf dem Festland Norwegens – das sich vom Lindesnes-Leuchtturm im Süden des Landes bis zum rund 2520 Kilometer weiter nördlichen, in der Nähe des Nordkaps liegenden Felsens Knivskjelodden erstreckt – gibt es zwar keine frei herumlaufenden Eisbären, doch auf der zum norwegischen Territorium zählenden Inselgruppe Svalbard in der Arktis gehören sie zum alltäglichen Bild. Und was das Gerücht um die Elche in Oslo betrifft, ist auch hier etwas Wahres dran: Rein geographisch betrachtet, liegt Oslos Zentrum nämlich mitten im Waldgebiet der Nordmarka – und dort leben wahrhaftig zahlreiche Elche.

365 Tage Regen in Bergen?

Über die Beurteilung des Wetters herrscht unter den Norwegern jedoch allerhand Uneinigkeit. Wenn es im westnorwegischen Bergen laut Aussage der Ostnorweger ständig regnet – böse Zungen sprechen von 365 Tagen Dauerregen – behaupten die Bergenser, daß nur der Asphalt naß aussehe. Von Regen jedoch keine Spur! Ähnlich unterschiedlich werden die Außentemperaturen bewertet. Bricht im April oder Mai endlich die warme Jahreszeit an, dann legen sich schon bald die ersten Norweger in der Badehose zum Sonnen in den Garten, während andere ihre Kinder noch mit Ohrenwärmern ins Freie schikken. Und manche Norwegenbesucher, die auch mitten im Sommer noch mit zwei übereinandergezogenen Pullovern frieren, wundern sich darüber, daß bei dieser »Kälte« einige Einheimische sogar noch immer in kurzärmeligen T-Shirts herumlaufen.

Fraglich ist, ob die Norweger schon mit einem anderen »inneren Thermostat« zur Welt kommen, oder ob man sich ganz einfach an das im Verhältnis zu Mitteleuropa ziemlich rauhe Klima gewöhnen kann. Eines ist jedoch sicher: Wenn nach sechs, sieben und im Gebirge sogar acht Monaten Schnee endlich das Frühjahr kommt, dann erwachen die Norweger aus ihrem Winterschlaf, leben auf und genießen die Wärme und die langen hellen Nächte in vollen Zügen.

Größte Attraktion von Ålesund: die prachtvollen Bauten aus der Zeit der Jahrhundertwende
Links: Plausch mit uniformierten Gardisten, die vor dem königlichen Schloß in Oslo patrouillieren

Norwegen bietet genügend Platz für alle

Norwegen ist ein vielfältiges Land, sowohl landschaftlich, klimatisch, kulturell als auch hinsichtlich der Mentalität seiner Bewohner. Entlang der Südküste mit ihren zahlreichen Schären, versteckten Buchten und hübschen kleinen Hafenstädtchen verbringen die Norweger gerne ihre Sommerferien – sei es in der eigenen Ferienhütte oder an Bord eines Segelbootes oder Kabinenkreuzers. Schon im 16. Jahrhundert legten hier ausländische Schiffe mit Waren an und kehrten, mit Holz und Eisenerz beladen, in ihre Heimathäfen zurück. Die Nähe zum Kontinent beeinflußte das Verhalten der an der Küste lebenden Norweger von jeher: Hier stößt man auf weltgewandte und urbane Offenheit und wehrt sich weniger als anderswo gegen fremde Einwirkungen.

Während man im Inneren Norwegens in ländlichen Gebieten oftmals mehrere Kilometer zwischen den einzelnen Höfen zurücklegen muß – was keineswegs zum häufigen Zusammensein beiträgt –, wohnt man an der Küste recht dicht beieinander, zumindest nach norwegischen Maßstäben. In den Küstenbezirken Telemark, Aust-Agder und Vest-Agder leben laut Statistik 21,5 Einwohner auf einem Quadratkilometer Fläche. Im Landesdurchschnitt hat Norwegen eine Bevölkerungsdichte von knapp 14 Menschen pro Quadratkilometer. Nördlich von Trondheim müssen sich sogar

Über 2500 Kilometer vom Nordkap entfernt, markiert der Leuchtturm von Lindesnes den südlichsten Zipfel Norwegens

nur noch sechs und im nördlichsten Bezirk Finnmark 1,6 Bewohner einen Quadratkilometer teilen. Für Mitteleuropäer geradezu ein paradiesischer Zustand!

Westküste – imponierende Fjorde und verlassene Inseln

Wirklich einzigartig ist die west- und teilweise auch nordnorwegische Fjordlandschaft. Hier fressen sich schmale, vielfach über hundert Kilometer lange Fjorde – der Sognefjord ist mit 204 Kilometern der längste – ins Land hinein, umgeben von mächtigen, mehrere hundert Meter hohen, direkt aus dem Wasser aufragenden Bergen. Entlang der Küste liegen unzählige Inseln, deren Bewohner nur schwer ihren Lebensunterhalt sichern können. Junge Norweger, die auf diesen Inseln oder in den kleinen Fischerdörfern an der Küste aufwachsen, zieht es deshalb, sobald sie erwachsen sind, in die größeren Ortschaften und Städte. Irgendwann verläßt schließlich auch der letzte feste Bewohner die Insel oder das abgelegene Dorf. Zurück bleiben leere Häuser, seeuntüchtige Fischerboote und die ewig kreischenden Möwen ...

Hier und da tun sich allerdings auch neue Möglichkeiten auf, die zum Bleiben ermuntern, beispielsweise die Errichtung einer Fischzuchtanlage. Und manch ein Ort wurde attraktiver, indem man ihn für die Sommertouristen wieder herrichtete, die ein ruhiges Plätzchen fernab der Hektik in den Städten suchen.

Gletscher, Gebirge und unendlich viel Wald

Große Teile Norwegens sind von Stein und Geröll bedeckt. Rund die Hälfte des norwegischen Gebiets liegt oberhalb der Baumgrenze, ein Viertel besteht aus Wald. Den größten Teil der in Norwegen bewirtschafteten Fläche – etwa drei Prozent der Gesamtfläche – findet man rund um Oslo und den Mjøsa-See, südlich und nördlich von Trondheim und auf den fruchtbaren Ebenen von Jæren südlich von Stavanger. Ansonsten besteht Norwegen vor allem aus Gebirge, Gletschern, Seen und unberührter Natur.

In einem Land, in dem die Menschen vielerorts noch im Einklang mit der Natur leben und bis in dieses Jahrhundert hinein oftmals gänzlich auf sich selbst angewiesen waren, muß man sich nicht wundern, daß der Individualismus eine der auffallendsten Eigenschaften seiner Bewohner ist und viele von ihnen – besonders beim ersten Kennenlernen – recht viel Zurückhaltung zeigen. Doch man sollte sich von diesem Verhalten nicht abschrecken lassen.

Samen – Minorität im hohen Norden

Fern unter dem Polarstern liegt das weite Land der Samen …«, so beginnt die Nationalhymne der Samen, die die langen dunklen Winter mit ihren Schneestürmen, das phantastische Nordlicht, die idyllischen Seen, Hochflächen und Moore im Norden Norwegens, aber auch das Leben der Samen und deren Kampf um ein eigenes selbständiges Sameland beschreibt. Ob es die Küstengebiete oder die Hochflächen im Landesinneren waren, die die ersten Samen anlockten, ist unsicher. Auch gibt es lediglich mehrere Vermutungen darüber, woher sie einst kamen. Der verbreitetsten Theorie zufolge zog dieses Jagdvolk aus Asien in den nordwestlichen Teil von Rußland und von dort in den Norden Finnlands, Norwegens und Schwedens.

Obwohl die rund 30000 in Norwegen lebenden Samen aufgrund ihres Passes von norwegischer Nationalität sind, setzen sie sich aktiv für ihre eigenen wirtschaftlichen und sozialen Rechte ein. Seit 1989 gibt es sogar ein eigenes Sameting, ein Parlament mit 39 Mitgliedern. Die alten Samentraditionen sowie ihre Sprache sind heute allerdings vor dem Aussterben bedroht. Nach dem Krieg mußten die Samen lange dafür kämpfen, damit an den Schulen der sechs samischen Gemeinden die samische Sprache unterrichtet wurde. Eine Tradition der Samen ist die Rentierzucht, doch heute werden bei den norwegischen Behörden Stimmen

Die Urbevölkerung, die Samen, siedelte sich schon vor 10000 Jahren auf norwegischem Gebiet an. Sie lebt hauptsächlich von der Rentierzucht

laut, die meinen, es gebe zu viele Rentiere im Bezirk Finnmark. Junge Samen erhalten daher Subventionen, wenn sie sich in anderen Wirtschaftszweigen als der Rentierzucht eine Existenz aufbauen. Trotz allem gibt es noch junge Leute, die die Traditionen ihrer Vorväter weiterführen wollen – mit modernen Schneemobilen und Trailern, in denen die Rentiere zu den Sommerweiden an der Küste gebracht werden.

Typisch norwegisch: Das Volk stimmt mit Nein ...

Als sich die Norweger bei einer Volksabstimmung im November 1994 gegen eine EU-Mitgliedschaft entschieden, schüttelten viele Europäer nur mit dem Kopf. Manche bewunderten aber auch den Mut der Norweger, die, wie in so vielen anderen Bereichen, versuchen, ihre eigenen Wege zu gehen. Und noch etwas ist auffällig: Es gibt beinahe keinen politischen oder kulturellen Bereich, in dem sich nicht zwei starke Lager bilden: So gibt es ein urbanes, weltoffenes und liberales Lager auf der einen Seite und ein auf Traditionen bauendes und sich für die ländlichen Regionen einsetzendes Lager auf der anderen. Letzteres konnte sich zwar bei der EU-Abstimmung behaupten, in der sonstigen Politik hat es aber trotz allem kein großes Glück gefunden. Ganz im Gegenteil: Seit der Abstimmung im November 1994 konnten die EU-freundlichen Parteien – angeführt von der sozial-

Moderne Architektur prägt das Hafenviertel der Hauptstadt Norwegens

demokratischen Arbeiterpartei, die sowohl vor der Volksabstimmung an der Macht saß als auch danach – ihre Stellung sogar noch stärken.

... doch das Parlament sagt ja

Das Ergebnis der Volksabstimmung hat die Parlamentsmitglieder im Stortinget kaum beeindruckt, obwohl man im Parlament der EU gegenüber die ganze Zeit eine entgegenkommende Haltung gezeigt hatte. Die Angst des Volkes vor der EU hat viele Gründe: Die Bauern und Fischer fürchten eine höhere Besteuerung beim Fischfang und den Verlust von Subventionen, die kleineren und mittleren Betriebe glauben, von multinationalen Konzernen vom Markt gedrängt zu werden, und generell befürchtet man eine umweltunfreundliche Politik.

Ironischerweise konnte aber ein anderes Abkommen abgeschlossen werden: Am 1. Januar 1994 trat Norwegen nämlich der EWU bei, und dies geschah beinahe ohne jeglichen Protest. Viele Rechte und Pflichten der EU werden von den Norwegern somit trotz allem im wirtschaftlichen und kulturellen Leben und in der Forschung berücksichtigt. Waren können genauso frei wie innerhalb der EU die Grenzen passieren, und Norweger können genauso in den EU-Ländern arbeiten wie andere Bewohner eines EU-Landes. Und nicht nur das: Norwegen hält sich auch genauestens an viele EU-Normen und -Richtli-

Kleiner Knigge für Ausländer *Die Beherrschung der norwegischen Höflichkeitsformeln bedarf einigen Trainings. Denn in Norwegen wird zu Zeitpunkten ein Dankeschön ausgesprochen, wo wir zumeist schweigen, oder der Norweger verhält sich still in Situationen, in denen es bei uns üblich ist, in Aktion zu treten. Beginnen wir mit dem ersten Besuch bei einem Norweger: Es ist üblich, eine kleine Aufmerksamkeit mitzubringen, die Straßenschuhe ganz diskret an der Eingangstür abzustreifen und sich auf Strümpfen weiter in das Haus des Gastgebers zu bewegen. Obwohl Strümpfe als salonfähig gelten, sollte man sich für festlichere Anlässe leichtere Innenschuhe mitnehmen. Die nächste Hürde ist die Begrüßung. Warten Sie nicht darauf, daß der Gastgeber Sie den anderen Gästen vorstellt. Normalerweise müssen Sie sich selbst mit ihnen bekannt machen. Meist wird nur bei der allerersten Begrüßung die Hand geschüttelt. Bei späteren Treffen gehen die Norweger eher sparsam damit um. So manch ein Ausländer blieb daher schon mit vorgestreckter Hand vor einem Norweger stehen ...*

nien, zeigt sogar Interesse am Schengener Abkommen und an einer gemeinsamen äußeren Grenzkontrolle. Aber der EU beitreten? Bei einer erneuten Volksabstimmung wäre die Antwort immer noch Nein ...

Derrick spricht *nynorsk*

Wenn von typisch norwegischen Streitigkeiten die Rede ist, kommt man unweigerlich auch auf den norwegischen Sprachenstreit zu sprechen. Aufmerksamen Besuchern wird sicherlich irgendwann einmal auffallen, daß viele Formulare zweiseitig bedruckt sind, beim näheren Hinschauen mit recht ähnlichen Texten. Hier ist kein Fehler unterlaufen, der gleiche Text wurde absichtlich zweimal gedruckt: einmal auf *bokmål* (Buchsprache) und einmal auf *nynorsk* (Neunorwegisch). Beides sind in Norwegen offizielle Amtssprachen, die nicht nur auf Formularen, sondern auch in der Schule und im Fernsehen berücksichtigt werden. Die Schulbesucher müssen immer noch beide Sprachen lernen, und im staatlichen Fernsehkanal des Norwegischen Rundfunks (NRK) verlangt man nach wie vor eine ausgewogene Sprachmischung. Die Geschehnisse der Welt werden an einem Tag auf *bokmål*, am anderen Tag auf *nynorsk* gelesen. Und alles, was Inspektor Derrick alias Horst Tappert im norwegischen Fernsehen auf Deutsch von sich gibt, darf das Volk auf *nynorsk* lesen – als eingeblendeten, übersetzten Text, denn Filme werden grundsätzlich in ihrer Originalsprache gezeigt.

Vielleicht kennen Sie bereits den einen oder anderen Gastgeber. Vergessen Sie dann nicht, ihm für die letzte Einladung zu danken. »Takk for sist« (»Danke für das letzte Mal«) wird auch gesagt, wenn das letzte Treffen schon eine Weile zurückliegt. Nach dem Essen folgt nun eine der wichtigsten Gesten: Beim Verlassen des Tisches – und nicht später! – spricht man ein »takk for maten« (»Danke für das Essen«) aus. Verabschiedet man sich schließlich, steht noch ein »takk for i kveld« (»Danke für den gemeinsamen Abend«) oder »takk for i dag« (»Danke für den gemeinsamen Tag«) an.
Haben Sie jetzt genug von all den Höflichkeitsfloskeln? Trösten Sie sich damit, daß Sie dafür in anderen Bereichen weitaus weniger höflich sein müssen. Der in südlicheren Gefilden übliche Gruß beim Betreten oder Verlassen eines Ladens bleibt meist ganz aus, und weder beim Wandern noch beim Spazierengehen rufen sich Fremde einen Gruß zu. Auch der anderenorts übliche Small talk gilt in Norwegen als überflüssig.

Jahrhundertelanger Sprachenstreit: *Norge* oder *Noreg*?

Der Sprachenstreit begann nach der Loslösung Norwegens von Dänemark im Jahre 1814 (→ Geschichte und Gegenwart). Jahrhundertelang hatte Dänisch als Amtssprache fungiert. In den Städten plädierte man anfangs für das sich allmählich aus dem Dänischen entwickelnde norwegische *riksmaal* (Reichssprache), eine konservative Form des heutigen *bokmål*. In Westnorwegen machte sich jedoch Ivar Aasen (1813–96) daran, aus den verschiedenen Dialekten eine eigene Sprache, das *landsmaal* (Landessprache), zu bilden, aus der sich das *nynorsk* entwickelte. 20 Prozent der Norweger sprechen heute noch *nynorsk*.

Schließlich kam die Frage auf, welche dieser beiden Sprachen Landessprache werden sollte. Zu einer Einigung ist man, wie man sieht, bis heute nicht gekommen. Noch nicht einmal über den Namen ihres Landes sind sich die Norweger einig: In Westnorwegen wohnt man in *Noreg*, im Osten und Norden dagegen in *Norge*.

Von Literaten, Malern und Komponisten

Über Norwegens Literatur-, Kunst- und Musikgeschichte ist im Ausland relativ wenig bekannt. Kein Wunder, denn eigentlich wurde erst nach der Loslösung von der über 400jährigen dänischen Vor-

Das Munchmuseet in Oslo beherbergt die größte Gemäldesammlung des norwegischen Künstlers Edvard Munch

herrschaft im Jahre 1814 das Startsignal für eine eigenständige Literatur und Kunst gegeben. Der eigentliche Durchbruch kam allerdings erst um das Jahr 1840, als Jørgen Moe (1813–82) und Peter Christian Asbjørnsen (1812–85) begannen, im Land Sagen und Märchen zu sammeln und der Landschaftsmaler Johan Christian Dahl (1788 bis 1857) Norwegens Natur auf der Leinwand verewigte.
Das »Goldene Literaturzeitalter« fing an mit dem Übergang zum Realismus. Schriftsteller wie Hans Jæger (1851–1919) und Christian Krohg (1852–1925) prägten diese Zeit, indem sie die Grundpfeiler der Gesellschaft, die Ehe, die Familie und die christliche Moral, angriffen, ebenso wie Bjørnstjerne Bjørnson (1832–1910) mit seinem Drama »Über die Kraft«. Henrik Ibsen (1828–1906) unterlag zunächst dem Einfluß der norwegischen Romantik, bis er dann später seine beiden großen Dramen »Brand« und »Peer Gynt« in Rom schrieb. In den Stücken »Nora oder ein Puppenheim«, »Gespenster« und »Die Wildente« richtete er seinen Blick auf die Mißstände der Gesellschaft und wurde durch seine schonungslose Darstellung und Kritik der bürgerlichen Welt zum Bahnbrecher des Naturalismus in Skandinavien und Deutschland. Die Schriftstellerin Amalie Skram (1847–1905) griff in ihren Werken vor allem die Probleme verheirateter Frauen auf. Dieser Generation von Künstlern gehörte auch Edvard Munch (1883–1944) an, Norwegens berühmter expressionistischer Maler.

Auf der Hardangervidda im Norden Norwegens sind fast 40000 Rentiere heimisch

Seit 1890 konzentrierten sich die Schriftsteller dann – als eine Art Gegenreaktion – auf ihr eigenes Seelenleben. Knut Hamsun (1859 bis 1952) schrieb die tragische Liebesgeschichte »Pan« und erhielt für »Segen der Erde« 1920 sogar den Nobelpreis für Literatur. Auch Sigrid Undsed (1882–1949), die Autorin der Romantrilogie »Kristin Lavranstochter«, wurde 1928 für ihr Werk »Olav Audunssohn« mit dem Nobelpreis geehrt.

Zu Norwegens bekanntesten modernen Schriftstellern zählen heute Knut Borgen, Jens Bjørneboe, Knut Faldbakken und auch Jostein Gaarder mit seinem erfolgreichen Buch »Sophies Welt«. Erwähnenswert sind weiterhin die Schriftstellerinnen Liv Køltzow, Bjørg Vik und Herbjørg Wassmo, deren bekannteste Werke auch in deutscher Übersetzung vorliegen.

Die Anzahl norwegischer Komponisten, die über die Landesgrenzen bekannt geworden sind, ist gering. Einer der bedeutendsten ist sicher Edvard Grieg mit seinem Klavierkonzert in a-moll und der Peer Gynt-Suite, die den musikalischen Hintergrund zu Ibsens gleichnamigem Drama bildet.

Norwegens wohl größter Symphoniker ist Johan Svendsen (1840 bis 1911), und auch die Kammermusik von Christian Sinding (1856 bis 1941) genießt einen hohen Bekanntheitsgrad.

Wer die Werke moderner norwegischer Komponisten kennenlernen möchte, dem seien vor allem Namen wie Geirr Tveit, Arne Norheim und Johan Kvandal genannt.

Wo Frauen regieren … *Sie ist resolut, Ärztin, Mutter von vier Kindern und wurde im Februar 1981 als erste Frau in der Geschichte Skandinaviens Staatschefin – und sie sorgte im Mai 1986 für einen Weltrekord: In ihrer damals neuen Arbeiterpartei-Regierung waren acht der insgesamt 18 Minister Frauen. Die Rede ist von Gro Harlem Brundtland, die seit dem Rücktritt der bürgerlichen Regierung 1986 am Ruder sitzt und beweist, daß sich Familie und eine politische Karriere aller Unkenrufe zum Trotz miteinander vereinbaren lassen. Bereits im Herbst vor diesem spektakulären Ereignis wurde ein innovatives Gesetz verabschiedet: Mindestens 40 Prozent der sicheren Plätze im Storting – dem norwegischen Parlament – sollen Frauen zugeteilt werden. Auch scheute sich damals Norwegens erste Kirchen- und Unterrichtsministerin keineswegs, bei verschiedensten Personaleinstellungen von der eingeführten Quotenregelung Gebrauch zu machen. Seit dieser Zeit wird Frauen also bei gleicher Qualifikation der Vorzug gegeben.*

Wer einmal hier war, kommt immer wieder

Norwegen hat eine enorme Anziehungskraft. Das Land mit seiner mächtigen Natur, seinen wunderschönen Fjorden, seinen einzigartigen Stabkirchen und pittoresken Fischer- und Hafenstädtchen und seiner sauberen Umwelt lockt vor allem jene an, die schon einmal hier waren: 80 Prozent aller deutschen Besucher, die auf eigene Faust Norwegen erkunden, kommen wieder. Manch einer hat schon bald ein hübsches Tal, ein Küstendorf, eine bestimmte Landschaft oder eine Insel gefunden, wohin er immer wieder zurückkehrt.

Und wie reist es sich am besten? Die Frage ist schwer zu beantworten, denn der eine liebt den Komfort eines Hotels, der andere zieht die kleine, einfache Hütte mitten in der Wildnis oder am Ufer eines Sees vor, mancher auch die Fischerhütte – die *rorbu* – mit eigenem Ruderboot zum Angeln. Viele reisen mit dem Wohnmobil und einige sogar mit dem Zelt, obwohl letzteres manchmal zu einem recht feuchten Vergnügen werden kann. Für Leute mit schmalen Brieftaschen ist dies sicherlich die günstigste Art, Norwegen zu erkunden. Erschwinglich sind auch die Jugendherbergen, die keineswegs nur Jugendlichen vorbehalten sind. Hier steigen Familien mit Kindern oder das Ehepaar ab, das dann im Doppelzimmer wohnt – wie die jungen Tramper und Interrailer. Wer fit ist, kann von Gebirgshütte zu Gebirgshütte wandern oder sich weit ab vom Trubel und den beliebtesten Touristenzielen in einer gemütlichen Gebirgsstube einquartieren.

… und Männer zu Hause bleiben. *Als 1986 der staatliche »Männerrollenausschuß« ins Leben gerufen wurde, setzte man sich zum Ziel, auch die Rolle des Mannes bei öffentlichen Maßnahmen zur Förderung der Gleichstellung von Mann und Frau ins Kalkül zu ziehen. Neun Jahre später war es schließlich soweit. Seit 1995 können sich auch die Männer aktiv an der Pflege des Neugeborenen beteiligen. Vom einjährigen Babyurlaub – mit 80- bis 100prozentigem Gehalt – ist seither ein Monat ausschließlich dem Vater vorbehalten. Mit Einführung dieses neuen Gesetzes bekennen sich nun Väter aus allen Gesellschaftsschichten in aller Öffentlichkeit zu Hausmännern, jedenfalls für einen Monat, denn zu längeren Vaterschaftsurlauben lassen sich bis jetzt nur wenige hinreißen. Dies hat allerdings auch mit der zumeist noch recht konservativen Haltung der Arbeitgeber zu tun. Doch Norwegens Familienministerin will auch dort aufräumen. Das Arbeitsleben soll ihrer Ansicht nach stärker an die Bedürfnisse von Familien und Kindern angepaßt werden.*

Wunderwelt der Fjorde

Zu den schönsten Reisezielen gehört zweifellos das westnorwegische Fjordland mit seinen imponierenden Fjorden, den steilen Bergen und mächtigen Gletschern. Hier liegen der weltbekannte Geirangerfjord und der schmale, von mehreren hundert Meter hohen Bergen umgebene Nærøyfjord, hier kann man zum Birksdals-, Nigards- oder Byabreen, zu den Gletscherarmen des großen Gletschers Jostedalsbreen wandern und einige der schönsten Stabkirchen Norwegens bewundern.
Bei einer Fahrt durch diese faszinierende Landschaft zwischen Ålesund und Bergen bietet sich zudem ein Abstecher hinaus zur Küste an, beispielsweise nach Selje direkt in der Nähe des Vestkapps, eines der schönstens Fleckchen Norwegens, das vor allem aufgrund seiner wunderschönen Farbenspiele und beeindruckenden landschaftlichen Kontraste fasziniert.
Auf ganz besondere Art und Weise genießen kann man Norwegens langgestreckte Küste an Deck eines Postschiffes der über hundert Jahre alten Hurtigruten. Jeden Tag verläßt eines der elf Schiffe dieser Schiffslinie den Hafen von Bergen, um vorbei an Trondheim mit seinem mächtigen Dom, der Inselgruppe der Lofoten und dem Nordkap, Europas nördlichstem Festlandspunkt, bis hinauf nach Kirkenes gleich in der Nähe der russischen Grenze zu schippern. Wer im Sommer kommt, kann nördlich des Polarkreises die nicht mehr untergehende Mitternachtssonne erleben, im Winter und Frühjahr locken die im nördlichsten Bezirk Finnmark lebenden Samen mit unvergeßlichen

Wenn Trolle mit Steinen werfen … *Die Trolle gehören genauso zu einem Norwegenurlaub wie die Fjorde und Berge. Diese ungepflegten Wesen mit ihren langen Nasen und krummen, mit Moos bewachsenen Buckeln können, wenn sie geärgert werden, reichlich bösartig werden und mit Steinen werfen. Hier ist keineswegs die Rede von ihren wuscheligen Pappkollegen – made in Spain –, die man in den Andenkenläden erstehen kann. Nein, gemeint sind Norwegens wirkliche Trolle, die unter Steinen zwischen dem Moos leben. Treffen kann man sie auf einsamen Gebirgswanderungen, und wenn Sie ihnen zu Ehren einen Steinhaufen bauen, werden die buckligen Gesellen Ihnen kein Haar krümmen. Übrigens, junge Männer sollten sich in der Nähe des Trollkönigs Dorregubben in acht nehmen: Er hält nämlich ständig Ausschau nach einem geeigneten Bräutigam für seine Tochter. Aber auch junge Mädchen müssen auf der Hut sein. Wer von einem Troll gefangen wird, muß dessen Läuse entfernen und ihm den Kopf krau-*

Rentier- und Hundeschlittenfahrten. Über 1500 Kilometer weiter südlich laden Wintersportorte wie Geilo, Gol, Trysil, Hovden und Lillehammer zum Langlaufen, aber auch alpinen Skilauf ein, und selbst Oslo, Norwegens Hauptstadt, besitzt über 2200 Kilometer gespurte Loipen. Kurzum: Norwegen hat eigentlich zu jeder Jahreszeit etwas zu bieten!

Wer jedoch Kälte und Schnee vermeiden will, sollte sich vor allem von Mitte Juni bis Mitte August auf die Reise machen. Denn Ende August kann im Gebirge schon wieder der erste Schnee fallen ...

Zum Schluß noch ein Rat, der vielleicht wichtigste in diesem Buch: Lassen Sie sich Zeit! Norwegen sollte nicht im Schnellverfahren bereist werden – und verdient es auch nicht.

Wenn Sie in diesem Land mit seiner enormen Vielfalt unterwegs sind, werden Sie schnell feststellen, daß man Zeit braucht, nicht nur für Sehenswürdigkeiten, Ausflüge und Besichtigungen, sondern auch zum »Verdauen« der Eindrücke.

Ich erinnere mich noch an meine erste Fahrt auf dem Geirangerfjord vor 20 Jahren. Zwischen den mächtigen, größtenteils kahlen und beinahe senkrecht aus dem Wasser ragenden Bergen und den tosenden Wasserfällen, die mehrere hundert Meter über unseren Köpfen über die Bergkante spritzten, fühlte ich mich plötzlich ganz klein. Hier herrschen noch die Naturkräfte! Dieses Gefühl ließ mich tagelang nicht mehr los, und ich habe es auch nie mehr vergessen. Mögen auch Sie viele ergreifende Eindrücke mit nach Hause nehmen und sich – falls dies noch nicht geschehen ist – vom Norwegenbazillus anstecken lassen.

len. Das kann reichlich anstrengend werden, denn ein Troll hat bis zu neun Köpfe.

Als einst Olav Haraldson Anfang des 11. Jahrhunderts das Christentum einführen wollte, paßte den Trollen das keineswegs. Sie ließen große Steinblöcke von den Bergen rollen und unternahmen alles trollmögliche, um die gerade errichteten Kirchen wieder zu zerstören. Doch König Olav war nicht dumm. Er verlangsamte das Rollen der Steinblöcke und benutzte sie zum Bau von Portalen und Mauern. Als die Trolle daraufhin wütend von ihren Bergen herunterkamen, verwandelte sie der König in Steine und ließ die Kirchenglocken so lange läuten, bis sie vor Wut zerplatzten.

Die empfindlichsten unter den Trollen vertragen übrigens die Sonne nicht – sie werden zu Stein, sobald sie ein Sonnenstrahl trifft. Wenn der Regen kommt, können sie sich jedoch leicht wieder in echte Trolle verwandeln ...

Geschichte
und
Gegenwart

Geschichte und Gegenwart

Norwegens Geschichte ist reich an Ereignissen, doch nur wenige der historischen Höhepunkte haben Spuren hinterlassen. Die meisten Bewohner des bis in jüngster Vergangenheit unwegsamen Landes am nördlichen Rand Europas hatten Wichtigeres zu tun, als Denkmäler zu errichten und altes Kulturgut zu pflegen.
Obwohl die Spuren der Vorväter der heutigen Norweger spärlich sind, so ist Norwegens Geschichte keineswegs langweilig.
Vor 50 bis 60 Millionen Jahren, als sich Nordeuropa herauszubilden begann, waren die Gebiete des heutigen Schottlands und Skandinaviens noch durch die etwa 500 Millionen Jahre alte kaledonische Schwelle verbunden. Ein Teil dieses Faltengebirges unter dem Meeresspiegel verschwand, gleichzeitig wurde aber das Land im Westen und Nordwesten angehoben. Auf diese Weise entstanden die skandinavischen Hochflächen und die steile, vom Meer zerklüftete Küste Norwegens. Es folgten mehrere Eiszeiten, aber auch Perioden mit mäßigem, feuchterem Klima, und die großen Wassermassen der Flüsse gruben v-förmige Kerbtäler in das Land.

Robbenjagd im hohen Norden

Um 10 000 v. Chr., als das große Teile der Landesfläche bedekkende Eis an der Küste allmählich abschmolz, kamen die ersten Menschen nach Norwegen, um sich vom Robben- und Fischfang sowie von der Rentier- und Hirschjagd zu ernähren. Doch niemand weiß mit Sicherheit, ob sie am Rande des abschmelzenden Eises auch überwintern konnten. Die ersten Spuren von Menschen, die seßhaft wurden, sind 3 000 Jahre jünger und wurden bei Sarpsborg, südlich von Oslo, ausfindig gemacht. Gut dokumentiert sind zwei Kulturformen, die nach den Fundorten Fosna in Nordwestnorwegen und Komsa bei Alta im nordnorwegischen Bezirk benannt wurden. Das Fosna-Volk jagte Rentiere, gewann Brenn- und Baumaterial aus den Wäldern und ernährte sich von Beeren, Muscheln und Wurzeln. Das Komsa-Volk (von 8000 bis 2500 v. Chr.) wurde vor allem durch die Funde ihrer steinzeitlichen Strandwohnplätze am Altaer Komsa-Berg bekannt. Bei ihm handelte es sich um ein Eismeervolk, das vom Fisch- und Robbenfang sowie von der Rentierjagd lebte und möglicherweise in Zelten wohnte.
Um 4000 v. Chr. begann man in Norwegen, Weizen

Vorherige Seite: Zeugen der Vergangenheit: Die 3000 bis 6000 Jahre alten Felszeichnungen von Alta geben Aufschluß über das Leben und die Rituale unserer skandinavischen Vorfahren
Links: Die Urnes Stavkirke ist für ihre kunstvolle Tier- und Blumenornamentik bekannt

und Gerste anzubauen, auch hielt sich der eine oder andere Bauer schon ein paar Schafe und Rinder. Grabfunde und Felszeichnungen erzählen von einem weit verbreiteten Fruchtbarkeitskult. Eines der interessantesten Beispiele sind die Felszeichnungen von Leirfall, östlich von Stjørdal (→ Unterwegs zum Nordkap, Trondheim, Orte in der Umgebung, Stjørdal), mit Maskentänzern, die mit Hilfe magischer Kräfte für Fruchtbarkeit sorgen sollten. In dieser Zeit experimentierten die Menschen auch mit verschiedenen Steinarten, aus denen sie Werkzeuge herstellten. Am bekanntesten sind die Bømlo-Äxte, die entlang der gesamten Westküste beliebte Tauschobjekte wurden. Um Christi Geburt begann man, die ersten Wohnhäuser zu bauen, in denen sich eine Feuerstelle mitten im Raum befand. Der historische Hof Ullandhaug von 350 n. Chr. bei Stavanger (→ Unterwegs im westnorwegischen Fjordland, Stavanger, Sehenswertes) ist die wohl schönste erhaltene Anlage dieser Art.

Eisen – Grundlage für das seetüchtige Knarr

Bevor im Norden eigenes Eisen gewonnen werden konnte, wurde es aus Mitteleuropa eingeführt. Erst um 100 v. Chr. entstanden in Norwegen die ersten Eisengewinnungsanlagen, die einen deutlichen Fortschritt im Schiffs- und Hausbau mit sich brachten. Jetzt konnten sich die Menschen endlich seetüchtige Schiffe bauen, mit denen sie ihren Aktionsradius bedeutend erweitern konnten. Aus diesen ersten Schiffen entwickelte sich im Laufe der Jahrhunderte das ungeheuer schnelle Knarr, das ab dem siebten Jahrhundert das wohl seetüchtigste

Wikingerfrauen – rachsüchtige Aufhetzerinnen? *Während die Männer außerhalb des Landes für Turbulenzen sorgten, herrschten zu Hause die Frauen. Nach der Heirat erhielt die Frau einen dicken Schlüsselbund für sämtliche Schlösser des Hofes. Fortan war sie für alles, was »innan stokks«, innerhalb des Hauses, geschah, verantwortlich. Anders als zum Beispiel in der römischen Gesellschaft war die Wikingerfrau dem Mann in vielen Bereichen des Lebens gleichgestellt. Wurde sie etwa ihres Mannes überdrüssig, verließ sie ihn (ebenso, wie der Mann sie verlassen konnte, wann immer er wollte). In der nordischen Schöpfungsgeschichte wird dem ersten Menschenpaar Ask und Embla gleichzeitig von den Göttern das Leben gegeben. In der Gedankenwelt der Wikinger konnte der Mensch nur im Zusammenspiel von geistigen und körperlichen Kräften existieren. Zwischen Körper und Seele gab es keine Wertunterschiede. So meinte*

Schiff der Welt war und eine wichtige Rolle bei den späteren Raubzügen der Wikinger spielte.
Die Eisenfunde in Norwegen ermöglichten außerdem den Warenaustausch mit anderen Stämmen und Völkern, und die Nordmänner machten schließlich auch mit dem Römerreich Bekanntschaft. Es mag daher kaum verwundern, daß später in manch einem Grab aus dieser Zeit römische Münzen und andere Gegenstände aus dem Mittelmeerraum gefunden wurden. Beeinflußt wurden die Bewohner des damaligen Norwegens zudem von germanischen Stämmen, die sich in der Zeit der Völkerwanderung vor allem im Bereich der heutigen Bezirke Rogaland und Hordaland niederließen. Es entstanden Regionen, in denen ein Oberhäuptling oder auch ein Großbauer herrschte. Wer gegen Vereinbarungen und Gesetze verstieß, wurde auf dem Thing, der Ratsversammlung aller freien Männer, verurteilt. Zwischen den armen Bauern, die im Gebirge und in den engen Tälern ihren Hof bewirtschafteten, und den wohlhabenden Bauern mit ihren großen Gütern entstand eine immer größere Kluft.

Der Wunsch nach neuem Land wird wach

Der immer enger werdende Lebensraum und der Kampf um fruchtbares Ackerland weckten um rund 500 n. Chr. bei den Bewohnern entlang der westnorwegischen Küste den Wunsch nach neuem Land. Die ersten Siedler reisten daher westwärts auf die Shetland- und Orkneyinseln, wo sie fortan zumeist von der Schafzucht lebten. Von blutigen Zusammenstößen und Plünderungen war zu der

man, einen Menschen nicht nur durch körperliche Gewaltanwendung töten zu können, sondern man glaubte, ihm auch durch negative Gefühle wie Hohn oder Ehrkränkung das Leben nehmen zu können. Von großer Bedeutung war auch die Ehre der Sippe, die Sicherheit und Hilfe gab. Wurde zum Beispiel ein Mord nicht gerächt, war das für die gesamte Sippe eine Niederlage. Es war die Aufgabe der Wikingerfrau, zur Rache aufzuhetzen. In den blutrünstigen Familien- und Königssagen, die vor allem von Snorri Sturlason (1179–1241) niedergeschrieben wurden, liest man immer wieder von ihren drastischen Methoden. Da legte beispielsweise Sippenmutter Puridr in der Heidrarviga-Saga eine riesengroße Ochsenkeule auf den Tisch, um ihren Söhnen zu zeigen, in welcher Verfassung ihr getöteter und zerstückelter Bruder Hallr nun war. Der bitterböse Sarkasmus der Mutter sollte die Söhne antreiben, den Bruder zu rächen.

Zeit noch nicht die Rede. Die meisten suchten nur ein Stückchen Erde, um sich und ihre Sippe am Leben zu erhalten. Später machten sich auch viele als Handelsleute auf den Weg und tauschten Eisen, Speckstein und getrockneten Fisch gegen Schmuck, Glas, Edelmetalle und Münzen.

In der Geschichtsschreibung beginnt die Wikingerzeit im Jahre 793 mit der Plünderug des Klosters Lindisfarne auf Holy Island vor der nordenglischen Küste, dessen Mönche von den Seefahrern aus dem Norden kaltblütig ermordet wurden. Lindisfarne war zu jener Zeit eines der wichtigsten heiligen Stätten des Christentums, das für die Nordmänner eine Bedrohung ihrer eigenen heidnischen Glaubenswelt darstellte. So kannten sie keine Skrupel, und auch an der englischen Ostküste, auf der Isle of Man sowie auf den Hebriden versetzten sie die Bewohner in Angst und Schrecken. Ihr Hunger nach Land kannte keine Grenzen. 841 legten sie dort, wo heute Dublin liegt, eine Siedlung an, und 875 ließ der Wikinger Ingolf Arnason sich in Island in der rauchenden Bucht, Reykjavik, nieder. 930, als das isländische Allthing – Europas ältestes »Parlament« – konstituiert wurde, war auch in Island die Landnahme beendet. Nun blieb nur noch Grönland, das 986 von Erik dem Roten kolonisiert wurde.

In der Zwischenzeit sorgte in Norwegen selbst König Harald Schönhaar für eine Einigung des Landes. In der Schlacht am Hafrsfjord westlich von Stavanger besiegte er ca. 885 die eigenmächtigen Stammeskönige. Norwegens 29 Regionen bildeten endlich eine Einheit, die allerdings nur bis zu seinem Tod im Jahre 931 Bestand hatte.

Christianisierung – auch mal mit Gewalt

Vor der Christianisierung Norwegens glaubten die Menschen an das von den drei Nornen bestimmte Schicksal, das von Geburt an festgelegt war. Doch das Christentum breitete sich auch im Norden immer weiter aus. Olav Tryggvason (968–1000), der 995 Trondheim gründete, und Olav Haraldsson (995–1030), später Olav der Heilige, hatten sich im Ausland zum Christentum bekehren lassen und dort das Zusammenspiel von König und Kirche kennengelernt. Zurück im eigenen Land, zwangen sie jetzt die Bevölkerung zur Taufe und unter die Königsmacht. Wer sich weigerte, konnte Hof, Vieh und sogar sein Leben verlieren. Viele gaben daher nur vor, zu Christen geworden zu sein, und die heidnischen Bräuche lebten noch lange im Verborgenen weiter. So findet man auch heute noch in den mittelalterlichen Stabkirchen (→ Routen und Touren, Reise zu Norwegens schönsten Stabkirchen) etliche heidnische Zeichen, die vor bösen Mächten und Dämonen schützen sollten.

Olav der Heilige

Bei einem Versuch, sein Land nach einer Annexion durch die Dänen zurückzugewinnen und erneut zu einigen, erhielt Olav Haraldsson schließlich am 29. Juli 1030 in der Schlacht bei Stiklestad von seinem Erzfeind Tore Hund den Todesstoß. Bereits ein Jahr später wurde Olav heiliggesprochen, und in der nordischen Mittelalterkunst tauchte er nun neben Maria als der am häufigsten abgebildete Heilige auf. Olavs Tod bedeutete auch gleichzeitig den Beginn des norwegischen Mittelalters.

Nach Olavs Heiligsprechung schlug das Christentum Wurzeln, Norwegen wurde in drei Bistümer – Oslo, Nidaros (heute: Trondheim) und Bjørgvin (heute: Bergen) – eingeteilt, und der Handel mit dem Ausland blühte. Ausländische Mönche und Priester brachten die Schreibkunst nach Norwegen, und die Einflüsse ausländischer Kulturen hinterließen ihre Spuren. Außerdem hatten die Adeligen und Kleinfürsten nun aufgehört, sich gegen ein einheitliches norwegisches Königreich zur Wehr zu setzen. Doch als 1130 gleich mehrere eheliche und uneheliche Königssöhne Anspruch auf den Thron erhoben – nach den damals geltenden Regeln waren sie, was die Thronfolge betraf, alle gleichberechtigt –, hetzten die Adeligen sie gegeneinander auf. Die Aristokratie und die Kirche sicherten

Das Vikingeskiphuset in Oslo gewährt Einblick in die Bauweise der Wikingerschiffe, mit deren Hilfe die gefürchteten Krieger weite Teile Nordeuropas eroberten

sich nun das Mitspracherecht bei der Wahl des Thronfolgers, und 1163 oder 1164 wurde Magnus norwegischer König. Doch dann bestieg 1180 Sverre den Thron. Er entmachtete kurzerhand die Vögte und Lehnsherren und ersetzte sie durch königliche Beamte. Sverres Feinde versuchten, ihn mehrmals zu stürzen, doch dies mißglückte. Sverre gilt in der norwegischen Geschichte als einer der geheimnisvollsten Könige. Der *Sverris-Saga* (Ende 12. Jahrhundert) zufolge, der wichtigsten Quelle über König Sverre, soll Gott ihn für den norwegischen Thron auserwählt haben.

Als die Pest kam

Ab dem 12. Jahrhundert begann die große Kabeljaufischerei vor den Lofoten und somit auch der nordnorwegische Stockfischhandel, bei dem schließlich immer mehr die Hansekaufleute mitmischten. Im Binnenland wurden Wälder gerodet, um Ackerland zu gewinnen. Norwegen erlebte eine wirtschaftliche und kulturelle Blütezeit. Die Könige Håkon Håkonsson (1204–1263) und Magnus Lagabøte (1238–1280) setzten sich für eine neue Gesetzgebung ein.
Doch dann kam das Jahr 1349 und mit ihm die Pest, in deren Verlauf über die Hälfte der Bevölkerung ums Leben kam. Die politischen und wirtschaftlichen Folgen waren katastrophal. Viele Äcker lagen nun brach, die Einkünfte des Königs, die sich hauptsächlich aus Pachtzin-

Klippfische, Stockfische und moderne Fischzucht *Klippfische und Stockfische haben eine Gemeinsamkeit: Beide werden getrocknet. Während die Rohstoffgrundlage des Stockfisches ein ungesalzener Fisch ist, der in der Regel auf Trockengerüsten an Land getrocknet wird, nachdem er zuvor geköpft und ausgenommen wurde, wird für den Klippfisch gesalzener Fisch verwendet. Früher wurde der Klippfisch zuerst rund drei Wochen lang in Salz gelegt, dann nochmals gereinigt und gesalzen und schließlich auf den Klippen – daher auch der Name – getrocknet. Heute findet dieser Prozeß in modernen Warmluftanlagen statt. Ein Kilogramm Klippfisch entspricht rund 3,2 Kilogramm frischem Fisch. Von diesem hohen Nährwertgehalt mußte man auch früher gewußt haben, denn bereits im 15. Jahrhundert wurden Fische auf den Felsen getrocknet, und im 17. Jahrhundert wurde der Klippfisch zur wichtigsten Handels- und Exportware.*
Die Geschichte des Stockfisches ist noch älter. Bereits die Wikinger nahmen ihn als Proviant und Handelsware auf ihren Schiffen mit. Der Nährwert von fünf Kilogramm frischem Fisch entspricht etwa einem

sen zusammensetzten, sanken. Die Hansekaufleute übernahmen nun den Handel entlang der Küste, und 1397 machte sich die dänische Königin Margrethe I. in der Kalmarer Union zur Regentin über Norwegen, Schweden und Dänemark. Der Vertrag war zwar im Prinzip nicht rechtsgültig, da er nicht von allen Anwesenden unterschrieben worden war, doch die resolute Herrscherin kümmerte sich wenig darum.

Norwegens »vierhundertjährige Nacht«

Im Jahr 1450 wurde die Union mit Dänemark vertraglich festgelegt. Hiermit begann Norwegens »vierhundertjährige Nacht«. Norwegische Adelige verloren ihre Posten, und Dänisch galt fortan als Amtssprache in Norwegen. Auch spielte sich das kulturelle und geistige Leben nun größtenteils in Dänemarks Hauptstadt Kopenhagen ab. 1536 wurde Norwegen schließlich als Provinz in Dänemark eingegliedert, und der dänische König führte die Reformation ein. Für die Norweger veränderte sich wenig. Die meisten – nunmehr protestantischen – Geistlichen waren Dänen, und so blieb die Kirche weiterhin in dänischen Händen. Die Hälfte des norwegischen Bodens wurde jetzt vom dänischen Staat verwaltet, doch als dieser immer mehr in finanzielle Schwierigkeiten geriet, wurde dieses Krongut an reiche Bürger und Beamte verkauft. Für viele norwegische Pachtbauern verschlechterten sich somit die Bedingungen.

Kilogramm Stockfisch. Das durch den Trockenprozeß verlorengegangene Gewicht erhält der Fisch bei der Zubereitung mit Wasser zurück, und zwar ohne Verlust an Vitaminen und Mineralien. Die lange Haltbarkeit, selbst im tropischen Klima, macht den Stockfisch noch heute zu einem wichtigen Exportartikel in die Dritte Welt.
Die moderne Technik hat in den achtziger Jahren einen neuen Wirtschaftszweig geschaffen. Fischzuchtunternehmen erlebten nun einen Boom mit der Aufzucht von Lachs, so daß in einigen Küstengemeinden die Abwanderung von jungen Menschen in die Städte verhindert werden konnte. Nach einiger Zeit tauchten Krankheiten und Lachsparasiten in den Fischzuchtanlagen auf, und ein Unternehmen nach dem anderen mußte geschlossen werden. Aus diesen leidvollen Jahren haben die Züchter gelernt, und heute genießt der norwegische Zuchtlachs auf dem internationalen Markt einen guten Ruf als Qualitätsprodukt. 1993 wurden insgesamt 131 Tonnen Zuchtlachs exportiert, davon 118 Tonnen als frischer Fisch. Insgesamt wurden 1051 Tonnen Fisch, Schalentiere und bearbeitete Fischprodukte ausgeführt.

Jahrhunderte voller Kriege, aber auch Aufschwung

Da Norwegen nun ein Teil von Dänemark war, wurde es auch in die Kriege mit Schweden verwickelt. Besonders stark war Norwegen während des Siebenjährigen Krieges (1563–70) involviert. Schwedens König Erik XIV. wollte Norwegen erobern, um Zugang zum Meer im Westen zu erhalten. Er besetzte unter anderem große Teile Ostnorwegens, schaffte es jedoch nicht, auch die Festung Akershus in Oslo einzunehmen. 1570 mußte Schweden im Frieden von Stettin große Teile der eroberten Gebiete wieder an das Königreich Dänemark-Norwegen zurückgeben.

Es gab aber auch Lichtblicke: Im 16. Jahrhundert wurde die erste wasserbetriebene Säge erfunden, die Zeit des Holzhandels begann, und unter dem dänisch-norwegischen König Christian IV. (1577–1648) wurden mehrere Eisenwerke, das Silberwerk in Kongsberg und das Kupferwerk in Røros eröffnet. Neben Stockfisch exportierte man nun auch Klippfisch. Ende des 17. Jahrhunderts übernahmen die Norweger endlich wieder selbst den Handel.

In Oslo ließ Christian IV. im Jahr 1624 im Bereich der Akershus-Festung ein Netz von rechtwinkelig aufeinander zulaufenden Straßen mit Häusern aus Stein errichten und Oslo in Christiania umtaufen. Außerdem gründete er die Stadt Kristiansand, die er 1641 in strengem Renaissancestil anlegen ließ.

Seit Jahrhunderten ist der Holzhandel ein wichtiger Industriezweig des Landes

Norwegens großer Tag – 17. Mai 1814

Kein anderer Tag hat in Norwegen eine so wichtige Bedeutung wie dieser Maitag. Alljährlich wird an diesem Tag noch heute Norwegens Nationalfeiertag begangen, der an die Proklamation der norwegischen Verfassung bei Eidsvoll erinnert.

Vorausgegangen waren sieben Jahre Krieg. 1807 hoffte Napoleon, daß sich Dänemark-Norwegen und Schweden der Kontinentalsperre anschließen würden. Um dem zuvorzukommen, überfiel England das dänische Königreich, beschlagnahmte dessen Flotte und blockierte die Kornzufuhr. Kronprinz Frederik wurde daraufhin Napoleons Verbündeter, und Schweden, das sich gegen Napoleon gewendet hatte, wurde wieder einmal zum Feind. Die Norweger litten sehr unter diesem Krieg. Handelskontakte mit Dänemark wurden abgebrochen, Norwegen mußte sich selbst versorgen, eine magere Zeit brach an. 1809 mußten die Schweden Finnland an Rußland abtreten, und Karl Johan (Bernadotte) wollte Norwegen als Ersatz. Im Frühjahr 1813 überfiel Bernadotte Dänemark, und im Frieden von Kiel, am 14. Januar 1814, mußte der dänisch-norwegische König Frederik VI. schließlich Norwegen an Schweden abgeben.

Der schwedische Regent erhoffte sich nun ein vereinigtes Reich mit Norwegen. Doch die Norweger hatten andere Pläne. In einem alten Herrenhaus bei Eidsvoll verabschiedeten 112 Repräsentanten des Landes am 17. Mai 1814 Norwegens erste Verfassung und wählten Prinz Christian Frederik zum König. Dieser mußte sich jedoch schon bald den Forderungen Schwedens beugen, und das am 8. Oktober 1814 eröffnete Storting, Norwegens Parlament, mußte am 4. November 1814 die Union mit Schweden anerkennen. Carl XIII. wurde nun zum norwegischen König gewählt. Erst 1905 löste sich diese Union endgültig auf, und Norwegen wurde ein eigenständiger souveräner Staat. Prinz Carl von Dänemark, fortan Håkon VII., wurde Regent.

Das direkt an der Karl Johans gate gelegene neugotische Parlamentsgebäude, Storting, stammt aus der Mitte des 19. Jahrhunderts

Große Auswanderungswelle

Im 19. Jahrhundert gab es in Norwegen aufgrund geringerer Kindersterblichkeit und der verbesserten hygienischen Verhältnisse ein enormes Bevölkerungswachstum. Im Laufe des Jahrhunderts stieg die Zahl von rund 880000 (1800) auf 2240000 Einwohner (1900) an. Die Lebensbedingungen auf dem Land verschlechterten sich zunehmend, und auch in den Städten wurde es eng. Viele sahen daher die Auswanderung nach Amerika als ihre letzte Rettung. Ganze Dorfgemeinschaften lösten sich auf. Alleine in den Jahren von 1866 bis 73 verließen ca. 100000 Norweger ihre Heimat. Insgesamt emigrierten bis zum Ersten Weltkrieg rund 750000 Einwohner. Man sagt, daß es in den USA heute beinahe genauso viele norwegischstämmige Amerikaner gibt wie Norweger in Norwegen, nämlich ca. 4,3 Millionen.

Trawler verdrängten den kleinen Fischer

Diejenigen, die blieben, erlebten, nachdem sich die Bevölkerungsdichte aufgelockert hatte, eine der größten wirtschaftlichen Blütezeiten Norwegens. Auf dem Kontinent und in England interessierte man sich jetzt für das norwegische Holz. Die Einführung der Dampfmaschine eröffnete außerdem vollkommen neue Möglichkeiten. Nun

Norwegische Bohemiens *Bis in die achtziger Jahre des letzten Jahrhunderts hinein war Norwegen in kultureller Hinsicht schlichtweg eine Provinz, weit ab vom Kontinent, ohne eigenes Königshaus, ohne Oper, ohne Ballett und ohne Akademie für Bildende Künste. Norwegische Künstler und Dichter reisten daher ins Ausland. Doch mit dem Aufkeimen anarchistischer Bewegungen und unter dem Einfluß der europäischen Impressionisten kehrten die ersten in den frühen achtziger Jahren wieder heim und machten sich nun daran, die Grundpfeiler der norwegischen Gesellschaft anzugreifen.*

Hans Jæger (1851–1919), einer der führenden Aufrührer gegen die bestehende Gesellschaftsordnung, schockierte mit seinem autobiographischen Roman »Über die Kristiania-Boheme« (1885) nicht nur das Bürgertum. Der Roman wurde beschlagnahmt, und Jæger wurde wegen dieses für damalige Verhältnisse äußerst pornographischen Werkes sogar zu zwei Monaten Gefängnis verurteilt. Auch Christian Krohgs Geschichte »Albertine« (1886) wurde beschlagnahmt. Krohg (1852–1925) beschrieb darin das Schicksal eines armen Mädchens, das zur Prostitution gezwungen wurde. Krohg hatte versucht, die

wurden Boote und Schiffe gebaut, mit denen man weitaus sicherer aufs Meer hinausfahren konnte. Die Hochseefischerei wurde wesentlich lukrativer als das Fischen entlang der Küste. 1864 erfand der Reeder Svend Foyn eine Granatharpune, mit der Wale durch einen einzigen Schuß getötet werden konnten. Damit begann das große Zeitalter des Walfangs. 1905 wurde schließlich die erste schwimmende »Walkocherei«, das Schiff »Admiral«, in die Antarktis geschickt. Als dann jedoch die Weltwirtschaftskrise begann, mußte die gesamte norwegische Walflotte aufliegen.
In einem Teil der nordnorwegischen Küstengemeinden ist die Fischerei bis heute der wichtigste Wirtschaftszweig geblieben. Durchschnittlich werden in Norwegen heute jährlich 2,2 Millionen Tonnen Fisch gefangen. Rund zwei Drittel davon werden zu Fischmehl und Fischöl verarbeitet und rund die Hälfte aller Fisch- und Schalentierprodukte ins Ausland exportiert.

Wasserkraft – Norwegens neue Energiequelle

Einen weitaus größeren Stellenwert in der Wirtschaft Norwegens nimmt die Energiegewinnung ein. Bis zum Zweiten Weltkrieg wurden zahlreiche Wasserfälle reguliert und Wasserkraftwerke errichtet. Heute ist die Wasserkraft Norwegens wichtigste Energie-

Doppelmoral der Gesellschaft anzugreifen, was dem Bürgertum wenig gefiel. Edvard Munch (1863–1944), Norwegens bekanntester Expressionist, »schrieb« nun sein Leben mit dem Pinsel und ließ sich von dem elf Jahre älteren Christian Krohg korrigieren, der nicht nur schrieb, sondern auch als Maler arbeitete. Eines seiner bekanntesten Bilder ist »Albertine im Wartezimmer des Polizeiarztes«, das in der Nationalgalerie in Oslo zu sehen ist.
Die wirkliche »princesse de la bohème« war jedoch die Malerin Oda Krohg (1860–1935). Schon als junges Mädchen sorgte die Künstlerin, die später sowohl mit Edvard Munch als auch mit Hans Jæger und Christian Krohg zusammenlebte, für reichlich Aufruhr, als sie als erste Frau das Grand Café in der Karl Johans gate besuchte. Das ehrwürdige Café war bisher den männlichen Bohemiens vorbehalten gewesen. Doch ihr Auftreten hat deutliche Spuren hinterlassen. Auf dem großen Gemälde von Per Krohg, das im Café zu sehen ist, wurden nicht nur bekannte Persönlichkeiten wie Bjørnson, Ibsen und Munch verewigt, sondern auch Oda Krohg – zusammen mit ihrer Schwester Alexandra Lasson.

quelle. Die jährliche Produktion liegt bei rund 118 Milliarden Kilowattstunden. Aufgrund großer Niederschlagsmengen sind die Kraftwerkmagazine in den letzten Jahren zumeist so gefüllt gewesen, daß die Kilowattstunde den Verbraucher nicht mehr als umgerechnet ca. 10 Pfennige kostet. Dies deckt kaum die Unkosten, die in den Kraftwerken entstehen. Nur rund 10 Milliarden Kilowattstunden werden ins Ausland exportiert.
In direkter Nähe der Wasserkraftwerke, vor allem im Inneren der Fjorde, entstanden gleichzeitig große elektrometallurgische Industriebetriebe. Die elektrometallurgische und die elektrochemische Industrie sind zwei der wichtigsten Exportindustrien des Landes. An erster Stelle steht heute die Aluminiumproduktion. Am bekanntesten sind die Werke von Årdal und Sunndalsøra, Mosjøen und Farsund, auf Karmøy und Husnes. Magnesium wird im südnorwegischen Porsgrunn produziert und Nickel und Kupfer im großen Falconbridge Nickelwerk in Kristiansand gewonnen. Sinkende Preise und zunehmende Konkurrenz durch Werke in den Entwicklungsländern haben in den letzten Jahren jedoch zu geringerer Rentabilität und somit auch zu Entlassungen geführt. Die Zukunft für diesen Industriezweig sieht daher nicht sonderlich positiv aus.

Deutsche Besatzung und der Kampf um Narvik

Die Norweger wollten gerade den 35. Jahrestag ihrer Unabhängigkeit feiern, als am 9. April 1940 deutsche Truppen mehrere Orte an der norwegischen Küste besetzten. Nur im Oslofjord gelang es den Norwegern vor der Festung Oscarsborg bei Drøbak (→ Unterwegs am Oslofjord, Oslo, Orte in der Umgebung, Drøbak), den deutschen Kreuzer »Blücher« zu versenken. Der König sowie die Regierungs- und Parlamentsmitglieder, die inzwischen nach Elverum (→ Unterwegs im Inneren Ost- und Südnorwegens, Lillehammer, Orte in der Umgebung, Elverum) geflüchtet waren, weigerten sich, mit den deutschen Besatzungstruppen zu verhandeln und flüchteten nach England, von wo aus sie in den folgenden fünf Kriegsjahren ihre Regierungsgeschäfte führten. Auch viele andere Norweger flüchteten in kleinen Booten über die Nordsee nach England. Aber nicht alle erreichten ihr Ziel.
In Norwegen ernannte sich der norwegische NS-Anhänger Vidkun Quisling selbst zum Regierungschef, doch die Deutschen betrachteten ihn als unbrauchbar für dieses Amt. Hitler sandte Josef Terboven als Reichskommissar nach Norwegen. Ab Sommer 1941 war auch der norwegische Arbeitsmarkt unter deutscher Kontrolle, und jeder konnte nun zur Arbeit gezwungen werden. Etwa 35 000 Norweger ge-

rieten in deutsche Gefangenschaft, ein Teil von ihnen wurde in deutsche Konzentrationslager gebracht. Wer konnte, flüchtete nach Schweden, und viele schlossen sich der zivilen Widerstandsbewegung »Hjemmefront« oder deren militärischen Gruppe »Milorg« an, die mehrere Sabotageaktionen durchführte. Zur bekanntesten Aktion gehört die Versenkung der mit Schwerem Wasser (Deuteriumoxid) beladenen Fähre »Hydro« auf dem See Tinnsjøen im Februar 1944 (→ Unterwegs im Inneren Ost- und Südnorwegens, Rjukan).
Einer der wichtigsten Gründe für Norwegens Besatzung war die Sicherung der Zufuhr des aus Kiruna in Nordschweden kommenden Erzes, das im nordnorwegischen Hafen Narvik verladen wurde. Mit der Besatzung Narviks am 9. April 1940 kamen die deutschen Truppen zwar einer britisch-französischen Landung zuvor, doch schon einige Tage später wurde die deutsche Flotte von der englischen versenkt. Ende Mai eroberten norwegische, englische, französische und polnische Truppen Narvik zurück, doch nur für zwei Wochen. Deutsche Bomber legten die Stadt nun in Schutt und Asche und übernahmen wieder das Ruder. Obwohl die Kriegshandlungen und Zerstörungen in Norwegen nicht so umfangreich wie in anderen Ländern waren, verloren vor allem viele Nordnorweger ihre Besitztümer. Mehrere der Orte in der Ostfinnmark wurden dem Erdboden gleichgemacht.
Im Mai 1945 kapitulierte Deutschland. Die Besatzer zogen sich ohne Blutvergießen zurück, und einen Monat später kehrten der König und die Regierung aus dem Londoner Exil zurück. 1949 trat Norwegen der NATO bei, unter der Bedingung, daß in Norwegen keine Atomraketen gelagert würden. Bis vor kurzem befand sich das Hauptquartier der NATO in der Nähe von Oslo, doch seit der Einrichtung eines neuen Hauptquartiers für Nordwesteuropa in England hat die NATO heute nur noch einen Sitz im südwestnorwegischen Stavanger.

Der Wohlstand kam mit dem Öl

Nach dem Krieg herrschte in Norwegen Armut, denn das Land war materiell abgewirtschaftet. Es dauerte bis in die siebziger Jahre hinein, bis Norwegen sich ökonomisch erholt hatte und sich mit den mitteleuropäischen Staaten vergleichen konnte. Mittlerweile ist Norwegen eine der reichsten Nationen der Welt. Eine wichtige Rolle bei dieser Entwicklung haben die Erdölfunde in der Nordsee gespielt. Bereits 1958 wurde in einer UNO-Konvention Küstenstaaten das Recht eingeräumt, die natürlichen Schätze auf dem Boden ihres eigenen Festlandsockels bis auf 200 Meter Tiefe »oder so tief, wie es das Meer erlaubt«, auszunützen. Doch erst 1965 wurden die ersten Ölfelder erschlossen, und die Suche nach dem »schwarzen Gold« begann. Gleichzeitig spezialisierten sich die ersten Industriegebiete auf die Herstellung von Bohrtürmen. Der erste wirklich große Fund ließ jedoch bis Ende 1969 auf sich warten. Er erhielt den Namen »Ekofisk« – der Beginn des großen norwegischen Ölabenteuers. Heute gibt es über 130 Bohrlöcher, davon gewinnen 105 jährlich rund 115 Milliarden Tonnen Rohöl. Beinahe 100 Milliarden Tonnen werden exportiert. Auf einer Bohrinsel wird 14 Tage lang täglich zwölf Stunden gearbeitet. Gute Verpflegung, Filme und Fitneßräume sorgen für Aufmunterung und Entspannung. Danach bekommen die Männer und Frauen drei Wochen Pause an Land. Dieser Rhythmus gilt für alle, da auch Frauen, wie die Männer, harte Arbeit leisten.

Als in den achtziger Jahren qualifiziertes Personal zur Mangelware auf den ständig neu errichteten Bohrinseln wurde, forderte man besonders Frauen auf, sich zu bewerben. Daher mag es auch nicht verwundern, daß Norwegen bereits 1982 mit der weltweit einzigen Bohrinselchefin werben konnte.

Norwegens Frauen sind auch in anderen bisher von Männern dominierten Arbeitsbereichen nicht mehr wegzudenken. So sitzen Frauen im Cockpit von Jagdflugzeugen, sind Gewerkschaftschefinnen und leiten Baustellen. Seit einiger Zeit gibt es sogar einen weiblichen Bischof. Die resolute Dame heißt übrigens Rosemarie Köhn und stammt aus Berlin!

Ideales Feriendomizil auf den Lofoten: die *rorbu*, eine kleine Fischerhütte, auf Pfählen gebaut

Gleiche Rechte für alle – nicht immer günstig für alle

Wie auch das Nachbarland Schweden hat der Staat Norwegen den Ruf, seine Bürger von der Wiege bis zur Bahre in ein soziales System einzubinden, das sie in der größten Not unterstützt. Theoretisch sollte daher niemand mit leeren Händen auf der Straße stehen. Doch trotz Sozialhilfe und anderer Unterstützung leben in Oslo einige 100 Obdachlose. Seit 1971 sind alle Bewohner Norwegens automatisch bei der staatlichen Krankenkasse versichert. Der Versicherungsanteil wird vom Gehalt abgezogen. Private Versicherungen gibt es keine, doch wer Geld hat, geht zu den privaten Ärzten und in die wenigen privaten Kliniken, um so die monatelangen Wartezeiten zu umgehen. Manche meinen, das System sollte gründlich reformiert werden, andere sehen darin hauptsächlich Vorteile. Schließlich werden alle gleich behandelt.

Auf dem Weg ins 21. Jahrhundert

Neben dem Export von Öl, Erdgas und Wasserkraft hat sich in den letzten Jahren der Tourismus zu einem weiteren wichtigen Wirtschaftszweig entwickelt. Besondere Anziehungskraft hat Norwegens Natur, und viele Gemeinden versuchen nun eifrig, den Urlaubern ihre Natur- und Kulturschätze anzupreisen und unterstützen kleine Handwerksbetriebe, die Kunsthandwerk, Webarbeiten und Strickwaren herstellen.

Während Norwegen in der ersten Hälfte der achtziger Jahre aufgrund wachsender Erträge in der Ölwirtschaft einen enormen Konjunkturanstieg erlebte, sind die Zeiten nun härter geworden, denn die Ölpreise sind gefallen. Seit dem Ende der achtziger Jahre nahm die Arbeitslosenquote aufgrund von Stillegungen und Konkursanmeldungen zu. Kosteneinsparungen, Rationalisierungen, gemäßigte Tarifabschlüsse, eine niedrige Inflation und ein sinkender Zinssatz haben diese Entwicklung allerdings langsam gestoppt. Die Regierung sorgte in den letzten Jahren außerdem dafür, daß die Exportbetriebe, die vor allem vom Handel mit den OECD-Ländern abhängig sind, günstigere Bedingungen erhielten. Sowohl in der Erdölindustrie wie in der metallurgischen und holzverarbeitenden Industrie ist die Entwicklung jedoch in Zukunft vom internationalen Marktgeschehen abhängig. Wenig Hoffnung für eine neue Konjunktur hat man in der Schiffahrt. Norwegens Reeder, die dafür sorgten, daß Norwegen noch vor rund zehn Jahren die sechstgrößte Schiffahrtnation der Welt war, registrieren ihre Schiffe immer häufiger unter ausländischer Flagge.

Geschichte auf einen Blick

ca. 9000–2500 v. Chr. *Spuren des Fosna-Volkes in Westnorwegen und des Komsa-Volkes bei Alta.*

4000–1500 v. Chr. *Jungsteinzeit. Bis hinauf zu den Lofoten wird Ackerbau betrieben. Felszeichnungen zeugen von einem verbreiteten Fruchtbarkeitskult.*

1500–400 v. Chr. *Bronzezeit. Funde ausländischer Münzen deuten auf einen regen Handel mit dem Ausland hin.*

100 v. Chr.–550 n. Chr. *Die Gewinnung von Eisen eröffnet neue Möglichkeiten im Schiffsbau. Erdhütten und Zelte werden gegen die ersten Wohnhäuser eingetauscht.*

550–986 *Vorerst suchen Siedler auf friedliche Weise nach neuem Land. Ab 793, nach der Plünderung des Klosters Lindisfarne auf Holy Island, spricht man von der Wikingerzeit. Die norwegischen Wikinger erobern nicht nur die Orkney-Inseln, sondern auch die Shetlands, Isle of Man, die Hebriden, Island, Irland, Schottland sowie einige Teile von Grönland.*

Ca. 885 *Harald Schönhaar (865 bis 933) eint nach der Schlacht am Hafrsfjord bei Stavanger Norwegen zu einem Reich.*

Ca. 1000–1030 *Olav Tryggvason, der 995 Trondheim gründete, und König Olav II. Haraldsson christianisieren Norwegens Bevölkerung. Olav Haraldsson fällt 1030 in der Schlacht bei Stiklestad und wird kurze Zeit später heiliggesprochen.*

1349 *Nachdem das Land eine wirtschaftliche und kulturelle Blütezeit erlebt hat, stirbt ab 1349 über die Hälfte der Bevölkerung an der Pest.*

1350–1536 *Norwegisches Spätmittelalter mit wirtschaftlichem und politischem Verfall. Norwegen ab 1397 in einer Union mit Schweden und Dänemark. Ab 1450 wird in Norwegen die dänische Sprache eingeführt. 1536 wird Norwegen eine dänische Provinz.*

17. Jh. *Norwegens erste Sägewerke und größte Bergwerke werden eröffnet – 1624 die Kongsberger Silbergruben, 1644 die Kupfergruben bei Røros.*

1807–14 *Dänisch-norwegischer Krieg gegen Großbritannien und Koalition mit Napoleon. Während der britischen Handelsblokkade sind die Norweger von Dänemark abgeschnitten.*

1814 *Dänemark muß Norwegen an Schweden abtreten. Am 17. Mai 1814 wird Norwegens Verfassung proklamiert. Ende des*

Jahres geht Norwegen in eine Union mit Schweden.

1820 *Die Küstenschiffahrt mit den ersten Dampfschiffen beginnt.*

1850–80 *Das »Goldene Zeitalter« für die norwegische Schifffahrt, vor allem durch den Export von Holz.*

1854 *Erste Eisenbahnstrecke zwischen Eidsvoll und Oslo.*

1866 *Bis 1914 wandern über 750 000 Norweger nach Amerika aus.*

1905 *Auflösung der Union mit Schweden. Håkon VII. wird norwegischer König.*

1913 *Norwegerinnen erhalten das allgemeine Stimmrecht.*

1925 *Norwegen übernimmt die Souveränität über Svalbard.*

1940–45 *Deutsche Besatzung. Das norwegische Königshaus und die Regierung flüchten nach England und errichten dort eine Kriegsregierung.*

1949 *Norwegen wird NATO-Mitglied.*

50er und 60er Jahre *Wirtschaftliches Wachstum, aber Rückgang in der Landwirtschaft und der Fischerei.*

1969 *Im Bohrloch »Ekofisk« wird man fündig: Norwegens Ölabenteuer beginnt.*

1972 *Norwegen entscheidet sich bei einer Volksabstimmung gegen eine EG-Mitgliedschaft.*

1973–74 *Ölkrise und der Beginn wirtschaftlicher Stagnation.*

1981 *Gro Harlem Brundtland wird Norwegens erster weiblicher Staatschef. Bei den Wahlen im Herbst siegen jedoch wieder die bürgerlichen Parteien.*

1986 *Große Arbeitskonflikte. Gro Harlem Brundtland wird erneut Ministerpräsidentin und bildet erste Frauenregierung der Welt – acht der 18 Mitglieder sind Frauen.*

1989 *Das »Sameting«, die Parlamentsversammlung der Samen, wird eröffnet.*

1990 *Bankkrise, steigende Arbeitslosigkeit, König Olav V. stirbt. Kronprinz Harald wird Nachfolger.*

1994 *Norwegens Bevölkerung entscheidet sich mit knapper Mehrheit erneut gegen eine EU-Mitgliedschaft.*

1995 *Die größten Überschwemmungen seit 200 Jahren zerstören unzählige Häuser im Gudbrandsdalen und entlang der Glomma.*

Unterwegs in Norwegen

RICH. AN
ETBL 1865

Unterwegs am Oslofjord

Wer mit dem Schiff nach Norwegen kommen möchte, sollte sich Oslo als Zielhafen aussuchen. In den letzten Stunden dieser Seereise, von Kiel, Kopenhagen, Hirtshals oder Frederikshavn aus, kann man in aller Ruhe den rund 100 Kilometer langen Oslofjord genießen. In der Nähe des auf einem blankgescheuerten Felsen stehenden Færder-Leuchtturms mündet der hier rund 20 Kilometer breite Fjord in das Skagerrak. Am Westufer liegen rund um Tønsberg, Norwegens ältester Stadt, einige der schönsten Ferienparadiese dieser Gegend mit kleinen Ferienhäusern, hübschen Stränden und versteckten Buchten.
An der Ostseite des Fjords zweigt die 598 Kilometer lange Wasserstraße Glomma ab, die in Fredrikstad in den Fjord mündet und bis Mitte der achtziger Jahre als Transportweg für den Holzhandel genutzt wurde. Bereits im 16. Jahrhundert wurden im wenige Kilometer entfernten Sarpsborg wasserbetriebene Sägen benutzt. Heute liegt hier Borregaard, Norwegens größter Holzverarbeitungsbetrieb.
Felszeichnungen und alte Gräber sind im Bereich von Fredrikstad Zeugen einer bereits schon sehr frühen Besiedlung. Bei Skjeberg hat man direkt am Fjord rund 9000 Jahre alte menschliche Spuren gefunden, die ältesten Funde von seßhaften Menschen in Norwegen.
Am Ende des Oslofjords, der im Drøbaksund bei Drøbak nicht mehr als einen Kilometer breit ist, befindet man sich in Norwegens größtem Ballungsgebiet. Oslo und der umliegende Bezirk Akershus haben zusammen rund 905 000 Einwohner. In den Bezirken rund um den Fjord, die nur 3,1 Prozent von Norwegens Gesamtfläche bedecken, lebt insgesamt knapp ein Drittel der gesamten norwegischen Bevölkerung. Viele pendeln täglich zum Arbeiten nach Oslo, das nicht nur Regierungssitz, sondern auch Norwegens Metropole für Ausbildungsstätten, Verlage, Theater und andere Kulturbetriebe ist.

10 Fredrikstad

Viele fahren an dieser kleinen Hafen- und Industriestadt (ca. 26 500 Einwohner), die am Ostufer des äußeren Oslofjordes liegt, vorbei. Kein Wunder, denn weder die E 6 noch eine andere Hauptstraße führen durch den Ort hindurch, dessen Altstadt (Gamlebyen) eigentlich einen Platz auf der Liste Norwegens schönster Sehenswürdigkeiten verdient hätte. Fredrikstads Altstadt, die 1567 vom norwegisch-dänischen König Frederik II. gegründet wurde, ist von dicken Festungswällen und tiefen Was-

Vorherige Seite: Einzigartig: der Geirangerfjord, das wohl meistbesuchte Ziel an Norwegens Westküste
Links: Oslo live: Jazzmusiker auf der Karl Johans gate

sergräben umgeben. Alte, restaurierte Holzhäuser stehen hier Seite an Seite mit funktionalistischen Gebäuden und Betonklötzen aus den 60er Jahren. Besonders hübsch ist es entlang der Flußpromenade und rund um die

Der gute Tip **M**:
Gamlebyen
In der Altstadt von Fredrikstad kann man stundenlang bummeln, in Läden stöbern und Kunsthandwerk bewundern.

Anlegestelle der Flußfähre, die – zumeist mächtig gegen die starke Strömung im Fluß ankämpfend – innerhalb von wenigen Minuten zur Altstadt hinüberfährt. Das moderne Zentrum befindet sich auf der Westseite des Flusses. Die Stadt besitzt außerdem einen großen Hafen und ist eine der wichtigsten Industriestädte Norwegens.

Hotel

Nye Victoria Hotel
Turngate 3
Tel. 69/31 11 65, Fax 31 87 55
65 Zimmer
1. Kategorie, Sommer 2. Kategorie (Æ, EC, Visa)
Restaurant: tgl. 17–23 Uhr
In diesem kleinen, intimen Hotel wird viel Wert auf eine heimelige Atmosphäre gelegt. Besonders gemütlich sind die stilvoll eingerichteten Chesterfield-Salons. Außerdem gibt es hier ein nettes Restaurant.

Sehenswertes

Gamlebyen M
Erreichbar mit Stadtfähre
Rund um die Uhr geöffnet
Beim Bummeln durch die Gassen der Altstadt mit ihrem alten Kopfsteinpflaster und ihren Kasernen, Magazinen, hübschen Steinhäusern aus der Zeit des Klassizismus und den farbenfroh angestrichenen Häusern, in denen sich Galerien, Antiquitätenläden und Werkstätten befinden, fühlt man sich geradezu ins 16. Jh. zurückversetzt, als Frederik II. die Stadt anlegen ließ. Die Festungsanlage mit ihren einstmals 130 Kanonen wurde übrigens nur ein einziges Mal angegriffen, und zwar 1814 von den Schweden. Zu den ältesten, noch bestehenden Gebäuden der Altstadt gehören das hellgekalkte Provianthaus (1687) direkt am Fluß und Gammel Slaveri (1731), heute Stadtmuseum, außerdem der Artillerigården (1733), das Rathaus (1784) und die Østre Fredrikstad Kirche (1779).

Oldtidsveien
16 km langer historischer Weg zwischen Fredrikstad und Skjeberg am Rv 110
Von allen Felszeichnungen sind die schildtragenden Sonnentänzer auf dem ersten der drei ca. 3000 Jahre alten Begby-Felder bei Borge (3 km östlich von Fredrikstad) besonders imposant. Hier sieht man außerdem Schiffe, zweirädrige Wagen mit Zugtieren, Sonnenräder und

Menschenfiguren. Nicht weit entfernt, 600 m nördlich von der Abzweigung nach Sellebakk, führt ein Pfad zu einem Feld mit Bildern von Schiffen, auf denen die tierkopfähnlichen Steven mit Ohren und Hörnern auffallen. Auf dem Hornnes-Feld steht man gleich einer ganzen Armada von prächtigen Schiffsdarstellungen gegenüber, Zeugen einer Zeit des Handels und des Wohlstandes. Auf dem Solberg-Feld (ca. 1,5 km westlich von Skjerberg) mit seinen rund 60 Figuren erregt vor allem der »Sonnenfänger«, eine kleine Menschenfigur mit einem Sonnenrad in der Hand, Aufmerksamkeit.

Museum

Fredrikstad Museum
Tollbodgate (Gamlebyen)
Tel. 69/32 09 01
Mitte Juni–Aug. tgl. 12 bis 17 Uhr; April–Okt. Sa, So 12–17 Uhr
Eintritt 20 NOK, Kinder 5 NOK
Kleines Stadtmuseum in der Alten Sklaverei (Gammel Slaveri) von 1731 und dem alten Pulverturm. Einige schöne Stadtmodelle zeigen, wie sich die Stadt entwickelt hat.

Essen und Trinken

Fredrikstad hat keine Gourmetrestaurants. In der Altstadt haben sich die meisten Cafés und Kneipen nur auf einfache, kleine Gerichte spezialisiert.

Balaklavas Gjestgiveri
Færgeport gate 78 (Gamlebyen)
Tel. 69/32 30 40
Tgl. 12–24, nach Bedarf bis 2.30 Uhr
2. Kategorie (Visa)
In diesem seit 1803 bestehenden Gasthaus mit seinem weißgekalkten Kellergewölbe sollte man den großen Fischeintopf probieren oder Meereskrebsschwänze mit Pilzen, gedämpft in frischer Knoblauchbrühe. Im Sommer gibt es auch die Möglichkeit, im Freien zu sitzen.

Einkaufen

Die vielen kleinen Läden, Galerien und Werkstätten der Altstadt laden zum Bummeln ein. Hier findet man verschiedenes Kunsthandwerk, Antiquitäten, aber auch richtig schönen Kitsch. Fredrikstad ist darüber hinaus für seine Grafikausstellungen bekannt.

Galerie Gamlebyen
Tollbodgate 38 (Gamlebyen)
Tel. 69/32 01 47
Di–Fr 11–17, Sa 11–14, So 12–15 Uhr
Diese Galerie, die von einer Deutschen betrieben wird, ist eine wahre Fundgrube für Liebhaber von Grafiken.

Allgemeine Informationen

Auskunft
Fredrikstad Turistkontor
(östlicher Brückenkopf)
1630 Fredrikstad
Tel. 69/32 03 30, Fax 32 39 85

Medizinische Hilfe
Legevakt
Kongensgate 4B
Tel. 69/31 33 33

Sport
Baden:
Schöne Strände auf den Hvaler-Inseln südlich und auf der Insel Hankø westlich der Stadt.
Segeln:
Segelparadies auf Hankø, im Sommer Segelregatten.

Verkehrsmittel
Mehrmals tgl. Intercityzug in Richtung Schweden und Oslo; Schiffsverbindung mit Strömstad/Schweden.
Sommer: Di–Sa Abfahrt von Fredrikstad 10.30 Uhr, Rückfahrt 16.50 Uhr.

Ort in der Umgebung

D10 **Halden**
Haldens Felsenfestung Fredriksten, die in der zweiten Hälfte des 17. Jh. auf zwei Bergrücken erbaut wurde, thront schon von weitem sichtbar hoch über dem kleinen Industrieort. Sechsmal wurde Halden im 18. und 19. Jh. angegriffen. Die berühmteste Belagerung fand im Jahr 1718 statt, als hier der schwedische König Karl XII. fiel. Halden (ca. 25 900 Einwohner) hat übrigens auch einige wunderschöne, im französischen Empirestil errichtete Gebäude. Am bekanntesten ist der Herrenhof Rød Herregård (1733) mit prachtvollem Interieur.

Hotel
Fredrikshald Småhotell
Ohmes plass 3
Tel. 69/18 82 22, Fax 18 82 29
22 Zimmer
2. Kategorie (EC, Visa)
Kleines Hotel unterhalb der Festung mit Dachterrasse und renoviertem Restaurant.

Sehenswertes
Haldenkanal
Fahrt mit »M/S Turisten«
Tel. 69/17 48 40 (Touristenbüro)
Juni–Mitte Aug. Mi, Fr–So ab Strømsfoss 10.15 Uhr, an Tistedal 13.45 Uhr, ab Tistedal 14.15 Uhr; Do ab Strømsfoss 10.15 Uhr, an Ørje 13.30 Uhr
Fahrpreise: nach Strømsfoss (eine Strecke) 120 NOK, nach Ørje 100 NOK, Kinder halber Preis.
Bustransfer auf beiden Strecken zurück zum jeweiligen Ausgangspunkt.
Wer Zeit hat, sollte einen Tag für eine Ausflugsfahrt auf dem 75 km langen Haldenkanal einplanen, auf dem bis 1982 Baumstämme geflößt wurden. Der Haldenkanal hat insgesamt drei Schleusenanlagen, die zusammen 39 m Höhenunterschied überwinden. Am bekanntesten sind die Brekke-Schleusen (26,6 m Hubhöhe). Wer die Fahrt nach Ørje wählt, kann sich dort ein kleines Kanalmuseum anschauen und nebenan im Garten eines idyllischen alten Holzhauses, das mit einer Ausstellung zur Kinderkultur aufwartet, Waffeln mit Marmelade essen.

Am 17. Mai, dem norwegischen Nationalfeiertag, wird auf der Karl Johans gate ein Festzug veranstaltet

Museum
Festningsmuseum
Fredriksten Festning
Mitte Mai–Aug. Mo–Sa
10–17, So 10–18 Uhr
In diesem kriegshistorischen Museum innerhalb der Festungsmauern von Fredriksten findet man allerhand Kuriositäten aus der Geschichte der Stadt, unter anderem den Stuhl, auf dem Karl XII., der hier 1718 fiel, angeblich während der Belagerung gesessen haben soll.

Allgemeine Informationen
Auskunft:
Halden Turistkontor
Storgaten 6
1751 Halden
Tel. 69/174840, Fax 180058
Camping:
Fredriksten Camping
Fredriksten Festning
Tel. 69/184032
15 Hütten
Dieser Campingplatz ist eine Besonderheit. Er liegt nämlich mitten im Festungsbereich.

Oslo C9/C10

Norwegens Hauptstadt ist zwar mit über 470000 Einwohnern die größte Stadt des Landes, doch sie läßt sich kaum mit den Großstädten Mittel- oder Südeuropas vergleichen. Trotz ihrer enormen Ausdehnung – Oslo gehört mit seinen 454 qkm flächenmäßig zu den größten Städten der Welt – haftet ihr auch etwas Provinzielles an, eine Eigenschaft, die die Stadt besonders liebenswert macht. Noch ragen wenige Hochhäuser in den Himmel, obwohl Oslo mit dem 37stöckigen Hotel Oslo Plaza das höchste Gebäude Nordeuropas besitzt, noch besteht ein großer Teil der Stadtfläche aus weitläufigen Waldgebieten, in denen Skilangläufer über 2200 km gespurte Loipen vorfinden, und noch können sich Politiker, Mitglieder der Königsfamilie und andere Persönlichkeiten des öffentlichen Lebens ohne großes Aufgebot an Sicherheitsbeamten unters Volk mischen.

König Harald Hardråde ließ den Handelsplatz Oslo um 1050 am rund 100 km langen Oslofjord in einer großen, von bewaldeten Hängen umgebenen Talsenke anlegen. Ende des Jahrhunderts war der Ort bereits bischöflicher Residenzsitz, und 1299, mit der Krönung Håkon Magnus', wurde Oslo Königssitz.

Doch aufgrund der Pest im Jahr 1349 und der folgenden Abhängigkeit von Dänemark (→ Geschichte und Gegenwart) erlebte die einstmals blühende Handelsstadt ab dem 15. Jh. einen enormen Niedergang. Zu allem Unglück wurde 1624 die Stadt auch noch durch einen Brand nahezu vollständig vernichtet.

Christian IV., der damalige dänisch-norwegische König, ließ sie danach in direkter Nähe der Festung Akershus neu anlegen. Die Häuser wurden nun ausschließlich aus Stein gebaut. Das rechteckige Straßennetz, das er entwarf, ist noch heute im unteren Teil des Zentrums zwischen der Rådhusgata und der Karl Johans gate zu erkennen. Der Regent gab Oslo seinen eigenen Namen, Christiania. Erst 1925 erhielt die Stadt ihren ursprünglichen Namen zurück. Als im 19. Jh. die ersten Eisenbahnstrecken angelegt wurden, erlebte Oslo einen neuen Aufschwung. Nun begann auch die große Landflucht, und in Oslo entstand Wohnungsnot. Im Osten der Stadt wuchsen daher schon bald Wohnblöcke mit drei, später auch vier und fünf Etagen heran.

Seit den 80er Jahren schießen die modernen Cafés, Gourmetrestaurants und gemütlichen Kneipen beinahe wie Pilze aus der Erde. Oslo rühmt sich heute stolz, im Norden das größte Angebot für Restaurantgänger und Nachtschwärmer zu haben. Und noch eine Eigenart: Wenn erst einmal die ersten warmen Sonnenstrahlen kommen, ist es äußerst schwierig, einen freien Stuhl auf einer der vielen Restaurantterrassen, auf den Booten im Bereich der Aker Brygge oder in einem der Straßencafés entlang der Karl Johans gate zu ergattern. Bis spät in die Nacht hinein wird der kurze Sommer genossen!

Hotels

Aufgrund von zahlreichen Touristengruppen aus aller Welt ist es in der Sommersaison nicht so leicht, auf gut Glück ein freies

Im traditionsreichen Grand Café nahm im 19. Jahrhundert die norwegische Boheme ihren Tee oder Kaffee

Zimmer zu bekommen. Billiger und ruhiger ist es zumeist außerhalb der Stadt. Hotels, Pensionszimmer und private Unterkünfte werden im Informationszentrum und im Osloer Hauptbahnhof vermittelt (→ Oslo, Allgemeine Informationen, Auskunft).

Gabelshus Hotell M
Gabelsgate 16
Tel. 22/55 22 60, Fax 44 27 30
Straßenbahnlinien 10 und 13
Haltestelle: Skillebekk
45 Zimmer
1. Kategorie (Æ, DC, EC, Visa)

Agathe Riekeles, die dieses kleine, 1912 eröffnete Hotel seit 1945 betreibt, sorgt trotz ihres hohen Alters noch immer persönlich dafür, daß die familiäre Atmosphäre in ihrem Hotel bewahrt bleibt. Im Kaminzimmer des im klassisch englischen Stil geführten Hauses meint man fast, sich in den Privaträumen der Besitzerin aufzuhalten. 1993 erhielt sie den Gastgeberpreis des Norwegischen Hotel- und Restaurantverbandes. Auch ihre Küche hat einen ausgezeichneten Ruf.

Der gute Tip M:
Gabelshus Hotell
Gemütliches Hotel im englischen Stil mit persönlicher Atmosphäre und ausgezeichneter Küche.

Grand Hotel
Karl Johans gate 31
Tel. 22/42 93 90, Fax 42 12 25
289 Zimmer (49 Suiten)
Luxuskategorie, im Sommer
1. Kategorie (Æ, EC, Visa)

Festung Akershus: Die teilweise mit originalen Möbeln ausgestatteten Räume zeigen, wie die Könige früher gelebt haben

Ohne Zweifel eines der berühmtesten Hotels in Norwegen. In den feudalen Suiten wohnen während ihres Osloaufenthalts Staatsoberhäupter, Künstler und Friedensnobelpreisträger. Im Grand Café trafen sich einstmals die Bohemiens der Stadt, so auch Bjørnson, Munch und Ibsen. Sie und andere Künstler jener Zeit wurden auf einem großen Gemälde im Inneren des Cafés verewigt. Außerdem gibt es zwei weitere Restaurants, u. a. das Gourmetrestaurant »Palmen« (11–23.30 Uhr).

Holmenkollen Park Hotel
Kongeveien 26
Tel. 22/92 20 00, Fax 14 61 92
U-Bahnlinie 1
Haltestelle: Holmenkollen
224 Zimmer
Luxuskategorie (Æ, EC, Visa)
In diesem Schweizerstil-Holzschlößchen in der Nähe der Holmenkollenschanze wird man verwöhnt.

Hotell Bondeheimen
Rosenkrantz gate 8
Tel. 22/42 95 30, Fax 41 94 37
76 Zimmer
1. Kategorie, im Sommer 2. Kategorie (Æ, EC, Visa)
Die Zimmer dieses traditionsreichen, mitten im Zentrum gelegenen Hotels sind mit hübschen Kiefernmöbeln eingerichtet. Frühstücksbüfett mit leckerem, selbstgebackenem Brot.

Rainbow Hotell Astoria
Dronningens gate 21
Tel. 22/42 00 10, Fax 42 57 65
132 Zimmer
2. Kategorie (Æ, EC, Visa)

Bed-and-Breakfast-Hotel, nur wenige Schritte von der Karl Johans gate entfernt, mit Zimmern eigens für Frauen.

Rainbow Hotel Stefan
Rosenkrantzgate 1 (Zentrum)
Tel. 22/42 92 50, Fax 33 70 22
138 Zimmer
1. Kategorie (Æ, EC, Visa)
Ehemaliges Missionshotel mit einem der besten Lunchbüfetts der Stadt.

Royal Christiania
Biskop Gunnerus gate 3
Tel. 22/42 94 10, Fax 42 46 22
452 Zimmer, 60 Suiten
Luxuskategorie (Æ, DC, EC, Visa)
Dieses Hotel direkt am Hauptbahnhof wurde 1952 anläßlich der VI. Olympischen Winterspiele in Oslo eröffnet. Das neue siebenstöckige Atrium mit Restaurant und Sitzecken sowie supermodernen Business-Suiten erinnert kaum mehr an jene Zeit.

Saga Hotel
Eilert Sundts gate 39
Tel. 22/43 04 85, Fax 44 08 63
Straßenbahnlinie 19
Haltestelle: Uranienborg kirke
66 Zimmer, 3 Suiten
1. Kategorie (Æ, EC, Visa)
Ruhig gelegen im Westen des Zentrums mit geschmackvoll eingerichteten Zimmern.

Sehenswertes

Akershus Schloß und Festung
Festung: Im Freien 6–21 Uhr
Innen: Mo–Fr 10–15 Uhr; Mai bis Aug. 10–16, Sa, So 11 bis 16 Uhr; Schloß: Mai–Mitte Sept. Mo–Sa 10–16, So 12.30 bis 16 Uhr; April, 2. Sept.hälfte, Okt. nur So 12.30–16 Uhr
Eintritt 20 NOK, Kinder 10 NOK
Hier stand einstmals eine mittelalterliche Burg, die von Haakon V. 1299–1304 erbaut wurde. 1527 brannte beinahe die gesamte Festung nieder, wurde dann wieder aufgebaut und Mitte des 17. Jh. unter Christian IV. in ein Renaissanceschloß umgewandelt. Besichtigung u. a. der Schloßkirche, Festsäle und des Königlichen Mausoleums.

Domkirke
Stortorget 1
Tgl. 10–16 Uhr
Sa 12 Uhr Vormittagsmusik
Domkirche von 1697 mit originaler Kanzel und Altartafel. Glasmalereien von Emanuel Vigeland, dem Bruder von Gustav Vigeland. Monumentale Deckengemälde von 1950.

Holmenkollbakken
Kongeveien 5
U-Bahnlinie 1
Haltestelle: Holmenkollen
Tribünen und Schanze ganzjährig frei zugänglich
Museum/Turm: Mai/Sept. tgl. 10–17 Uhr; Juni/Aug. 9–20 Uhr; Juli 9–22 Uhr; Jan. bis April Mo–Fr 10–15, Sa, So 11–16 Uhr
Eintritt 50 NOK, Kinder 25 NOK
Fahren Sie hinauf auf den 60 m hohen Schanzenturm und genießen Sie von dort die Aussicht! Gleich neben dieser berühmten Schanze, deren ursprüngliche

Form von 1892 mehrmals verändert wurde, steht ein Skisprungsimulator, aus dem auch die Mutigsten meistens mit schlotternden Knien wieder herauskommen. Skimuseum mit der ältesten Skisammlung der Welt.

Rådhuset
Mo–Sa 9–15.30 Uhr; Mai bis Sept. auch So 12–15 Uhr
Führungen 10, 12, 14 Uhr
Eintritt 15 NOK, Kinder 5 NOK (im Sommer, sonst frei)

Das rote backsteinerne Rathaus (1931–50) mit seinen zwei markanten Türmen ist heute das Wahrzeichen der Stadt. An der Fassade des Nordeinganges entdeckt man das nackte »Osloermädchen«. Sehenswert ist hier auch die Fontäne mit einer aus vergoldeter Bronze gearbeiteten Schwanengruppe. Im Inneren: imponierende, teilweise riesengroße, farbenfrohe Wandgemälde und Ausschmückungen norwegischer Künstler. Am unteren Teil der Marmortreppe ist St. Hallvard dargestellt.

Der gute Tip M:
Emanuel Vigeland Museum
Die al fresco »Vita« des Künstlers gehört zu den merkwürdigsten Sehenswürdigkeiten der Stadt.

Vigelandsparken
Haupteingang Kirkeveien
Straßenbahnlinien 12 und 15
Haltestelle: Vigelandsparken
Rund um die Uhr geöffnet
Eintritt frei

Nicht alle mögen Gustav Vigelands (1869–1943) bombastische Anlage mit ihren 200 Skulpturen. Doch dieser Park, an dessen Ende der 17 m hohe Monolith, der aus einem einzigen Granitblock gehauen wurde, mit seinen 121 Figuren thront, ist trotz allem eine der meistbesuchten Sehenswürdigkeiten Norwegens. Zu den bekanntesten Figuren gehört der kleine »Trotzkopf« auf der Brücke. Weniger berühmt ist der Brunnen mit den Giganten, die eine schwere Wasserschale tragen. Sie sind genauso wie die Figuren, die rings um den Brunnen angebracht sind und von der Geburt, der Jugend, dem Alter und dem Tod erzählen, dazu verdammt, die verschiedenen Bürden des Lebens zu tragen und schließlich zu sterben. Vigelands Figuren sind alle nackt – bis auf die beiden Frauen auf den Säulen am Brückenanfang.

Vår Frelsers Gravlund
(Erlöserfriedhof)
Zwischen Ullevålsveien und Akersbakken (Zentrum)

Hier liegen viele der großen Persönlichkeiten Norwegens begraben, u.a. Henrik Ibsen, Bjørnstjerne Bjørnson, Edvard Munch, Hans Gude und Johan Svendsen.

Museen und Galerien

Emanuel Vigeland Museum M
Grimelundsveien 8
U-Bahnlinie 1
Haltestelle: Vinderen
So 12–15 Uhr
Eintritt frei

Im Vigelandsparken, 1924–43 nach den Plänen Gustav Vigelands aufgebaut, sind 200 gigantische Skulpturen, die meisten von ihnen nackt, zu sehen

Wenn Sie sich an einem Sonntag in Oslo aufhalten, sollten Sie sich dieses Museum von Emanuel Vigeland (1875–1948), dem Bruder von Gustav Vigeland, wirklich nicht entgehen lassen! In diesem fensterlosen, kirchenähnlichen Gebäude verbirgt sich Vigelands eigentümliche al fresco »Vita« mit nackten, neugeborenen, jungen und alten, liebenden und sterbenden Menschenfiguren, die auf sämtlichen Wänden verteilt sind. Noch eine Kuriosität: Alle Laute hallen in dieser dunklen Gruft unzählige Male wider und erzeugen ein unheimliches Getöse. Aus einer einzelnen Flöte kann somit ein ganzes Flötenorchester werden.

Fram Museum
Bygdøynes
Bygdøyboot vom Rathaus
Mitte Mai–Aug. tgl. 9–17.45 Uhr; Mai und Sept. tgl. 10–16.45 Uhr; sonst 11–14.45 Uhr; Dez.–Feb. geschl.
Eintritt 20 NOK, Kinder 10 NOK

Ausstellung von Roald Amundsens und Fridtjof Nansens Polarschiff »Fram« (1892).

Ibsen Museum
Arbins gate 1 (südlich des Schlosses)
Di–So 12–15 Uhr
Führung stündlich
Eintritt 30 NOK, Kinder 10 NOK

Gleich in der Nähe des Schlosses kann man sich Ibsens Wohnung, in der er von 1895 bis zu seinem

Auf dem Balsafloß Kon Tiki überquerte der Ethnograph Thor Heyerdahl im Jahre 1947 innerhalb von 101 Tagen den Pazifik

Tod im Jahr 1906 lebte, anschauen.

Kon-Tiki-Museum
Bygdøynes
Bygdøyboot vom Rathaus
Mitte Mai–Aug. tgl. 9–18 Uhr; sonst tgl. 10.30–16 Uhr; April, Mai, Sept. tgl. 10.30–17 Uhr
Eintritt 25 NOK, Kinder 10 NOK

Besonders sehenswert: das Kon-Tiki-Floß (1947) und das Schilfboot Ra II (1970), mit denen Thor Heyerdahl seine abenteuerlichen Expeditionen unternahm. Im Jahre 1947 überquerte der Ethnograph den Pazifischen Ozean auf einer Strecke von über 8000 km von Peru nach Ostpolynesien. Er wollte mit seiner Fahrt auf dem Balsafloß »Kon-Tiki« beweisen, daß südamerikanische Stämme nach Überquerung des Pazifik Polynesien besiedelt haben.

Kunstindustrimuseum
St. Olavs gate 1
Di–Fr 11–15, Sa, So 12 bis 16 Uhr, Mo geschl.
Eintritt 20 NOK, Kinder 10 NOK

Kunstgewerbe vom 7. Jh. bis heute mit königlicher Trachtengalerie. Museumskostbarkeit: der gewebte Baldisholteppich aus dem 13. Jh., eine der wenigen in Europa bewahrten Gobelinwebereien aus dem Mittelalter.

Munchmuseet
Tøyengata 53
Juni–Mitte Sept. Mo–Sa 10–18, So 12–18 Uhr; sonst Di–Sa 10–16, Do, So 10–18 Uhr

Das Norsk Folkemuseum gibt Aufschluß über das Leben der Norweger während der vergangenen Jahrhunderte

Eintritt 40 NOK, Kinder 15 NOK
Freunde des Expressionisten Edvard Munch (1863–1944) kommen hier wirklich auf ihre Kosten! Sammlung mit rund 1100 Gemälden und 8000 Grafiken, die Munch der Stadt vermacht hat.

Nasjonalgalleriet
Universitetsgata 13
Mo, Mi, Fr, Sa 10–16, Do 10–20, So 11–15 Uhr
Eintritt frei
Größte Sammlung norwegischer Maler, mit eigenem Munchsaal und zahlreichen Bildern von Norwegens Nationalromantikern.

Norsk Folkemuseum
Museumsveien 10
Bygdøyboot vom Rathaus
Mitte Juni–Aug. tgl. 10 bis 18 Uhr; sonst tgl. 12–16 Uhr
Eintritt 50 NOK, Kinder 10 NOK
Mit seinen rund 140 alten Gebäuden aus dem ganzen Land ist das Osloer Volksmuseum eines der größten norwegischen Freilichtmuseen. Hier wurden Gebäude aus vielen Teilen des Landes detailgetreu wieder aufgebaut, so daß der Besucher einen guten Einblick in die Lebensweise der Norweger vom Mittelalter bis ins 19. Jh. erhält. Sehenswert sind vor allem die Raulandstue, ein Gebäude von ca. 1300 – mit Runeninschrift »Torgaut Fivil schuf mich« – aus Uvdal im Numendal, die Stabkirche von Gol (um 1200) mit prachtvollen Schnitzereien an den Tür-

einfassungen, die König Oscar II. dem 1894 errichteten Museum schenkte (→ Routen und Touren, Reise zu Norwegens schönsten Stabkirchen), und der wunderschöne Setesdalhof mit mehreren Häusern aus dem 17. Jh. Im alten Stadtteil Christiania entdeckt man enge Arbeiterwohnungen, kleine Vorstadthäuschen, Ställe, einen Bonbonladen und stattliche Häuser aus dem 18. und 19. Jh. sowie eine alte Apotheke mit Apothekermuseum.

Vikingskiphuset
Huk Aveny 35
Bygdøyboot vom Rathaus
Mai–Aug. tgl. 9–18 Uhr; Sept. tgl. 11–17 Uhr; Mai und Okt. 11–16 Uhr; sonst 11–15 Uhr
Eintritt 20 NOK, Kinder 10 NOK

Was wäre ein Besuch in Norwegen, ohne daß man mit den drei prachtvollen Wikingerschiffen Oseberg, Gokstad und Tune aus dem 9. und 10. Jh. Bekanntschaft gemacht hätte? Bei den Ausgrabungen der Wikingergräber wurden auch zahlreiche Haushaltsgeräte und andere Gegenstände entdeckt. Am schönsten ist das Oseberg-Schiff (von ca. 850), das 1904 in der Nähe von Tønsberg gefunden wurde.

Der gute Tip M:
Bagatelle
Bei Meisterkoch Eyvind Hellstrøm zergeht das Essen auf der Zunge – und das Portemonnaie wird strapaziert. Aber es lohnt sich!

Essen und Trinken

Oslos Restaurantangebot ist enorm groß und verändert sich ständig. Günstig ist es eigentlich nur beim Chinesen und in einigen der anderen ausländischen Lokale. Wer wirklich schlemmen will, hat keine Probleme, ein Restaurant zu finden. Einziges Hindernis: Oslos Gourmetlokale sind sehr beliebt, eine Reservierung daher sinnvoll.

Babette's Gjestehus
Olav Vs gate 6
Tel. 22/41 64 64
Mo–Fr ab 16, Sa, So 18 Uhr, Bestellung möglich bis 22.30 Uhr
Tischreservierung notwendig: Mo–Fr ab 12, Sa und So ab 16 Uhr
Luxuskategorie (Æ, DC, EC, Visa)

Ausgezeichnete klassische Gerichte, die an das große Festessen in der Erzählung der dänischen Schriftstellerin Karen Blixen über Babette erinnern.

Bagatelle M
Bygdøy allé 3–5
Tel. 22/44 63 97
Mo–Sa 18–23.30 Uhr, So geschl.
Luxuskategorie (Æ, DC, EC, Visa)

Zwar verlor dieses Gourmetrestaurant 1995 wieder einen der 1993 erhaltenen zwei Sterne im Guide Michelin, doch die Küche von Meisterkoch Eyvind Hellstrøm ist weiterhin eine der besten Oslos. Seine Wild- und Fischgerichte sind ein wahres

Wer sich selbst verpflegt, findet auf dem Markt der Karl Johans gate frischen Fisch für den abendlichen Kochtopf

Gedicht – und dazu gibt's äußerst auserlesene Weine.

Blom
Paléet – Karl Johans gate 41
Tel. 22/427300
Mo–Fr 11–14.30, 17–24,
Sa 15–24 Uhr, So geschl.
1. Kategorie (Æ, DC, EC, Visa)

Im Künstlerrestaurant Nummer eins der Stadt gibt es nicht nur leckere Lachs- und Rentiergerichte, hier kann man sich gleichzeitig auch haufenweise Gemälde, Porträts und Wappen des Künstlerverbandes mit lustigen Sprüchen anschauen.

Det Gamle Raadhus Restaurant
Nedre Slottsgate 1
Tel. 22/420107
Mo–Fr 11–22.30, Sa 17–22.30 Uhr, So geschl.
1. Kategorie (Æ, DC, EC, Visa)

Wenn sich die Weihnachtszeit nähert, ist das Restaurant, das in einem der ältesten erhaltenen Gebäude der Stadt (von 1641) untergebracht ist, größtenteils von Gästen ausgebucht, die hier die Spezialität des Hauses, *lutefisk*, gelaugten Stockfisch mit Speck und Erbsenbrei, essen möchten. Ansonsten: echt deftig norwegische Küche, vor allem Wild- und Fischgerichte.

Maud's
Vestbaneplassen 1
Tel. 22/837228
Mo–Sa 12–23 Uhr, So geschl.
1. Kategorie (Æ, DC, EC, Visa)

Adresse für Elchgerichte! Das phantasiereich auf dem Teller garnierte Fleisch zergeht geradezu auf der Zunge.

Statholdergaarden
Rådhusgaten 11
Tel. 22/41 88 00
Tgl. 18–24 Uhr
Luxuskategorie (Æ, DC, EC, Visa)
Reservierung notwendig
Die Küche von Meisterkoch Bent Stiansen ist ohne Zweifel eine der besten Oslos und der Speisesaal im Rokokostil mit wunderschönen Stuckarbeiten an der Decke einer der vornehmsten Norwegens. Norwegische Köstlichkeiten werden hier mit dem Erfindungsreichtum und der Eleganz der französischen Küche kombiniert. Ob man nun Fisch-, Fleisch- oder Wildgerichte wählt – auf dem Teller sind sie eine Augenweide und auf der Zunge ein wahrer Genuß. Einziger Nachteil: Ohne Reservierung kommt man hier kaum rein!

Theatercaféen
Stortingsgata 24–26
Tel. 22/33 32 00
Mo–Sa 11–23, So 15–22 Uhr
2. Kategorie (Æ, EC, Visa)
Tischreservierung empfohlen
In Oslos einziges, im Jugendstil dekoriertes Kaffeehaus von 1901 gehen alle, die gesehen werden wollen oder die gerne die neuesten Gerüchte über die Prominenz der Stadt hören möchten. Achtung, manche Tische sind den bekannten Künstlern, Schauspielern und Bankleuten der Stadt vorbehalten!

Will's
Stortingsgata 20
Tel. 22/11 12 33
Lunch 11–15, à la carte 15–23.30, Nachtmenü Fr, Sa 23.30–2.30 Uhr
2. Kategorie (Æ, EC, Visa)
Beliebtes Touristenrestaurant, direkt am Rathaus gelegen. Wie wär's mit Austern, entweder sechs Stück oder gleich ein Dutzend?

Einkaufen

Die Geschäfte im Zentrum haben zumeist von 9–17 Uhr geöffnet, montags meist erst ab 10 Uhr, donnerstags bis 19 Uhr, samstags bis 13 Uhr. In den außerhalb des Zentrums liegenden Einkaufszentren kann man oftmals 10–20 Uhr, mancherorts auch bis 21 Uhr einkaufen, samstags bis 15 Uhr oder sogar bis 18 Uhr. Einige Großkioske haben bis Mitternacht und sonntags auf.

Bücher

Tanum Libris
Karl Johans gate 37–41
Oslos größte Buchhandlung; neben norwegischer wird hier auch ausländische Literatur angeboten.

Glas und Porzellan

Glas Magasinet
Stortorget 9
Dieses Geschäft ist Norwegens bekannteste Adresse für Glas und Porzellan.

Porsgrund Butikk Oslo
Karl Johans gate 14
Schönes Porzellan aus Norwegens führender Porzellanfabrik in Porsgrunn.

Im Sommer schießen die Straßencafés wie Pilze aus dem Boden – hier ein Café vor dem Nationaltheater

Sportartikel

Fast fisk
Dronning Mauds gate 1–3 (Zentrum)
Führt alles, was Angler für ihr Hobby brauchen.

Skandinavisk Høyfjellsutstyr
Bogstadveien 1
Ausrüster für Kletterer und Wanderer.

Strickwaren und Wolle

Husfliden
Møllergata 4
Hier gibt's fast alles, was in Heimarbeit hergestellt wird, z. B. auch Norwegerpullover.

Am Abend

Konzerte

Oslo Konserthus
Munkedamsveien 14
Tel. 22/83 32 00
Konzertsaal mit einer ausgezeichneten Akustik. Abwechslungsreiches Programm, auch Sommerkonzerte.

Lokale

Aker Brygge
Im Bereich der ehemaligen Aker Werft wimmelt es nur so von Bars und Cafés. Im Sommer kann man draußen entweder direkt am Wasser mit Blick auf die Akershus-Festung oder auf der Piazza im Inneren dieses gigantischen Baukomplexes sitzen. Besonders beliebt sind »Albertine Café & Bar«, Stranden 3, die Musikbar »Beach Club«, Bryggetorget 14, und die Bar »Jimmy's«, Bryggetorget 18.

Die ehemalige Schiffswerft an der Aker Brygge wurde mit viel Glas und Beton umgebaut. Die dortigen Cafés und Kneipen ziehen allabendlich zahlreiche Nachtschwärmer an

Bristol Lounge
Kristian IV's gate 7
So–Do ab 17.30, Fr und Sa 17.30–2.30 Uhr
Entspannte gepflegte Atmosphäre im Bristol Hotel.

Clodion Art Café
Bygdøy allé 63
Tgl. 10–1 Uhr
Nette Kneipe im Westen der Stadt.

Lipp
Olav V's gate 2
So und Mo 15–1.30, Di–Sa 15–3 Uhr
Die Bar und das Café sind ein beliebter Treffpunkt.

Lorry
Parkveien 12–2
Mo–Sa 8–4, So ab 14 Uhr
Traditionsreiches Bierlokal, das über 200 Biersorten anbietet. Etwas für alle, die nach einer echt norwegischen Kneipe mit norwegischem Publikum suchen.

Theater

Nasjonaltheatret
Stortingsgate 15
Tel. 22/41 27 10
Schöner Rokokosaal, eigenes Sommerprogramm.

Kinder

Barnekunstmuseum (Kinderkunstmuseum)
Lille Frøens vei 4
Ende Juni–Mitte Aug. Di, Do 11–16 Uhr; sonst Di, Do, 9.30–14, ganzjährig So 11–16 Uhr; Mitte Aug.–Mitte Sept. geschl.
Eintritt 30 NOK, Kinder 10 NOK

Ausstellung von Kinderkunst aus 150 Ländern. Hier können die Kinder auch selbst Kunstwerke schaffen.

Tusenfryd mit Wikingerland
Mosseveien, Vinterbro
Ca. 20 km südlich von Oslo
Tel. 64/946363, Fax 945324
Sommerferien 10.30–20 Uhr
Eintritt 60 NOK, »Fahrpaß« für Achterbahnen usw. 110 NOK, Kinder unter 140 cm Größe 90 NOK

Der Vergnügungspark Tusenfryd südlich von Oslo ist im Sommer ein großer Rummelplatz. Typisch norwegisch ist das neue Wikingerland, in dem man mit Norwegens großem Entdecker Leiv Eiriksson neues Land erobern kann und Einblick in alte Wikingertraditionen erhält.

Allgemeine Informationen

Auskunft

Norges Informasjonssenter
Vestbaneplassen 1 (beim Rathaus)
0151 Oslo
Tel. 22/830050, Fax 838150
Mai, Juni, Sept. Mo–Sa 9–18 Uhr; Juni auch So 9–16 Uhr; Juli, Aug. 9–20 Uhr; sonst Mo–Sa 9–16 Uhr

Oslo Sentralstasjon (Hauptbahnhof)
Jernbanetorget 2
0154 Oslo
Tel. 22/171124, Fax 176613
Mai–Sept. tgl. 8–23 Uhr; sonst Mo–Mi 8–23, Do–So 8–15 und 16.30–23 Uhr

Autovermietung

Avis Bilutleie
Munkedamsveien 27 und Fornebu (Flugplatz)
Tel. 66/847880
Auch Chauffeur-Service.

Budget
Byhallen (am Bahnhof)
Sonja Henies plass 4
Tel. 22/171050, Fax 171060
Fornebu (Flugplatz)
Tel. 67/537924, Fax 539022

Camping und Jugendherberge

Bogstad Camping
Ankerveien 117
Tel. 22/507680, Fax 500162
Buslinie 32
Haltestelle: Bogstad Camping

Oslos größter Campingplatz am Badesee Bogstadvannet. Mehrere große Hütten. Entsorgungsstation für Chemietoiletten.

Oslos Vandrerhjem Haraldsheim
Haraldsheimveien 4
Tel. 22/155043, Fax 221025
Straßenbahnen 10, 11 und 17
Haltestelle: Sinsen
Ganzjährig geöffnet
3. Kategorie (Visa)

Moderne Jugendherberge im Norden der Stadt mit Vierbett- und Familienzimmern. Im Sommer Buchung empfehlenswert.

Stubljan Campingplass
Hvervenbukta
Tel. 22/612706
Buslinie 83
Haltestelle: Hvervenbukta
Juni–Aug.

Einfacher Platz ca. 10 km südlich von Oslo (300 m von E18), ca. 100 m zum Sandstrand, Kiosk.

Entsorgungsstationen
Ekeberg Camping, Ekebergveien 65
Volvo, Strømsveien 314

Feste und Festspiele
Feb./März: Holmenkollen Ski Festival.
17. Mai: Nationalfeiertag mit verschiedenen Umzügen, die am Schloß enden.
Juni: Sommerkollenfestival, klassisches Open-Air-Konzert an der Holmenkollenschanze; Kalvøya Festival, Pop- und Rockmusik auf der Insel Kalvøya/Sandvika.
Anfang Aug.: Norway-Cup, Fußballturnier für Jugendliche aus aller Welt.
Aug.: Jazz-Tage, Theaterwoche und Kammermusikfestival.
Sept.: Oslo-Marathon.
10. Dez.: Verleihung des Friedensnobelpreises.

Flugplatz
Fornebu, 8 km südwestlich von Oslo; 15–20 Min. mit Bus zum Flugplatz
Direktflüge in mehrere deutsche Städte mit u.a. SAS, Deutsche BA (Berlin) und Lufthansa. Direktflüge zu den meisten größeren Orten Norwegens.

Medizinische Hilfe
Legevakten (öffentlich)
Storgata 40
Tel. 22/117070, SOS-Tel. 113
Rund um die Uhr geöffnet.
Oslo Akutten (privat)
Nedre Vollgate 8
Tel. 22/412440

Öffentliche Verkehrsmittel
In und um Oslo gut ausgebautes Straßenbahn-, U-Bahn-, Vorstadtbahn- und Busnetz. Im Stadtbereich: 16 bzw. 8 NOK (Kinder) für Einzelfahrschein mit Umsteigen innerhalb 1 Std., Tageskarte 35/17 NOK, »Flexikort« mit 10 Fahrten 130/65 NOK.
IC-Zug nach Hamburg (17 Std.), Züge in Richtung Trondheim und Nordnorwegen, Gol und Bergen, Kristiansand und Stavanger.

Oslopakken und Oslokortet
Mit der Oslokarte hat man freien Eintritt in Museen und fährt kostenlos mit allen öffentlichen Transportmitteln in und um Oslo. Ermäßigungen u. a. bei Stadtrundfahrten, in Kinos, bei Konzerten und Eisenbahnfahrten. Verkauf: in Hotels, Oslos Touristenbüros, Postämtern, Narvesen-Kiosken und auf Campingplätzen.
Mit dem Oslopaket, das die Oslokarte enthält, bekommt man in vielen Hotels der Hauptstadt Ermäßigungen.
Preis Oslokortet: Erwachsene/Kinder: 1 Tag 120/55 NOK, 2 Tage 190/85 NOK, 3 Tage 240/110 NOK.
Preis Oslopakken:
295–570 NOK für 1 Person im Doppelzimmer mit Frühstück.

Polizei
Grønlandsleiret 44
Tel. 22/669050
SOS-Tel. 112

Post
Oslo sentrum postkontor
Dronningens gate 15
0101 Oslo
Tel. 22/40 78 02
Mo–Fr 8–20, Sa 9–15 Uhr

Rundfahrten und Ausflüge
Im *Informasjonssenter* können Sie Stadtrundfahrten und spezielle Führungen buchen: Halbtages- und Tagestouren, Kunstführungen, Stadtwanderungen, Hafenrundfahrten, Safari in der Marka, Fahrt mit dem Wikingerschiff und dem Touristenzug.
Halbtägige Stadtrundfahrt:
Abfahrt vor dem Rathaus
Preis 175 NOK, Kinder 85 NOK
Museumsbesuch auf Bygdøy, im Vigelandpark und auf der Holmenkollenschanze.

Sport
Badestrände:
Am beliebtesten sind Huk auf der Halbinsel Bygdøy mit eigenem FKK-Strand, Hvervenbukta, Kata und Ingierstrand im Süden der Stadt (Bus 83) und die Strände auf den Inseln Langøyene und Hovedøya (Schiff vom Kai Vippetangen). Seen in der Nordmarka, u.a. Sognsvann und Svartkulp/FKK (Sognsvannbanen), und Bogstadvann in der Nähe des Bogstad Campingplatzes.
Boote:
Oslo Båtutleie
Frognerstranda 2
Tel. 22/55 18 81
Verleih von Booten, 14–60 Fuß.
Fahrrad:
Den rustne Eike
Vestbaneplassen 2
Tel. 22/83 72 31
Oslos Waldgebiete Nord-, Øst- und Sørmarka eignen sich ausgezeichnet zum Fahrradfahren. Es gibt hier einen Verleih und die Fahrradkarte.
Skilaufen:
Oslo kann sich ohne weiteres rühmen, Norwegens wohl größter Wintersportplatz zu sein. In den Waldgebieten der Stadt findet man ca. 2200 km gespurte und gekennzeichnete Loipen vor, davon ca. 200 mit Beleuchtung. Schöne Tour: Frognerseteren (Anfahrt mit Holmenkollbanen) –Tryvannsstua–Kopperhaugshytta–Ullevålsseter–Sognsvann (zurück in die Stadt mit Sognsvannbanen).
Mehrere kürzere Skilifte im Stadtbereich.

Taxizentrale
Tel. 22/38 80 90
Vorbestellung Tel. 22/38 80 80
Einzelne Haltestellen, siehe im Telefonbuch unter »Oslo Taxi«.

Orte in der Umgebung

Drøbak
In dem kleinen Ort am Drøbaksund, an der schmalsten Stelle des Oslofjordes, lag einstmals Oslos Winterhafen. Wenn der Fjord zugefroren war, mußten die Schiffe in Drøbak anlegen und Passagiere und Waren auf dem Landweg und über das Eis des Bunnefjords nach Oslo

transportiert werden. Sitzt man unten am Hafen, umgeben von pittoresken, größtenteils restaurierten Holzhäusern aus dem 18. und 19. Jh., möchte man ganz einfach für immer bleiben. Vielleicht ging es dem *Julenissen*, dem norwegischen Weihnachtsmann, ebenfalls so, denn er wohnt hier das ganze Jahr über in Norwegens einzigem ganzjährig betriebenen Weihnachtshaus. Im Drøbaksund wurde am 9. April 1940 – von der auf der Insel Kaholmen stehenden Festung Oscarsborg (1845–53) aus – das deutsche Schlachtschiff »Blücher« versenkt. Von Mai bis Mitte Aug. kann man an einer Führung im Festungsbereich teilnehmen.

Hotel

Reenskaug Hotel
Storgata 32
Tel. 64/93 33 60, Fax 93 36 66
23 Zimmer, 1 Wohnung
1. Kategorie, im Sommer 2. Kategorie (Æ, DC, EC, Visa)
Zentral gelegen in direkter Nähe der Fähre nach Storsand mit »Knut Hamsuns Zimmer«, in dem dieser bekannte norwegische Schriftsteller einstmals arbeitete.

Am Abend

Det gamle Bageri Ost & Vinhus
Havnebakken 1
Tel. 64/93 21 05
Di–Fr 18–24, Sa, So 12 bis 24 Uhr, Mo geschl.
Kleine, urgemütliche Kneipe mit speziellem Interieur und ausgesuchten Weinen.

Kinder

Treegaardens Julehus
Havnebakken 6
Tel. 64/93 41 78
März–Okt. Mo–Fr 10–17, Sa 10–14 Uhr; Juni–Dez. auch So 12–16 Uhr; Nov. Mo–Sa 10–19 Uhr; Dez. Mo–Sa 10–20 Uhr
Eintritt frei
Hier wimmelt es von Weihnachtsmännern und anderen Weihnachtsfiguren. Das Weihnachtshaus hat sogar einen eigenen Poststempel. Verkauf von Artikeln für das Fest.

Allgemeine Informationen

Auskunft:
Drøbak Turistinformasjon
Torget
1440 Drøbak
Tel. 64/93 50 87

Verkehrsmittel:
Im Sommer Schiffsverkehr zwischen Oslo und Drøbak; Busverbindung vom Jernbanetorget nach Drøbak (Linie 541).

Modum C10

Südlich des Sees Tyrifjorden liegt das Blaufärbewerk von Modum, das im Jahr 1776 zur Förderung von Kobalterz aus der Grube in Modum errichtet wurde. Im 19. Jh. wurden hier 80 Prozent der kobaltblauen Porzellan- und Glasfarbe, die weltweit verwendet wurde, hergestellt. Nördlich von Modum steht die Schanze von Vikersund. Im Sommer fährt zwischen Krøderen und Vikersund eine alte Museumseisenbahn.

Sehenswertes

Blaafarveværket M
Bei Åmot am Rv 287
Tel. 32/78 49 00
Mitte Mai–Sept. tgl.
10–18 Uhr; Gruben/Nyfossum
12–18 Uhr
Eintritt 90 NOK (Kombi-Karte), 25–50 NOK (einzelne Sehenswürdigkeiten)

In den alten Werksgebäuden des Blaufärbewerkes werden wunderschöne Glas- und Porzellanprodukte aus Kobaltblau ausgestellt und eine der meistbesuchten Sommerausstellungen mit berühmten norwegischen oder ausländischen Künstlern gezeigt. Am tosenden Wasserfall Haugefossen entlang geht es hinauf zum alten Haugfosshof (ca. 5 Min.) mit einem urigen alten Dorfladen und einem Steingeschäft mit hübschen Schmuckstücken. Vorbei an einer alten Arbeiterwohnung von 1779 (Nymoen 9), kommt man zum malerischen Herrenhof Nyfossum (von ca. 1820). Mit Filzpantoffeln an den Füßen kann man sich hier in den noch original eingerichteten Räumen des ehemaligen Werkdirektors umschauen. Ein weiterer Höhepunkt: der Hoffnungsstollen (7 km vom Haugefoss entfernt), den man, mit Regenmantel und Sicherheitshelm ausgestattet, zusammen mit einem Führer erforschen kann.

Krøderbanen
Ab Vikersund 12.20/16.25 Uhr, ab Krøderen 10.40/15.05 Uhr
Fahrzeit ca. 1 Std.
Fahrpreis 70 NOK, Kinder 35 NOK, hin und zurück 100/50 NOK
Verbindung mit Oslo: ab Oslo 10.48/14.45, Vikersund nach Oslo 16.36/18.48 Uhr

Diese Museumseisenbahn mit Dampflokomotive und alten Holzwaggons fährt im Juli und Aug. jeden So auf der alten Eisenbahnstrecke von 1872 zwischen Vikersund und Krøderen (26 km). In Krøderen sind der alte Bahnhof und Ausstellungen sehenswert. Im Juli hat man die Möglichkeit, Draisinen zu leihen.

Der gute Tip M:
Blaafarveværket
Im Bereich der alten Werksgebäude und der Kobalterzgruben kann man einen ganzen Tag verbringen.

Tønsberg C10

Oben auf dem Schloßberg dieser gemütlichen Hafen- und Handelsstadt (ca. 32 700 Einwohner) saß im 13. Jh. König Magnus Lagabøte in seinem Ziegelkastell, schrieb Norwegens erstes Landesgesetz (→ Geschichte und Gegenwart) und genoß den wunderschönen Blick auf die zerklüftete Schärenlandschaft und Tønsberg. Norwegens älteste Stadt, die bereits 871 angelegt wurde, spielte jahrhundertelang eine wichtige wirtschaftliche und politische Rolle und fungierte bis

Tønsberg: Vom Burghügel aus hat man einen schönen Blick auf die kleine Hafenstadt, deren Ursprünge auf das 9. Jahrhundert zurückgehen

1319 periodenweise sogar als Reichshauptstadt. Von Lagabøtes Ziegelkastell sind nur noch die Ruinen übriggeblieben. Auch von Håkon Håkonssons Festung Castrum Tunisbergis, die im Mittelalter Norwegens größte Burg war, und von der alten Mikaelskirke (1191) kann man nur noch die letzten, teilweise rekonstruierten Steinreste anschauen. Heute lockt die Stadt Tønsberg, die bis Mitte dieses Jahrhunderts auch durch den Walfang im südlichen Eismeer zu Reichtum gekommen war, zahlreiche Touristen an. Ein besonders schönes Fleckchen Erde ist Verdens Ende, das »Ende der Welt«, im Süden der Insel Tjøme. Zwischen den blankgescheuerten Felsen finden Sie mit ein wenig Glück sogar eine kleine, einsame Badebucht, und im Hafen können Sie frische Krabben direkt vom Fischerboot kaufen. Am Abend laden Straßencafés am Tønsberg Hafen und rund um den Marktplatz zum Verweilen ein.

Hotels

Die schönsten Hotels, Pensionen und Campingplätze liegen außerhalb der Stadt direkt an der Küste zwischen Åsgårdstrand und Verdens Ende. Beliebtes Feriengebiet der Norweger, daher rechtzeitige Buchung empfohlen.

Rica Havna Hotel
Tjøme, im Süden am Rv 308
Tel. 33/39 08 02, Fax 39 15 02

Bus von Tønsberg nach Tjøme
73 Zimmer (1 Suite), 35 Wohnungen und 8 Hütten
2. Kategorie (Æ, DC, EC, Visa)
Hier sind Sie mitten in den Schären und nicht weit vom Ende der Welt entfernt! Dieses beliebte Strandhotel liegt in einer schönen Parkanlage mit eigenem Hafen, Tennis- und Squashplätzen und – für Regentage – Hallenbad mit Sauna. Kaltes Büfett mit viel Fisch und Meeresfrüchten.

Åsgårdstrand Hotel
Strandpromenaden, Åsgårdstrand, Rv 311
Tel. 33/08 10 40, Fax 08 10 77
75 Betten
1. Kategorie (Æ, EC, Visa)
Nettes Strandhotel im idyllischen Badeort Åsgårdstrand, nordöstlich von Tønsberg.

Sehenswertes

Munchs hus
Åsgårdstrand, Rv 311
Juni–Aug. Di–So 13–19 Uhr; Mai und Sept. Sa, So 13 bis 19 Uhr
1897 kaufte sich der expressionistische Maler Edvard Munch (1863–1944) in Åsgårdstrand ein aus dem 18. Jh. stammendes Fischerhaus. Er nannte dieses senfgelbe Haus, das auf mehreren seiner Bilder als Hintergrund diente, »Glückshaus«, denn an keinem anderen Ort hat er so intensiv gemalt wie hier. Hier entstanden u. a. die Gemälde »Frühling« (1889) und »Mädchen auf der Brücke« (1899), eines der wenigen Bilder Munchs, das Harmonie und Ruhe vermittelt. Die abgebildete Brücke wurde 1904 abgerissen.

Edvard Munchs »Glückshaus« in Åsgårdstrand, das er im Jahre 1897 erwarb, ist als Museum erhalten

Oseberghaugen
In Slagen nördlich der Stadt, am Rv 311
Im Oseberg-Grabhügel fand man das 21,5 m lange Oseberg-Schiff von ca. 850 mit einer hölzernen Grabkammer, in der wahrscheinlich Königin Åsa, die einer der größten Kleinkönigsfamilien westlich des Oslofjordes angehörte, und ihre Magd begraben lagen. Das berühmte Wikingerschiff stand auf Lehmboden, und der 6 m hohe Grabhügel mit einem Durchmesser von ca. 44 m ist aus Torf: eine ausgezeichnete Kombination, um ein

Schiff viele Jahrhunderte hindurch zu erhalten. Das Schiff und andere Gegenstände, die hier 1904 bei Ausgrabungen gefunden wurden, kann man im Wikingermuseum in Oslo bewundern.

Slottsfjellet
Aussichtsturm
Ende Juni–Ende Aug. tgl. 11–18 Uhr; sonst Mai–Mitte Sept. Sa, So 12–17 Uhr; Mai, Juni auch Mo–Fr 10–15 Uhr
Im 13. Jh. ragte hier die größte Festung Norwegens in den Himmel, die Festung Castrum Tunisbergis mit mächtigen Ringmauern und Rondells. Die steilen Abhänge des Schloßberges bildeten einen guten Schutz gegen Angriffe. Die alten Ruinen der Rondells und Mauern kann man heute noch besichtigen, die Ruinen der Mikaelskirke (1191), der Königshalle und des Hauptturmes der Festung sind jedoch nur noch Rekonstruktionen. Vom 1888 errichteten Turm hat man Aussicht bis zum Meer.

Essen und Trinken

In Küstennähe dominieren natürlich Gerichte aus Meeresfischen und Schalentieren. Früher wurde der Fisch vor allem gesalzen, um ihn somit eine Zeitlang aufbewahren zu können. Typisches Suppengericht: Perlengraupensuppe mit gesalzenen Makrelenstücken.

Café Jarl
Øvre Langgate 44
Tel. 33/31 22 11
Mo–Fr 9–17, Sa 9–14 Uhr, So geschl.
3. Kategorie
Einfaches Café für die Mittagspause. Kleine Gerichte und Kuchen.

Pascal Brasserie
Nedre Langgate 40
Tel. 33/31 51 11
Mo–Sa 11.30–22.30, So 14–20 Uhr
2. Kategorie (Æ, DC, EC, Visa)
Gepflegtes Restaurant im Hotel Klubben, dessen Interieur an französische Brasserien erinnert.

Am Abend

Bakgården
Nedre Langgate 19
Di 19 Uhr Jazz
Schönes Plätzchen für ein kühles Bier im Freien.

Allgemeine Informationen

Auskunft
Tønsberg og Omland Reiselivslag
Nedre Langgate 36 B
Kossegården
3100 Tønsberg
Tel. 33/31 02 20, Fax 31 95 90

Camping und Jugendherberge
Mostranda Camping
3145 Tjøme
Tel. 33/39 07 10
17 Hütten
Beliebter Familiencampingplatz mit eigenem Badestrand im Süden der Insel Tjøme am Rv 308.

Tønsberg Vandrerhjem
Blancas gate 22

Tel. 33/312848, Fax 312848
Ganzjährig geöffnet
59 Betten
3. Kategorie

Entsorgungsstation
Fina-Tankstelle
Tønsberg

Feste und Festivals
Aug.: Skagerrakfestival mit Meeresangelwettbewerben.

Hüttenvermittlung
Tjøme & Hvasser Hytteformidling
Østveien 51
3145 Tjøme
Tel. 33/392340

Medizinische Hilfe
Legevakt
Halfdan Wilhelmsens allé 17
Tel. 33/316350

Sport
Baden:
Auf Tjøme: Lilleskagen, Fynstranda, Mostranda und Bekkevika, alle Strände kinderfreundlich. Wunderschöne Badestrände auch im Norden von Sandøya.
Tauchen:
Tjøme Dykkersenter
Tjøme, in der Nähe des Rica Havna Hotels
Tel. 33/391111
Im Taucherzentrum Übernachtungsmöglichkeit für bis zu 20 Personen. Tauchertouren mit dem Boot »Knalldykk II«.

Verkehrsmittel
Bahn: Vestfoldbanen zwischen Oslo und Tønsberg; 27 km vom Flughafen in Sandefjord entfernt, von dort Direktflug nach Oslo.

Orte in der Umgebung

Skien C10

Nicht ohne Grund wird die Bezirkshauptstadt der Telemark auch »Ibsen-Stadt« genannt. Im Kaufmannshaus Stockmannsgården im Zentrum kam nämlich im Jahre 1828 der Dichter Henrik Ibsen zur Welt. Sieben Jahre später zog die Familie auf den Hof Venstøp, in das Sommerhaus der Familie, später auch in den alten Stadtteil Snipetorp mit seinen hübschen Holzhäusern aus dem 18. Jh.
Die Industriestadt Skien (ca. 48300 Einwohner), die heute mit dem Nachbarort Porsgrunn, ebenfalls ein bedeutender Industrieort, zusammengewachsen ist, entstand rund um den Skienfluß und die vier Wasserfälle im Zentrum als Handelsplatz. Hier wurden Waren von den Schiffen umgeladen und ins Landesinnere gebracht. Auf der Insel Gimsøy wurde im 12. Jh. ein Nonnenkloster errichtet. Die Nonnen waren schon bald so stark am Handel in der Stadt beteiligt, daß der König Skien im Jahre 1358 die Stadtrechte verlieh, um zu verhindern, daß die geschäftigen Nonnen den gesamten Handel an sich rissen.
Noch heute lebt die Stadt vom Holzhandel und den damit verbundenen Industrien.

Auf den Spuren von Henrik Ibsen *Wer an der Küste zwischen Oslo und Bergen unterwegs ist, stößt unweigerlich immer wieder auf die Spuren des bekannten norwegischen Dichters Henrik Ibsen (1828–1906).*
Als er sieben Jahre alt war, zogen seine Eltern auf den Hof Venstøp nördlich von Skien, wo Henrik geboren worden war. Auf Venstøp konnte er in der Natur herumstreifen, und auf dem Hof führte er für die Kinder der Umgebung Puppentheater auf – mit selbstgeschriebenen Stücken und selbsthergestellten Puppen. Diese Kindheitsjahre haben ohne Zweifel in den Werken des Dichters Spuren hinterlassen.
Sein erstes Werk schuf der junge Henrik jedoch im Grimstader Geelmuyden Hus – dem heutigen Ibsenmuseum –, wo er seit 1844 eine Apothekenlehre machte. Hier schrieb er in den späten Nachtstunden das Drama vom ehrgeizigen »Catilina« (1849), der an seiner Berufung zweifelt und daran schließlich zugrunde geht. Das Werk wurde niemals aufgeführt, doch es legte den Grundstein für Ibsens weiteres Schaffen, genauso wie die Jahre in Bergen und Kristiania, dem heutigen Oslo, wo er jahrelang an den nationalen Theatern dieser beiden Städte arbeitete.

Hotel

Rainbow Høyers Hotell
Kongens gate 6
Tel. 35/520540, Fax 522608
70 Zimmer
1.–2. Kategorie (Æ, EC, Visa)
Ehrwürdiger, gemütlicher Familienbetrieb mitten im Zentrum direkt am Telemarkskanal.

Sehenswertes

Telemarkskanal
(→Routen und Touren, Fahrt auf dem Telemarkskanal)

Venstøp
5 km nördlich von Skien
Tel. 35/523594
Mitte Mai– Ende Aug. tgl. 10–18 Uhr, Führungen
Auf dem Hof Venstøp, dessen Wohnhaus im zu Beginn des 19. Jh. üblichen Empirestil gebaut wurde, verbrachte Norwegens bekannter Schriftsteller Henrik Ibsen (1828–1906) seine Kindheit und Jugend. Viele der Eindrücke, die er hier sammelte, spiegeln sich in seinen späteren Stücken wider. Im Schlafzimmer hinter dem Dachboden, das Henrik mit zweien seiner Brüder teilte, steht noch immer sein altes Bett. Im »Festsaal«, dem vornehmsten Raum auf Venstøp, führte der Junge den Gästen Zauberkünste vor, und im Flur spielte er Puppentheater mit selbstgeschriebenen, grausigen Texten und selbsthergestellten Drahtpuppen. Neben alten Möbeln und Hausgeräten kann man hier auch zwei Originalgemälde des Dichters, der eigentlich Maler werden wollte, sehen.

Der wirkliche Durchbruch kam in Kristiania, ein Jahr nach der Geburt seines einzigen Sohnes Sigurd, mit dem Bekenntnisdrama »Brand« (1866) über einen unbarmherzigen Mann, der Mutter, Frau und Kind seinem Gott opfert. Schon ein Jahr später schuf er die dramatische Sagenfigur »Peer Gynt«, ein Abbild des norwegischen Volkes. Die meisten seiner Landsleute lehnten Ibsens Stücke ab. Im Jahre 1868 wurde Norwegen dem Dichter zu eng. Er zog nach Dresden und blieb über 27 Jahre im Ausland, wo er die meisten seiner bekanntesten bürgerlich-realistischen Dramen schrieb, u. a. »Nora« (1879), »Gespenster« (1881), »Ein Volksfeind« (1882), »Rosmersholm« (1886) und »Hedda Gabler« (1890).
Als der Dichter 1891 endlich wieder nach Kristiania zurückkehrte, hatte er so viel Berühmtheit erlangt, daß er im damaligen Boheme-Café im Grand Hotel sogar seinen »eigenen« Tisch am Fenster reserviert bekam. Als alter Mann richtete er 1895 schließlich seine letzte Wohnung in der Arbins gate 1 ein – heute ebenfalls Ibsenmuseum. Einige Jahre später erlag er einer schweren Krankheit. Nach seinem Tod am 23. Mai 1906 ehrte ihn der norwegische Staat mit einem großen Staatsbegräbnis auf dem Vår Frelsers Gravlund in Oslo.

Kinder
Lekeland Skien
Nördlich der Stadt
Tel. 35/529293
Juni–Mitte Aug. tgl. 11–18 Uhr
Eintritt 20 NOK, Kinder 60 NOK
Spielparadies an Land und im Wasser für Kinder, aber auch schöner botanischer Garten mit kleinen Seen und Bächen. Ruderboote, Grillstellen und ein Café.

Allgemeine Informationen
Auskunft:
Skien Turistkontor
N. Hjellegate 18
3700 Skien
Tel. 35/581910
Entsorgungsstation:
Esso-Tankstelle
Porsgrunnveien 125

Verkehrsmittel:
Bahn: Skien-Larvik-Oslo; Expressbus: Rjukan-Skien.

Stavern C10

Sonne, Sonne und nochmals Sonne, und dies 200 Tage lang – so beurteilen auf jeden Fall die Meteorologen das Wetter in Stavern! Sollte man dann doch einmal einen Regentag in dieser alten Festungsstadt, die zur Gemeinde Larvik gehört, erwischen, dann kann man auf die Festungsinsel Citadelløya hinausfahren und sich die alten Mauern und Gräben des Stavern Forts (Ende des 17. Jh.) anschauen. Auf Anfrage kann man auch auf den Pulverturm steigen und wie der dänisch-norwegische Seeheld Peter Wessel Tor-

Der Schärengürtel bei Arendal, dem »Venedig des Nordens«

denskjold (1690–1720), dem die Festung während des Nordischen Krieges als Lager diente, über das Meer spähen. Im ehemaligen Gebäude des Kommandanten arbeiten Kunsthandwerker und stellen ihre Werke aus. Mitte des 18. Jh. legte Fredrik V. die imponierende, von dicken Wällen umgebene Marinewerft Fredriksvern direkt in Stavern an.

Hotel

Hotel Wassilioff
Havnegaten 1
Tel. 33/198311, Fax 199764
47 Zimmer
1. Kategorie, Sommer 2. Kategorie (Æ, DC, EC, Visa)

Das im Jahr 1844 von Michael Wassilioff, einem Abtrünnigen des russischen Zaren, gegründete Hotel gehört zu den besten Adressen entlang der Küste. Gute Küche mit leckeren Fischgerichten.

Allgemeine Informationen

Auskunft:
Larvik Turistkontor
Storgata 48
3250 Larvik
Tel. 33/130100, Fax 187155

Camping:
Oddane Sand Camping
Nevlunghavn, ca. 12 km südwestlich von Stavern
Tel. 33/188270
21 Hütten
Campingplatz an einem der schönsten Badestrände der Gegend, in der Nähe des idyllischen Hafenortes Nevlunghavn gelegen.

Entsorgungsstation:
Esso-Tankstelle
Larvik

Golf:
Fritzøe Gårds Golfbane
Tel. 33/183311
18 Löcher
6110 m lange Bahn, entworfen vom schwedischen Golfplatzarchitekten Jan Sederholm. Breite Fairways, Green-Gebiet, Driving-Range, Gebiet für Rough-Spiel, Puttinggreen.

Verkehrsmittel:
Bahn: Vestfoldbanen Oslo-Larvik; Fähre nach Frederikshavn/Dänemark; Expressbusse: Oslo-Larvik (2,5 Std.) bis Frederikshavn/DK (Schiff)-Ålborg.

Unterwegs an Norwegens Südküste

Norwegen – ein Sommerparadies für Segler, Surfer, Bootsfreunde und Badelustige? Die meisten Ausländer können sich kaum vorstellen, daß es in diesem kalten, nordischen Land, bei dem man zuerst einmal an dicke Pullover und Regenzeug denkt, auch wunderschöne Sandstrände gibt, daß man in sauberem Meerwasser baden kann und daß in den wenigen hektischen Sommermonaten viele Norweger mehr Zeit an Bord eines Bootes als an Land verbringen. Entlang der Südküste zwischen Kragerø und Flekkefjord erinnert im Sommer das bunte Treiben in den vielen kleinen idyllischen Küstenstädtchen mit ihren liebevoll restaurierten, weißgestrichenen Holzhäusern und den verwinkelten Gassen an weitaus südlichere Gefilde.
Das Sørlandet, wie dieses Gebiet bei den Norwegern genannt wird, eignet sich hervorragend für einen längeren Aufenthalt im eigenen Ferienhaus.

C10 Arendal

Früher wurde diese hübsche kleine Stadt (ca. 38700 Einwohner) auch das »Venedig des Nordens« genannt, weil sie, wie Venedig, auf Holmen (kleinen Inseln) lag, zwischen denen sich enge, kleine Kanäle hindurchschlängelten. Die Kanäle sind in der Zwischenzeit aufgefüllt, und ein großer Teil der alten Bebauung ist abgebrannt oder abgerissen worden. Nur der Stadtteil Tyholmen, Arendals idyllische Altstadt mit prachtvollen alten Häusern und engen Gassen, ist erhalten geblieben. 1992 erhielt Arendal für Tyholmen sogar den Europa-Nostra-Preis.
Die Zeit, als im Arendaler Hafen eine große Flotte von mit ausländischen Waren vollbeladenen Segelfrachtern anlegte, gehört der Vergangenheit an. Heute sind es die Kapitäne der Yachten und Motorboote, die im Gästehafen »Pollen«, der direkt vor Tyholmen und dem Zentrum liegt, um einen Platz wetteifern. An manchen Sommertagen ist der Hafen hoffnungslos überlaufen, und bis weit in die Nacht hinein tummeln sich hier die zahlreichen Touristen.

Hotel

Das Angebot an Hotels ist nicht sonderlich groß. Besucher ziehen es zumeist vor, sich in der Umgebung von Arendal, unter anderem auf der Insel Tromøy, eine Hütte zu mieten.

Inter Nor Tyholmen Hotel
Teaterplassen 2
Tel. 37/026800, Fax 026801
60 Zimmer
1. Kategorie (Æ, EC, Visa)
Das Hotel liegt in einem prachtvollen Patrizierhaus direkt am Hafen. Maritimes Interieur.

Sehenswertes

Tyholmen
Für Arendals Altstadt muß man sich einfach Zeit lassen! Hier wimmelt es nur so von alten Barock-, Empire- und Biedermeiergebäuden, Kunsthandwerkläden und Galerien. Besonders sehenswert sind die Gamle Politikammer (Alte Polizei) von ca. 1710, das Kløckers Hus von 1812 mit dem Arendaler Stadtmuseum, am Kai das erste Zollhaus (1720) und in der Rådhusgate das mächtige Rathaus (1812–15), Norwegens zweitgrößtes, im klassizistischen Stil errichtetes Holzgebäude, mit großer Porträtgalerie und schön ausgestatteten Festsälen.

Museen und Galerien

Arendal Bymuseum
Kløckers Hus
Nedre Tyholmsvei 14
Tel. 37/02 59 25
Di–Fr 10–15, Sa 10–14 Uhr, So und Mo geschl.
In diesem ehemaligen Privathaus von 1812 kann man sehen, wie eine wohlhabende Bürgerfamilie vor rund 100 Jahren lebte. Schöne Möbel aus dem 17.-19. Jh.

Merdøgaard Museum
Insel Merdø, Fähre vom »Pollen«
Tel. 37/08 52 43
Mitte Juni–Mitte Aug. tgl. 12–16 Uhr
In dem alten, zum Museum umgebauten Seemannshaus von 1736 hängt noch das Fernglas, mit dem der letzte Lotse über das Meer spähte, an der Wand. Viele Gegenstände und Möbel stehen noch dort, wo sie einstmals standen, so daß man beinahe den Eindruck erhält, daß der Besitzer das Haus nur für einen kleinen Spaziergang hinunter zum Bootshaus oder zum Stall verlassen hat. Badestrand gleich beim Museum.

Essen und Trinken

Mathilde Fiskerestaurant
Nedre Tyholmsvei 9E
Tel. 37/02 12 22
Sommer 13–24, draußen bis 23 Uhr; sonst 16–24 Uhr
2. Kategorie (Æ, DC, EC, Visa)
Besonders lecker sind in diesem netten Fischrestaurant gebratener Seebär und Fischsuppe.

Einkaufen

Pollen Kunsthåndverk
Langbryggen 1
Mo–Mi, Fr 9–16, Do 9–19, Sa 9–14 Uhr; im Winter Mo geschl.
Das Keramikerehepaar Karin und Jan Helgeby verkauft hier Kunsthandwerk von rund 35 norwegischen Kunsthandwerkern. Für alle, die farbenfrohes norwegisches Design mögen.

Allgemeine Informationen

Auskunft
Sørlandsinfo
Friholmsgate 1
4801 Arendal
Tel. 37/02 21 93, Fax 02 52 12

Arendals Altstadt, Tyholmen, besteht aus wunderschönen, mit Liebe zum Detail restaurierten Holzhäusern

Rundfahrten und Ausflüge

Bibersafari
Gunnar Dag Tørå
Elveveien 7
4875 Nedenes
Tel. 37/095102
Fahrpreis 40 NOK, Kinder 20 NOK
»Pelle Pan«
Kontakt: Touristenbüro
Im Juli zweimal tgl. 1,5stündige Rundfahrt Nidelva-Husøy.

Sport

Baden:
Sandstrand auf Merdø, Stølsvika auf der Insel Hisøy.
Boote:
Agder Båtutleie
Vikaveien 85
4816 Kolbjørnsvik
Tel. 37/011218
Verleih von Segelbooten, Motorbooten, Kanus und Jollen.

Verkehrsmittel

Sørlandsbahn Oslo-Kristiansand; Expressbusse von Oslo (4,5 Std.) und Kristiansand (1,5 Std.); Mitte Juni–Mitte Aug., Expressboote »Stilbris« und »Veslestril« zwischen Oslo und Arendal
Sørlandscruise
Brogate 7
4400 Flekkefjord
Tel. 38/321300

Orte in der Umgebung

Grimstad C11
Als Norwegens bekannter Dichter Henrik Ibsen als Apothekenlehrling in Grimstad lebte, war die kleine Küstenstadt (ca.

Das Museum Ibsenhuset zeigt die Stube, in der der junge Ibsen seine Ausbildungsjahre als Apothekenlehrling verbrachte und sein erstes Drama schrieb

16 300 Einwohner) mit ihren engen pittoresken Gassen ein wichtiger Verladehafen für Holz und die Erzeugnisse des nördlich von Arendal liegenden Froland-Eisenwerkes, das 1765–1870 in Betrieb war. In dieser Zeit erleb-

Der gute Tip M:
Ibsenhuset
Die Schreibstube des jungen Dichters ist eine wahre Fundgrube für Ibsen-Freunde.

ten auch die Schiffswerften des Ortes, vor allem die heute noch als Kulturdenkmal bewahrte alte Werft Hasseldalen auf Biodden, ihre Blütezeit. Gleich oberhalb des hübschen Ibsenhauses von 1757, in dem nicht nur ein Ibsenmuseum, sondern auch das Grimstader Stadtmuseum untergebracht ist, sieht man die Grimstader Kirche (1881), Norwegens zweitgrößte Holzkirche. Einige Kilometer südwestlich des Ortes, an der E 18, liegt der idyllische weißgestrichene Hof Nørholm, das Heim von Knut Hamsun (1859–1952), einem weiteren Dichter Norwegens. Der Hof kann derzeit aufgrund von fehlenden öffentlichen Mitteln nicht besichtigt werden.

Museum

Ibsenhuset M
Henrik Ibsens gate 14
Mitte April– Mitte Sept.
Mo–Sa 11–17, So 13–17 Uhr
Ab 1847 wohnte und arbeitete Henrik Ibsen bei Apotheker Lars

Nielsen im Geelmuydens Haus, dem heutigen Ibsenhuset und Stadtmuseum. Hier paukte er abends in seinem kleinen Zimmer als Privatist für das Abitur und machte dabei lesenderweise Bekanntschaft mit Shakespeare, Schiller und Oehlenschläger, Dichter, die einen deutlichen Einfluß auf sein erstes Drama, »Catilina« (1849), das er noch während seiner Lehre schrieb, hatten. Die Ausstellung umfaßt die handgeschriebenen Originale, die Erstausgaben und vor allem Ibsens eigenhändig gemalte Bilder und Zeichnungen.

Allgemeine Informationen
Auskunft:
Grimstad Turistkontor
Smith Petersensgate 3 (Hafen)
4890 Grimstad
Tel. 37/044041, Fax 049377
Camping:
Moysand Camping
4890 Grimstad
Tel. 37/040978
4 Hütten
Am Rv 420 gelegener Campingplatz mit allem Komfort, Badeplatz und Bootsverleih.
Entsorgungsstation:
Statoil-Tankstelle
An der E18

Lyngør C10

Dieser idyllische, autofreie Hafenort, der weit draußen im Meer auf den Schären liegt, ist nur mit dem Schiff von Gjerving aus erreichbar, im Sommer auch mit den Ausflugsschiffen von Risør und Tvedestrand. Hier wohnten einstmals die Lotsen, die die Schiffe durch die engen und seichten Fahrrinnen entlang der Küste führten. Im letzten Jahrhundert, als hier große Segelschiffe anlegten und Waren auf- und abgeladen wurden, wuchs der kleine Küstenort zu einem reichen Städtchen mit hübschen Holzhäusern im Empire- und Schweizerstil heran. Heute ist es in diesem kleinen Idyll, das 1990 zu »Europas am besten erhaltenen Dorf« ernannt wurde, stiller geworden, vor allem im Winter. Dann wohnen hier nur rund 150 Menschen, und viele der pittoresken Häuser stehen leer.

Hotel und Camping
(→ Risør)

Risør C10

Risør (ca. 6000 Einwohner) hat eine magische Anziehungskraft, der man sich kaum entziehen kann. Rund um den hübschen, im Sommer meist überfüllten Gästehafen dieses Küstenorts direkt am Skagerrak, der im 18. Jh. zeitweise sogar größer als Arendal war, prangen weißgestrichene Patrizierhäuser. An der Nordseite des Hafens klammern sich die kleinen Holzhäuschen mit ihren briefmarkengroßen Gärtchen am Felsen fest. Von dem weißgekalkten Felsen auf der Anhöhe, Risørflekken, der im 17. Jh. von den Holländern als Seezeichen angemalt wurde, hat man einen wunderschönen Blick auf das Städtchen, den Hafen und das offene

Meer. An kaum einem anderen Ort Norwegens wohnen und arbeiten so viele Künstler, Kunsthandwerker, Möbelschreiner und Bootsbauer wie in Risør. Kein Wunder, daß hier jedes Jahr mitten im Sommer auch einer der größten Kunsthandwerksmärkte Norwegens und ein Holzschifffestival, bei dem der Hafen von einer ganzen Armada alter, kunstvoll restaurierter Holzschiffe eingenommen wird, stattfinden.

Hotel

Risør Hotel
Tangengate 16
Tel. 37/150700, Fax 152093
31 Betten
1. Kategorie (Æ, DC, EC, Visa)
Direkt am Wasser liegendes, nettes Hotel mit wunderschöner Aussicht auf die Schären. Beliebte Restaurantterrasse.

Galerie

Der gute Tip M:
Kunsthandwerk in Risør
In der kleinen Hafenstadt direkt am Meer gibt es wunderschönes Kunsthandwerk zu kaufen.

Risør Kunstpark
Prestegate 15
Tel. 37/152034
Ende Juni–Mitte Aug. Mo–Sa 10–18, So 12–18 Uhr; sonst Di–Fr 10–16, Sa 11–16, So 12–16 Uhr, Mo geschl.
Eintritt 10 NOK
Zwar ist das Äußere dieses modernen Museumsgebäudes nicht gerade schön, doch um so sehenswerter sind die Ausstellungen und Werkstätten im Inneren. Sommerausstellungen mit bekannten norwegischen Künstlern. Café und Kunstladen sind angeschlossen.

Einkaufen M
Während viele andere kleine Städtchen Norwegens verzweifelt nach Möglichkeiten für neue Arbeitsplätze suchen, scheinen die Risører damit keine Probleme zu haben. Hier gibt es Möbelschreiner, die mit alter, solider Möbelproduktion Erfolg haben, und mehrere Kunsthandwerker haben in den letzten Jahren mit gewinneinbringenden und weit über die Grenzen Risørs hinaus bekannten Kunsthandwerksprodukten neue Arbeitsplätze geschaffen.

Atelier Hødnebø
Strandgata 11
Tel. 37/152277
Vor ca. 90 Jahren gründete der Möbelschreiner Hødnebø seine eigene Firma. Noch heute lassen seine Nachfahren viele der oftmals recht farbenfrohen Möbel im sog. Sørlandsempirestil nach den Zeichnungen des Gründers anfertigen.

Galleri Villvin Kunsthandel
Krags gate 3
Die Galerie bietet zahlreiche Kunstgewerbeartikel von über 60 Künstlern aus ganz Norwegen an.

Veveriet RuterDame
Hasdalgate 20
Tel. 37/151109

Die klaren Formen und kräftigen Farben der gewebten Teppiche aus Eva Nyhus' Weberei sind in ganz Norwegen bekannt. Die Künstlerin, die seit 1991 eine eigene Weberei betreibt, webt auch auf Bestellung. Die farbenfrohen RuterDame-Teppiche sind aber nicht gerade günstig.

Allgemeine Informationen
Auskunft:
Risør Turistkontor
Strandgaten, 4950 Risør
Tel. 37/152270
Mitte Juni–Mitte Aug.
Camping:
Sørlandet Camping og Fritidssenter
Sandnes
Tel. 37/154080
20 Hütten
Zwischen Risør und Lyngør liegender, beliebter Campingplatz direkt am Meer mit preisgünstigen Campinghütten, aber auch komfortablen Hütten mit Dusche/WC, umgeben von schönen Badeplätzen, Ruderboot- und Kanuverleih.
Entsorgungsstation:
Sørlandet Camping og Fritidssenter
Sandnes
Feste und Festivals:
Juni/Juli:
Kammermusikfest.
Anfang Juli:
Dreitägiger Kunsthandwerkermarkt mit Künstlern aus ganz Nordeuropa.
Anfang Aug.: Risør Norwegian Classic Boat Regatta für alte Segelboote und Holzbootfestival.
Rundtouren und Ausflüge:
Stangeholmenruta
Tel. 37/152450
Juni–Aug. Mo–So stündl. ab 12 Uhr
Fahrpreis 20 NOK, Kinder 10 NOK
Es geht hinaus zum Stangenholmen-Leuchtturm mit Restaurant.
Sport:
Tauchen
Risør Dykkersenter
Tel. 37/154695
Ganzjährig geöffnet
Hier werden Ausflüge und Kurse angeboten; außerdem: Unterwasserfotografieren und Tauchen nach Wrackresten.
Verkehrsmittel:
Expressbus von Oslo (ca. 3 Std.), von Kristiansand (2 Std.).

Tvedestrand C10

Unten am Tvedestrander Hafen, der von bewaldeten Hügeln und hübschen weißgestrichenen alten Holzhäusern umgeben ist, sollten Sie sich ganz einfach auf eine Bank am Kai setzen und versuchen, sich in das letzte Jahrhundert zurückzuversetzen, als hier im engen Fjord noch Lastschiffe anlegten, um Holz und die Produkte des Neser Eisenwerkes aufzuladen. Vielleicht hören Sie in Gedanken auch noch die Hufschläge der Pferde auf dem holprigen Kopfsteinpflaster. Nur wenige Schritte vom Kai entfernt stehen das weißgestrichene Rathaus, einstmals Packhaus des Eisenwerkes, und der prachtvolle Forvaltergården (Verwaltergebäude) aus dem 18. Jh. mit einem kleinen Stadtmuseum. An warmen Sommerabenden sind die Restaurants rund um den Hafen zum Bersten voll. Wer eher Ruhe sucht, sollte daher lieber außerhalb der kurzen Sommersaison kommen. Dann kann man geruhsam durch die schmalen Gassen spazieren oder den Glasbläsern in der Glasshytta bei der Arbeit zuschauen. Übrigens: Auf der Insel Børøya vor Tvedestrand soll angeblich Richard Wagner auf die Idee gekommen sein, die Oper »Der fliegende Holländer« zu schreiben.

Der idyllische Ort Tvedestrand am Ende des Oksfjordes diente ehemals als Umschlagplatz für Holz und Eisen

Hotel

Tvedestrand Hotel
Fritz Smiths gate 7
Tel. 37/162655, Fax 162210
17 Zimmer
2. Kategorie (EC, Visa)

Der schöne Blick auf den Fjord – fragen Sie nach einem Zimmer auf der Hafenseite – und die Stimmung direkt am Hafenkai machen es wett, daß dieses in einem alten, romantischen Holzgebäude untergebrachte Hotel im Inneren eher schmucklos ist.

Essen und Trinken

Vertshuset
Wrold Wroldsens gate 8
Tel. 37/161261
Im Sommer 12–0.30 (Küche bis 22 Uhr); sonst 15–22 Uhr
2. Kategorie (Æ, DC, EC, Visa)

Was es zu essen gibt, steht auf einer großen schwarzen Tafel an der Wand geschrieben. Vielleicht werden verschiedene Fische und Schalentiere angeboten, serviert mit leckerem Gemüse und mehreren Saucen. Neben dem Kamin kann man alte Fotos von Tvedestrand studieren.

Einkaufen

Glasshytta
Bakkeskåt 26
Tel. 37/161375

Kleine Glasbläserei mit Verkauf von schönen Glasprodukten.

Allgemeine Informationen

Auskunft:

Tvedestrand Turistkontor
Fritz Smiths gate 1
4900 Tvedestrand
Tel. 37/161101, Fax 161171

Feste und Festivals:
Mitte Juli: Küstenkulturwoche, außerdem Tvedestrandregatta für Motorboote, u. a. Kostüm- und Veteranrennen.
Rundfahrten und Ausflüge:
Schiffsrundfahrten
Verschiedene Ausflüge in die Schären und nach Lyngør mit dem Motorschiff »M/S Søgne« werden angeboten.
Verkehrsmittel:
Expreßbusse von und nach Kristiansand und Oslo.

C11 Kristiansand

Viele nähern sich Norwegens fünftgrößter Stadt mit dem zweitgrößten Hafen des Landes vom Wasser her. Die Hauptstadt des Sørlandet, die König Christian IV. 1641 im Renaissancestil anlegen ließ, wirkt auf den ersten Blick nicht sonderlich einladend. Umgeben von großen Werften, Off-Shore-Betrieben und Industrieanlagen – am auffallendsten ist das riesige Nickelwerk Falconbridge – möchte mancher vielleicht gleich weiterreisen.
Dabei hat die Stadt (67800 Einwohner) einiges zu bieten. Man sollte auf jeden Fall die Posebyen, Kristiansands Altstadt, besuchen und sich dort die vielen kleinen Holzhäuser, in denen heute Galerien und Werkstätten von Kunsthandwerkern untergebracht sind, anschauen. Oder man steigt nordwestlich der »Kvadraturen«, dem Stadtteil mit streng rechtwinklig angelegten Straßen, im Naturpark Ravnedalen auf den Aussichtsberg Ravneheia und bewundert den Schärengürtel. Im Hafen kann man eines der Ausflugsschiffe besteigen und sich durch die enge Fahrrinne Blindleia nach Lillesand bringen lassen oder in den Abendstunden zur idyllischen Insel Ny Hellesund hinaustuckern.

Hotels

Hotel Skagerak
H. Wergelandsgate 4
Tel. 38/070400, Fax 070243
67 Zimmer
1. Kategorie (Æ, DC, EC, Visa)
Kleines, stilvolles Bed-and-Breakfast-Hotel mitten im Zentrum mit gutem Komfort.
Kardemommehus
Kristiansand Dyrepark
4609 Kardemommeby
Tel. 38/049720, Fax 043367
Kleine Häuser (4–6 Personen)
2. Kategorie
Originelle und sehr beliebte Häuser im Kristiansander Tiergarten in der Kardemomme-Stadt (→ Kristiansand, Kinder).
Rica Fregatten Hotel
Dronningensgate 66–68
Tel. 38/021500, Fax 020119
47 Zimmer, 1 Suite
2. Kategorie (Æ, EC, Visa)
Von diesem im maritimen Stil eingerichteten Hotel mitten in der Altstadt »Posebyen« sind es nur 100 m bis zum Strand. Besonderheit: Im Restaurant können die Gäste ihr Fleisch selbst auf einem warmen Speckstein braten. Ruhige Lage.

Pittoreske, weißgestrichene Sørlandshäuser *Ob direkt am Strand, in den engen Gassen der kleinen Küstenstädtchen oder auf einsamen Holmen und Schären: Überall trifft man auf die kleinen, für diese Gegend typischen Häuser. Sie wurden von Fischern und Lotsen bewohnt, die den Schiffen bei der gefährlichen Fahrt durch die engen und flachen Fahrrinnen halfen, aber auch von wohlhabenden Handels- und Seeleuten, die in den »weißen Dörfern am Skagerrak« ihre Reedereien aufbauten und Handel trieben. Die ersten »Sørlandshus« wurden Anfang des 19. Jahrhunderts gebaut. Typisch ist der einem Portal gleichende Eingang mit kleinen verzierten Fenstern und einem Pilaster auf jeder Seite. Unter dem Haus wurde zumeist ein niedriger Keller ausgehoben, in dem Kartoffeln, die ab rund 1800 die Teller der Norweger eroberten, aufbewahrt wurden. In einem Raum im hinteren Teil des Dachbodens, dem Lemmen, hatten zumeist die Kinder ihre Schlafzimmer. Wer sich Dienstmädchen und Diener leisten konnte, ließ diese ebenfalls hier oben schlafen. Anfangs schliefen die Eltern noch im Wohnzimmer, doch schon bald wurde es üblich, einen*

Sehenswertes

Christiansholm Festning
Rådhusgata 20
Führungen: Mitte Juni – Mitte Aug. tgl. 13 Uhr
Wälle: Mitte Mai– Ende Aug. tgl. 9–21 Uhr
1672 von Frederik II. direkt am Hafen errichtete Festung mit 5 m dicken Mauern.

Posebyen
Im nordöstlichen Teil des Zentrums an der Mündung der Otra. Bevor Kristiansand eigene Kasernen erhielt, wurden in dieser aus kleinen Holzhäusern bestehenden »Ruhestadt« – *pose* läßt sich vom französischen Wort *poser* (schlafen, ruhen) ableiten – die Soldaten in privaten Heimen untergebracht. Im Sommer finden in der Anlage verschiedene kulturelle Veranstaltungen statt.

Museum

Vest Agder Fylkesmuseum
Vigevei 22 B
Tel. 38/09 02 28
Mitte Juni – Mitte Aug. Mo–Sa 10–18, So 12–18 Uhr; sonst So 12–17 Uhr
Eintritt 20 NOK, Kinder 10, Familien 50 NOK
Kulturhistorisches Museum mit Freilichtanlage. Hübsche Straße aus dem alten Kristiansand.

Essen und Trinken

Auf der Speisekarte spielt natürlich der Fisch eine große Rolle. Frischer Kabeljau wird vor allem bei Festessen serviert. Speziell ist *potte-ål*, eingemachter Aal in Weißwein-, Mandel- und Korinthenlake, gewürzt mit Nelken und Muskat.

Teil der Stube abzutrennen und als Schlafkammer zu nutzen. Ende des 18. Jahrhunderts kopierten die reicheren Bürger nicht selten die britische und schottische Bauweise. In den Jahren um 1830 war der Biedermeierstil »in«. Je reicher die Bauherren waren, um so mehr Geld hatten sie für kunstvolle Ausschmückungen. Wohlhabende Bürger bevorzugten in der zweiten Hälfte des 19. Jahrhunderts daher Motive aus der Schweiz und Tirol. Erkennbar ist diese als »Schweizerstil« bezeichnete Bauweise vor allem an den mit Speerornamenten geschmückten Giebeln, der Veranda mit Laubsägenmuster und einem verzierten Dach, das weit über die Fassade des Hauses hinausragt. Viele Norweger träumen heute davon, ein altes Sørlandshaus zu besitzen. Doch wer ein solches Idyll ersteht, weiß, daß damit meist viel Arbeit verbunden ist. Die weißgestrichenen Häuschen sind zwar äußerlich sehr reizvoll, aber in der kalten Jahreszeit sind sie innen meist zugig und feucht. Und so mancher, der nicht willig war, jahrelang jede freie Minute der Renovierung zu opfern, mußte daher den romantischen Traum vom eigenen Sørlandsidyll wieder aufgeben.

Høllen brygge
Westlich von Kristiansand
Tel. 38/167800
So–Do 12–24, Fr und Sa 12–2 Uhr
2. Kategorie (Visa)
Nettes Fischrestaurant. Die schöne Galionsfigur am Eingang wurde übrigens von der lokalen Künstlerin Hildegunn Roll Sverdrun angefertigt, die derartige Figuren statt aus Holz, das schneller verwittert, aus solidem Beton auf Bestellung herstellt.

Kinder

Kristiansand Dyrepark
12 km östlich von Kristiansand
Tel. 38/049700
Mitte Mai– Mitte Aug. tgl. 9–18 Uhr; sonst 10–15 Uhr
Eintritt 150 NOK, Kinder 130 NOK, Nebensaison 50 NOK
Kristiansands Zoo und Vergnügungspark mit über 800 nordischen und exotischen Tieren wird jährlich von einer halben Million Menschen besucht und ist eines der beliebtesten Ferienziele norwegischer Kinder. Ihr unschlagbarer Favorit: die bekannte Kardemomme-Stadt, die nach den Beschreibungen in den Büchern des norwegischen Kinderbuchautors Thorbjørn Egner aufgebaut wurde. Und noch eine kleine Kuriosität: Der Tiergarten ist weltweit der größte Exporteur von Kamelen.

Allgemeine Informationen

Auskunft
Destinasjon Sørlandet
Dronningens gate 2
4611 Kristiansand
Tel. 38/026065, Fax 025255

Entsorgungsstationen
Shell-Tankstelle An der E 18
Fina-Tankstelle Am Dyreparken, E 18

Feste und Festspiele
Juni/Juli: Kammermusikfestival.
Juli: Quart Festival mit Rock, Gospel, Blues und Avantgardemusik.

Medizinische Hilfe
Legevakt
Egsveien 102
Tel. 38/07 69 00

Rundfahrten und Ausflüge
Linienschiff Høllen-Ny Hellesund-Høllen
Tel. 94/58 70 74
Mo–Sa 4–5 Fahrten, So 3 Fahrten
Fahrtdauer: 1 Std.
Fahrpreis 40 NOK, Kinder 20 NOK
Unterwegs kann man am Küstenfort auf Helgøya aussteigen.
M/S Marten
Kai 6
Tel. 38/02 60 65
(Touristenbüro)
Mitte Juni–Ende Aug. tgl. 13.30, Di, Do, So auch 16 Uhr; Mitte Juni–Mitte Aug. auch 11 Uhr
Ausflugsschiff zur Insel Ny Hellesund mit Küstenfort.
M/S Silius
Kai 6
Tel. 38/02 60 65
Juli– Mitte Aug. 11–13.30 Uhr
Fahrpreise einfach bzw. hin und zurück 90/130 NOK, Kinder 50/70 NOK
Fahrt durch die idyllische Fahrrinne Blindleia nach Lillesand.

Sport
Angeln:
Lachs und Seeforelle im Fluß Otra, Juni–Ende Sept., Angelkarte 50 NOK/Tag.
Baden:
Meer: Hamresanden, Dvergsnestangen, Bertesbukta (auch FKK); Süßwasser: Brageøya, Baneheia, Jegersbergvann.
Fahrrad:
Parkeringshuset
Slottskvartalet
Tel. 38/02 68 92
Kostenloser Verleih für einen Tag gegen ein Depositum von 200 NOK, Fahrradkarte für 5 NOK.

Verkehrsmittel
Flugzeug: Flugplatz Kjevik, 16 km nordöstlich der Stadt, Bus zum Flugplatz, Verbindung nach Oslo, Stavanger und Bergen; Bahn: an der Strecke der Sørlandsbanen Stavanger-Oslo; Busse: Sørlandsbussen Oslo-Kristiansand (ca. 5,5 Std.), Sør-Vest-Expressen von Kristiansand-Stavanger (ca. 4,5 Std.), Haukeliekspressen Kristiansand-Hovden-Haukeli-Odda-Voss/Bergen (ca. 9,5-11 Std.).

Orte in der Umgebung

B11 Flekkefjord
Dieses kleine, gemütliche Städtchen (ca. 8700 Einwohner) mit seinen hübschen Holzhäusern verdankt seine Existenz vor al-

Die legendären Heringsschwärme verhalfen den Einwohnern des Städtchens Flekkefjord mit seinen weißen Holzhäusern im 19. Jahrhundert zu Wohlstand und Ansehen

lem zwei Dingen: Flekkefjord erhielt bereits 1660 Rechte als Hafenort und hatte schon bald den Beinamen »Holländerstadt«, da von hier aus der Handel mit Holz nach Holland florierte. Aus dieser Zeit stammen auch die alten, pittoresken Holzhäuser im nördlichen Teil des Zentrums. Eine weitere Blütezeit erlebte die Stadt in der ersten Hälfte des 19. Jh. während der großen Heringsfischerei. In einem der schönsten und ältesten Patrizierhäuser der Stadt (von 1724) ist das Flekkefjorder Stadtmuseum untergebracht. Schön ist auch das alte Rathaus, in dem Kunstausstellungen stattfinden.

Hotel
Bondeheimen
Elvegata 9
Tel. 38/322144
15 Zimmer
2. Kategorie
Gemütliches, kleines Hotel direkt am Hafen, einfache Küche.

Museum
Flekkefjord Museum
Dr. Krafts gate 15
Tel. 38/322659
Mitte Mai– Aug. Mo–Fr 10.30–16, Sa 10.30–15 Uhr; in den Sommerferien Mo–Fr 10.30–17, So 12–15 Uhr
Wunderschöne Rekonstruktion eines Bürgerhauses aus dem 18. Jh. Die damaligen Einrichtungsgegenstände bilden das Inventar des Museums.

Allgemeine Informationen
Auskunft:
Flekkefjord Turistinformasjon
Dr. Krafts gate 15
4400 Flekkefjord
Tel. 38/32 42 54, Fax 32 12 33
Mitte Juni–Mitte Aug.

Der gute Tip M:
Brekkestø
Wenn man auf die blankgescheuerten Felsen oberhalb dieses kleinen Dorfes steigt, sieht man offenes Meer, soweit das Auge reicht.

C11 **Lillesand**
In diesem kleinen Ort nördlich von Kristiansand mit seinen schmucken Patrizierhäusern aus dem 18. und 19. Jh. sind die Blumenkästen mit Geranien und Rosen besonders auffallend. Die alten Holzhäuser aus der Zeit der großen Segelschiffahrt, als es hier noch sechs Werften gab, wurden in den letzten Jahrzehnten auf imponierende Art und Weise restauriert. Für den erneuten Aufbau des 1976 abgebrannten Lillesander Rathauses, das im ehemaligen Henschiengården von 1734 untergebracht ist, erhielt dieses kleine Städtchen sogar einen europäischen Baupreis. Ein weiterer Prachtbau ist der Carl Knudsengaarden, 1827 im Empirestil errichtet und heute Standort des Lillesander Stadt- und Seefahrtsmuseums. Vielleicht legt unten im Hafen gerade ein Ausflugsschiff an, das Touristen durch die idyllische Fahrrinne Blindleia mit ihren Tausenden von Inseln, Holmen und Schären geschippert hat.

Sehenswertes
Brekkestø M C11
An diesem zur Gemeinde Lillesand gehörenden, weit draußen am Meer liegenden Dorf darf man nicht vorbeifahren, obwohl dieses Idyll mit seinen hübschen, weißgestrichenen Häusern, den gepflegten Vorgärten mit duftenden Blumen und den engen Gassen dem Andrang von Touristen eigentlich nicht gewachsen ist. Daher bitte vor dem Ortseingang parken! Im letzten Jahrhundert wohnten die Lotsen zumeist direkt unten am Wasser. Da sie jedoch von dort keine Aussicht auf das Meer hatten, errichteten sie spezielle Lotsenseezeichen, zumeist Steinpyramiden, in deren Nähe sie sog. Kompaßrosen in den Stein ritzten. Auf diese Weise konnten sie die Position eines herannahenden Schiffes bestimmen.

Lillesand Rådhus
Mitte Mai– Mitte Sept. Mo–Fr 8–15 Uhr; sonst 8–16 Uhr
Das ehemalige Bürgerhaus Henschiengården (1734) ist seit 1948 Eigentum der Gemeinde. Nach einem Brand im Jahr 1976 erhielt dieses prachtvolle Gebäude wieder sein ursprüngliches Aussehen.

Museum
Lillesand By-og Sjøfartsmuseum
Tel. 37/27 04 30
Mitte Juni–Mitte Aug.
11–14 Uhr

Im alten Carl Knudsengaarden (1827) kann man eine herrschaftliche Bürgerwohnung mit Inventar aus dem 19. Jh. besichtigen. Im Hinterhof verschiedene alte Werkstätten, u. a. die eines Segelmachers und eines Schiffszimmermannes.

Allgemeine Informationen
Auskunft:
Lillesand Turistkontor
Østergate 2
4790 Lillesand
Tel. 37/272377, Fax 272980
Mitte Juni–Ende Aug.
Entsorgungsstation:
Statoil-Tankstelle
An der E 18
Rundfahrten und Ausflüge:
Bibersafari
Tel. 37/293464
Juli tgl. 21 Uhr
Ausgangspunkt: Turistkontor
Safari mit Biberbeobachtung im Budalen mit Kanus.
M/S Øya
Tel. 37/272377
Mitte Juni–Mitte Aug. Mo–Sa 10 Uhr ab Lillesand nach Kristiansand, von dort zurück 14 Uhr
Wunderschöne Fahrt durch die idyllische Fahrrinne Blindleia.

C11 **Mandal**

Spricht man von Mandal (ca. 12 800 Einwohner), denken viele Norweger vor allem an den wunderschönen, beinahe 1 km langen Sandstrand Sjøsanden, der in der Nähe des Zentrums liegt. Vom Hafen aus kann man in den engen Gassen der Altstadt zwischen alten Holzhäusern und Speichern aus dem 18. Jh. einen Bummel machen. Aus dieser Zeit stammen auch der alte Kaufmannshof Andorsengården (1801), heute mit Stadtmuseum und Kunstsammlung, der Skrivergården (1766), der vom schottischen Architekten Georg Johnstone errichtet wurde und in dem jetzt das Rathaus untergebracht ist, der Wattnegården (1760) und das Thinghaus (1784). Werfen Sie auch einen Blick in die Mandaler Kirche (ca. 1821), mit ihren 1800 Sitzplätzen eine der größten Holzkirchen Norwegens.

Sehenswertes
Lindesnes B11
Anfahrt: E 18 und Rv 460, ca. 41 km westlich von Mandal
Gleich in der Nähe des weiß-roten, auf einem Felsen stehenden Lindesnes-Leuchtturms befindet sich der südlichste Festlandspunkt Norwegens (57° 58' 43" nördlicher Breite), 2518 km vom Nordkap entfernt. Bei schönem Wetter hat man vom Turm (1725), dessen blinkendes Licht bis zu 19,4 nautische Meilen entfernt gesehen werden kann, einen wunderschönen Blick bis nach Mandal im Osten und Lista im Westen. Bereits 1655 wurde hier ein Leuchtturm, Norwegens erster, gebaut.

Allgemeine Informationen
Auskunft:
Mandal Turistkontor
A. Tidemannsgate 2
4500 Mandal
Tel. 38/260820, Fax 263066

Mit oder ohne Hund, sommers wie winters: Mandals schöner Sandstrand Sjøsanden lädt zum Spazierengehen ein

Entsorgungsstation:
Fina-Tankstelle
Westlich von Mandal an der E 18
Hütten:
Tregde Feriesenter
4500 Mandal
Tel. 38/26 88 00
30 Hütten
Etwa 7 km östlich von Mandal, direkt in den Schären liegendes Center mit Luxushütten.
Jugendherberge:
Kjøbmannsgården Vandrerhjem
Store Elvegata 57
Tel. 38/26 12 76, Fax 26 33 02
Ganzjährig geöffnet
48 Betten (2-6-Bettzimmer)
3. Kategorie
Nette Jugendherberge in einem echten alten Holzhaus von 1863.
Sport:
Angeln
Seeforelle und Lachs im Mandalselva, Juli–Mitte Sept., Angelkarte für 50 NOK/Tag im Touristenbüro erhältlich.
Baden
Sandstrand Sjøsanden, Badeanlage des Segelvereins.
Tauchen
Sjøsanden Marina
Tel. 38/02 02 17
Unterwasserführungen.

Setesdalen C10

Das Tal, das die südnorwegische Küste von Kristiansand aus mit dem Gebirge der Hardangervidda verbindet, zeichnet sich durch vielfältige Landschaftsformen aus. Nördlich von Kristiansand bahnt sich der wilde Fluß

Otra durch ein enges Tal den Weg in die Nordsee. Auf dem weiter nördlich liegenden See Byglandsfjorden kann man wunderschön paddeln und an Sandstränden baden. Auch die Orte Valle und Nomeland in der Mitte des Setesdal sind einen Stopp wert. Auf dem Hof Sylvartunet in Nomeland ist die größte Hardangerfiedelausstellung zu sehen. Bei Rysstad zweigt der Suleskardvegen in Richtung Westen ab, eine nur im Sommer geöffnete Gebirgsstraße, auf der man das Manövrieren lernen kann. Am nördlichen Ende des Setesdals gelangt man nach Hovden, einem beliebten Wintersportgebiet auf rund 800 m, das man auch als Standort für Wanderungen auf der südlichen Hardangervidda wählen kann (→ Routen und Touren, Wandern auf der Hardangervidda).
Im gesamten Setesdalen wird Silberschmuck hergestellt. Schöne Mitbringsel: hübsche Broschen und Anstecknadeln.

Hotels

Bergtun Hotell
Valle
Tel. 37/937270
9 Zimmer
2. Kategorie
Kleines, intimes Hotel, in dem die alten Traditionen des Setesdals weitergeführt werden.

Hovden Høyfjellshotel
Hovden i Setesdal
Tel. 37/939552, Fax 939655
67 Zimmer
1. Kategorie (Æ, EC, Visa)
Modernes Gebirgshotel mit Hallenbad, Sauna, Tennisplatz und Skiliften in der Nähe. Vermietung von komfortablen Hütten.

Der gute Tip **M**:
Suleskardvegen, S. 94
Die Gebirgsnatur entlang dieser engen Straße muß man ganz einfach selbst erleben!

Museum C10

Rygnestadtunet
Rotemo, nördlich von Valle
Tel. 37/936302
Juli 10–18 Uhr; sonst Mitte Juni–Mitte Aug. 11–17 Uhr
In diesem Freilichtmuseum steht eine der schönsten vollständig bewahrten Hofanlagen des Setesdals mit dem alten Vorratshaus Rygnestadloftet (1590).

Sehenswertes

Setesdal Mineralpark C10
Hornes, südlich von Evje
Tel. 37/931310
Mitte Mai– Mitte Aug. tgl. 10–19 Uhr; bis Mitte Okt. Mo–Sa 10–16, So 10–18 Uhr
Eintritt 50 NOK, Kinder 30 NOK
Preis zum Steinsammeln in Iveland 100 NOK pro Tag, Kinder 60, Familien 200 NOK
Ein Eldorado für Geologen und Mineralogen! In den 175 m langen Grubengängen findet man eine der schönsten norwegischen Sammlungen von Mineralien und Kristallen. Wer selbst auf die Suche gehen will, kann dies in den Gruben in Iveland tun (Auskunft im Mineralpark).

Setesdalsbanen
Grovane, Rv 405, 20 km nördlich von Kristiansand
Mitte Juni–Aug. So 11.30, 13, 14.30, Juli auch Mi 18 Uhr
Fahrpreis 40 NOK, Kinder 20 NOK
Auf der 45minütigen Fahrt von Grovane nach Vennesla kommen Fans von Schmalspurbahnen wirklich auf ihre Kosten. Die alte Lok, die Norwegens älteste Museumsbahn zieht, fährt hier bereits seit 1894.

Suleskardvegen M
Wer diese Gebirgsstrecke (Rv 45) zwischen dem Setesdal und dem Sirdal wählt – der höchste Punkt liegt bei 1052 m –, sollte erstens Geduld mitbringen, denn die zahlreichen Ausweichmanöver auf dieser Straße brauchen ihre Zeit, zweitens vielleicht auch einen Tag zum Wandern einplanen. Immer wieder bieten sich reizvolle Ausblicke auf die abwechslungsreiche Berglandschaft. Von Øyuvsbu aus kann man in 5 Std. zur im Norden liegenden Svartenuthytta (Selbstversorgerhütte) oder in 7 Std. südwärts zur Gaukheihytta (auch Selbstversorgerhütte) wandern.

Einkaufen

Sylvartun
Nomeland
Mitte Mai–Ende Sept. Mo–Sa 10–18, So 11–18 Uhr
Auf dieser Hofanlage können Sie Silberschmuck und andere in Heimarbeit hergestellte Produkte kaufen. Außerdem große

Halten fröhlich an ihren Traditionen fest die Norweger und ihre Trachten

Ausstellung von Hardangerfiedeln, reich ornamentierte Geigen mit vier Melodiesaiten und vier Saiten, die mitschwingen. Auch die alte Setesdalsstube von 1673 ist sehenswert.

Allgemeine Informationen

Auskunft:
Hovden Ferie
Postboks 18
4695 Hovden
Tel. 37/93 96 30, Fax 93 97 33
Auch Vermittlung von Hütten.
Entsorgungsstationen:
Hovden Fjellstove
Hovden
Texaco- und Esso-Tankstellen
Evje
Valle Motell & Camp
Valle

Unterwegs im Inneren Ost- und Südnorwegens

Mit dem Osten des Landes verbindet man nicht nur Städte wie die Olympiastadt Lillehammer, das mitten in Norwegens größter Kornkammer liegende Hamar und die Grubenstadt Røros, sondern auch unendlich viele Wälder, lange, einsame Wegstrecken, abgeschiedene Gebirgsseen auf baumlosen Hochebenen und breite, von Süden nach Norden verlaufende Flußtäler. Die längsten sind das Hallingdalen, das fruchtbare, vom mächtigen Gudbrandsdalslågen durchflossene Gudbrandsdalen und das von dichten Wäldern umgebene Østerdalen mit Norwegens längstem Fluß, der 598 Kilometer langen Glomma. Viele Bewohner leben hier noch von der Forst- und Landwirtschaft, und es ist beeindruckend, mit welcher Beharrlichkeit die Bauern auch noch das steilste und unwegsamste Gelände für den Korn- und Kartoffelanbau sowie für die Viehzucht nutzen. Aufgrund von großen Niederschlägen und einer enorm starken Schneeschmelze zerstörten die Wassermassen der Glomma und des Gudbrandsdalslågen Anfang Juni 1995 nicht nur große Landwirtschaftsgebiete, sondern ließen auch Häuser und Straßen in den Fluten verschwinden. Diese größte Überschwemmungskatastrophe des Landes seit über 200 Jahren hat deutliche Spuren hinterlassen.
Wer Lust hat, ab und zu von den Hauptstraßen abzuweichen, findet mehrere romantische Seitentäler, beispielsweise das einsame Espedalen nördlich von Lillehammer oder das Engerdalen ganz im Osten des Landes. Bei Heggeriset liegt die Werkstatt des Fliegenherstellers Erling Sand. Sands Fliegen und Angeltips sind begehrt, denn das Engerdalen und die umliegenden Gebirgsseen sind ein Eldorado für Angler. Elche trifft man übrigens am ehesten in den Dämmerstunden an!
Zwischen West- und Ostnorwegen erstreckt sich eine lange, von Geilo bis zum Romdalsgebirge verlaufende Gebirgsfront. Hier stößt man auf Nordeuropas größte Hochfläche, die sich bis zum Hardangerfjord erstreckende Hardangervidda, auf Norwegens mächtigsten Gletscher, den Jostedalsbreen, und das Gebirge Jotunheimen mit dem 2469 Meter hohen Galdhøpiggen, Nordeuropas höchstem Berg. Die meisten kommen zum Wandern und Bergsteigen hierher, doch in den Gebirgsregionen und der weiter südlich liegenden Telemark kommen auch Freunde von Volkskunst auf ihre Kosten.

C9 Lillehammer

Weltweit bekannt wurde dieses kleine, von waldbedeckten Hängen umgebene Touristenstädtchen am nördlichen Ende des großen Mjøsa-Sees im Februar 1994 während der 17. Olympischen Winterspiele. Mittlerweile hat sich in Lillehammer (ca.

23900 Einwohner) wieder alles normalisiert. Geblieben sind in dem bekannten Wintersportort, der 1813 von einer königlichen Kommission als Handelsstadt angelegt wurde, mehrere supermoderne Sportanlagen, zahlreiche vollständig renovierte Hotels und Pensionen und zwei wunderschöne neue Museumsgebäude – das 1992 errichtete, einem Konzertflügel ähnelnde Lillehammer Kunstmuseum und der neue Ausstellungskomplex im Bereich des Freilichtmuseums Maihaugen mit der einzigartigen Ausstellung »Wie das Land unser wurde«.

Hotels

Birkebeineren Hotel og Motel
Olympiaparken
Tel. 61/264700, Fax 264750
87 Zimmer, 40 Wohnungen mit je 6 Betten
2. Kategorie (Æ, DC, EC, Visa)
Relativ preisgünstig, besonders für Familien geeignet. Nur Frühstück.

Dølaheimen Breiseth Hotell
Jernbanegata 1–5
Tel. 61/269500, Fax 269505
89 Zimmer
1. Kategorie, im Sommer 2. Kategorie (Æ, DC, EC, Visa)
In diesem vollkommen modernisierten Hotel, in der Nähe des Bahnhofs, wird Wert auf Kunst gelegt. Im gesamten Hotel und im Restaurant »Thorvald's Bar & Spiseri« kann man mit den Künstlern der Lillehammer Künstlerkolonie Bekanntschaft machen. Auch bei Geschäftsleuten beliebt.

Lillehammer Hotel
Turisthotelveien
Tel. 61/286000, Fax 257333
196 Zimmer
1. Kategorie (Æ, DC, EC, Visa)
Das vornehme Hotel, das von einem schönen 3,4 ha großen Park umgeben ist und 1911 als typisches Touristenhotel errichtet wurde, hat allerhand bekannte Persönlichkeiten auf seiner Gästeliste. Hier stiegen schon Königin Wilhelmina und Prinzessin Juliana (später Königin) von Holland und der berühmte Komponist Carl Nielsen ab, und während der Olympischen Spiele wohnten hier alle Mitglieder des IOC (International Olympic Committee). Das Hotel hat sich mittlerweile zum Luxushotel gemausert, aber dies ist keineswegs ein Hindernis, hier auch mit Kindern zu übernachten. Die Familienzimmer sind sehr geräumig, und im Restaurant stellt man sich auf die kleinen Gäste ein.

Lillehammer Høyfjellshotell
Nordseter, 14 km von Lillehammer
Tel. 61/264080, Fax 264004
Linienbus von Lillehammer
46 Zimmer (2 Suiten)
2. Kategorie (Æ, EC, Visa)
Hier sagen sich wirklich noch Fuchs und Hase gute Nacht. Erschrecken Sie nicht, wenn Sie frühmorgens vom Gebimmel der Schafsglocken geweckt werden. Und fragen Sie nach einem Zimmer mit Aussicht auf das Tal!

Sehenswertes

Lysgaardschanzen und Olympiapark
Mitte Juni–Ende Aug. tgl. 10–19 Uhr; Mai–Juni und Sept. 10–17 Uhr; sonst 11–16 Uhr
Eintritt 15 NOK
Auf den wie ein Amphitheater angelegten Tribünen am Auslauf dieser zwei Schanzen (90 und 120 m, Schanzenrekorde 104 m bzw. 135,5 m) ist Platz für bis zu 37 000 Zuschauer. Auf der großen Skiflugschanze holte sich Jens Weißflog 1994 die Goldmedaille.

Neverfjell
Anfahrt: Nordseterveien (14 km), Parken am Schlagbaum, Aufstieg ca. 2 Std.
Sie sollten auf jeden Fall den Aussichtsberg Neverfjell (1065 m) oberhalb von Nordseter besteigen. Bei klarem Wetter haben Sie vom Gipfel eine einmalige Aussicht auf die Gebirge Jotunheimen, Valdresfjellet und Rondane. Festes Schuhwerk ist unabdingbar, im Winter ist der Gipfel auch mit Langlaufskiern erreichbar.

Skibladner
Gjøvik-Lillehammer-Gjøvik
Tel. 62/52 70 85
Mitte Juni–Mitte Aug. Di, Do, Sa ab Gjøvik 9.35 Uhr, an Lillehammer 15 Uhr, ab Lillehammer 15.10 Uhr, an Gjøvik 20 Uhr.
Hin und zurück 180 NOK, einfach 100 NOK, Kinder 75 NOK
Dieser vor kurzem restaurierte, weltweit älteste noch im Linienverkehr fahrende Raddampfer, auch genannt »Der weiße Schwan der Mjøsa«, machte bereits 1856 auf dem Mjøsa-See seine Jungfernfahrt. Schlemmen Sie wie die Passagiere von einst und lassen Sie die fruchtbare Mjøs-Landschaft an sich vorbeigleiten.

Lillehammer: Die 120 Meter lange Skischanze stand 1994, während der 17. Olympischen Winterspiele, im Mittelpunkt des Interesses der sportbegeisterten Weltöffentlichkeit

Museen und Galerien

Lillehammer Kunstmuseum
Stortorget 2
Tel. 61/26 94 44
Di–Fr 11–19, Sa 11–15, So 12–15 Uhr, Mo geschl.
Im Sommer Führung tgl. 13 Uhr
Eintritt 30 NOK, Kinder 15 NOK

Im einzigartigen Freilichtmuseum Maihaugen wurden 140 Gebäude aus dem Gudbrandsdalen, darunter auch Werkstätten und eine Stabkirche, originalgetreu wiedererrichtet

Das im Jahre 1992 errichtete Gebäude des schönen städtischen Kunstmuseums besticht durch seine spezielle Architektur: Es gleicht einem Konzertflügel.

Der gute Tip M:
Maihaugen
Dieses Freilichtmuseum möchte man gar nicht mehr verlassen! Ein Superlativ: die Ausstellung »Wie das Land unser wurde«.

Im Inneren kann man eine der bedeutendsten Sammlungen norwegischer Kunst von 1820 bis heute besichtigen.

Maihaugen M
Juni–Sept. tgl. 9–19 Uhr; Mai 10–17 Uhr; sonst 11–16 Uhr
Eintritt 60 NOK, Kinder 25 NOK

Der Besuch dieses großen Freilichtmuseums mit über 140 Häusern, Höfen und Almen aus dem Gudbrandsdalen und verschiedenen Ausstellungen ist ein wirkliches Erlebnis. Gegen Ende des 19. Jh. kam der Zahnarzt Anders Sandvig (1862–1950) auf die Idee, diese Häuser von ihrem ursprünglichen Standort im Gudbrandsdalen zu entfernen und hier wieder zu errichten. Spazieren Sie schon morgens, bevor die Touristenbusse ankommen, durch diese wunderschöne Parkanlage, oder schließen Sie sich einer deutschen Führung an. Dabei können Sie auch in einige der 27 Gebäude des prächtigen

Großbauernhofs Bjørnstad aus dem nördlichen Gudbrandsdalen schauen und einen Blick in das Innere der Garmo-Stabkirche (ca. 1200) mit ihren hübschen Ausschmückungen werfen. Die einstmals einschiffige Kirche erhielt um 1730 zwei Querschiffe in Rundbalkenkonstruktion. Hier finden auch heute noch Trauungen statt.
Steigen Sie zur Almanlage mit Almhütten aus den verschiedensten Jahrhunderten hinauf. An dem kleinen See steht eine Fischerkapelle aus Fåberg von 1459. Zum vielleicht imponierendsten Teil des Museums gehören die einzigartige Ausstellung »Wie das Land unser wurde« – eine Multimedia-Reise durch den Alltag der Menschen von der Eiszeit bis heute – und »Die alten Werkstätten«, in denen altes Handwerkszeug ausgestellt wird und alte Arbeitsmethoden veranschaulicht werden.

Essen und Trinken

Auch wenn der *brunost*, der zumeist aus fetter Ziegen- und Kuhmilch hergestellte braune Käse, überall im Land gekauft werden kann, so stammt er doch ursprünglich aus dem Gudbrandsdalen. Die bekannteste Variante dieses etwas süßlich schmeckenden, in dünnen Scheiben zu verzehrenden Käses wird nämlich *gudbrandsdalsost* genannt und wurde Mitte des 19. Jh. oben auf den Almen des Gudbrandsdalens »erfunden«.

Dølaheimen Kafeteria
Jernbanegata 3
Tel. 61/25 88 66
Mo–Fr 7.30–19, Sa 7.30–16.30, So 11.30–18 Uhr
3. Kategorie (Æ, DC, EC, Visa)
Große Cafeteria, in der echt norwegische Hausmannskost angeboten wird. Für recht wenig Geld bekommen Sie hier riesige Portionen und hinterher noch eine Tasse Kaffee oder Tee.

Lillehammer Hotel
Turisthotelveien
Tel. 61/25 48 00
1. Kategorie
7–24 Uhr (Tischreservierung)
Das kalte Büfett ist einfach traumhaft. Hier können Sie in stilvoller Atmosphäre so richtig schlemmen. Mitglied der »Chaîne des Rotisseurs«.

Lundegården Brasserie & Bar
Storgata 108
Tel. 61/26 90 22
Mo und Di 16–24, Mi–Fr 16–1, Sa 18–1 Uhr
1. Kategorie
Die Rentiergerichte zergehen hier auf der Zunge. Hübsche Einrichtung und viel Service. Wer nur einen kleinen Imbiß will, bekommt diesen in der Bar.

Einkaufen

Mesna senter
Lilletorget
Mo–Fr 9–17, Sa 9–14 Uhr; im Sommer teilweise länger
Einkaufszentrum direkt am Fluß Mesnaelv gelegen, mit Glasbläserhütte, in der man den Glasbläsern bei der Arbeit zuschauen

kann. Auch in den Kunsthandwerksläden und Restaurants kann man sich die Zeit spielend vertreiben.

Storgata
Mo–Fr 9–17, Sa 9–14 Uhr
Lillehammers bekannteste Fußgängerzone mit den verschiedensten Geschäften.

Kinder

C9 **Hunderfossen Familiepark**
Fåberg, 15 km nördlich von Lillehammer
Tel. 61/277222
Mitte Juni–Mitte Aug. tgl. 10–20 Uhr; Juni 10–17 Uhr
Eintritt 125 NOK, Kinder 3–14 Jahre 100 NOK
Zu den schönsten Erlebnissen in diesem Freizeitpark gehört sicherlich der Besuch von Ivo Caprinos Abenteuergrotte mit phantasievoll geformten Figuren aus den verschiedensten Märchen und Sagen.

Lillehammer Olympische Bob- und Rodelbahn
Hunderfossen
Mitte Juni–Mitte Aug. tgl. 12–20 Uhr
Unterste Altersgrenze: 12 Jahre
Pro Fahrt 120 NOK
Auf dieser einzigen nordeuropäischen Bob- und Rodelbahn aus Kunsteis können Sie im Sommer im Rollbob (max. drei Personen) zusammen mit einem Piloten mit einer Geschwindigkeit von bis zu 100 km/h ins Tal sausen. Die Bobbahn ist 1710 m lang und hat 16 Kurven. Der Höhenunterschied beträgt 114 m. Im Viererbob kann eine Geschwindigkeit von 130 km/h erreicht werden.

Allgemeine Informationen

Auskunft
Lillehammer Turistkontor
Lilletorget 1
2600 Lillehammer
Tel. 61/259299, Fax 269655

Camping
Hunderfossen Camping
Fåberg
Tel. 61/277300
54 Hütten
Großer Campingplatz mit allem Komfort in direkter Nähe des Hunderfossen Familienparks. Badeplatz, Minigolf, Fahrradverleih.

Entsorgungsstationen
Hunderfossen Camping
Fåberg
Statoil-Tankstelle
Strandtorget

Medizinische Hilfe
Legevakt
Storgata 51
Tel. 61/251450

Post
Tomtegate 2
Tel. 61/288700

Rundfahrten und Ausflüge
Elchsafari
Sommer Mo, Mi, Fr 20 Uhr
Preis 130 NOK, Kinder 80 NOK
Buchung über Touristkontor

Im Gebirge Øyerfjellet. Im Preis inbegriffen: Gericht aus gehacktem Elchfleisch sowie Kaffee.

Sesamtoget
Mitte Juni–Mitte Aug.
Fahrdauer ca. 25 Min., ab Lillehammer 10.30, 12.30, 15.30, 18.35 Uhr; ab Hunderfossen 11.20, 14.30, 16.30, 19.55 Uhr
Bähnchen zwischen Lillehammer und Hunderfossen Familiepark.

Sport

Angeln:
Vor allem Lågå-Hering, Forelle, Hecht, Flußbarsch und Äsche. Im Mjøsa-See kostenloses Angeln, ansonsten Angelkarten nötig für die Gebirgsseen und die Flüsse Gudbrandsdalslågen (Forellen bis zu 7 kg), Gausa und Mesnaelva.

Skifahren und Wandern:
Wander- und Langlaufgebiet oberhalb von Nordseter und Sjusjøen. Besonders schön: Tour zum Aussichtsberg Neverfjellet und zur Bergstube Pellestova; Birkebeinerveien zwischen Sjusjøen und Messelt/Østerdalen (40 km). Außerdem gibt es einen interessanten Kulturpfad in Fåberg.

Verkehrsmittel

Dovrebahn: Oslo-Lillehammer-Dombås-Trondheim; Expressbus: Lillehammer-Fagernes-Sogndal-Voss-Bergen (ca. 10 Std.); Skibusse nach Sjusjøen, Nordseter und zu den Alpinanlagen.

Orte in der Umgebung

Elverum D9

Der kleine, von dunklen Wäldern umgebene Ort (ca. 17000 Einwohner) am unteren Ende des langgestreckten Østerdalen gehört zu den bedeutendsten historischen Ortschaften Norwegens. Als deutsche Truppen Norwegen in der Nacht auf den 9. April 1940 angriffen, flüchteten der König und die Regierungs- und Parlamentsmitglieder über Hamar nach Elverum. Hier entschied Håkon VII., daß er nicht mit den Deutschen kollaborieren wollte.
Rings um Elverum wird seit Jahrhunderten Forstwirtschaft betrieben, und bis 1985 wurde auf der mitten durch Elverum fließenden Glomma, Norwegens längstem Fluß (598 km), Holz geflößt. Auch die Elchjagd gehört zur Tradition des Ortes. Wer gerne einmal ein Elchgericht probieren will, sollte es hier tun. Eine weitere »Perle« der Natur: der langgestreckte See Osensjøen im Nordosten.
Elverum liegt ca. 80 km südöstlich von Lillehammer am Rv 25.

> Der gute Tip M:
> **Norsk Skogsbruksmuseum**
> Allein wegen dieses spannenden Forstwirtschaftsmuseums lohnt sich die Fahrt nach Elverum.

Museum

Norsk Skogsbruksmuseum M
Tel. 62/41 02 99
Juni–Sept. tgl. 10–18 Uhr;

sonst 10–16 Uhr
Eintritt 40 NOK, Kinder 20 NOK
In Norwegens einzigem Forstwirtschaftsmuseum erfährt man nicht nur viel über die Geschichte der Holzindustrie und der Elchjagd, sondern auch, wie früher aus Knochen, Hörnern, Fellen und Leder von Wildtieren Schuhe, Kleider und viele andere Gebrauchsgegenstände hergestellt wurden. Eine eigene Abteilung befaßt sich mit der Flößerei, und im Freien kann man sich alte Waldhütten anschauen, in denen sich die Waldarbeiter aufhielten und am offenen Feuer ihr Essen erwärmten. Über den Wasserfall Prestefossen führt eine Hängebrücke zum Glomdalsmuseum mit sehr schönen, alten Gebäuden.

Essen und Trinken
Vertshuset Elgstua
Direkt an der Kreuzung vom Rv 3 und Rv 25
Tel. 62/41 01 22
So–Fr 7.30–21.30, Sa 7.30 bis 17 Uhr
3. Kategorie (Æ, EC, Visa)
In diesem eher unscheinbaren Wirtshaus, das direkt an einer großen Kreuzung liegt, kann man so richtig deftige, »klassisch norwegische« Elchgerichte essen. Norweger fahren oftmals einen Umweg, um in dieser kleinen Gastwirtschaft, die weit über die Grenzen von Elverum bekannt ist, speisen zu können. Wer möchte, kann hier auch übernachten.

Allgemeine Informationen
Auskunft:
Turistinformasjon
Hauptpostamt Elverum
Gamle Trysilveg 1
2400 Elverum
Tel. 62/41 31 16, Fax 41 56 00
Camping:
Sjøenden Camping
Søre Osen
Ca. 36 km nordwestlich von Elverum
Tel. 62/45 41 41
Idyllischer Campingplatz am Südende des Osensjøen.
Segelfliegen:
Ole Reistad Senter
Tel. 62/41 23 98, Fax 41 28 85
Flug (ca. 30 Min.) 350 NOK
Veranstaltung von Kursen, Einzelflüge nach Anmeldung.
Verkehrsmittel:
Zugverbindung nach Oslo, Kongsvinger, Trondheim, Hamar und Røros; Expressbus: Oslo-Elverum (2 Std.) – Trysil (3 1/2 Std.).

Espedalen C9

Anfahrt: Rv 255, Abzweigung von der E 6 bei Vinstra, Tretten oder Fåberg
Im westlich von Lillehammer liegenden Espedalen kann man noch ungestört in einem der Bergseen angeln, ausgiebige Wanderungen unternehmen, die Gegend auf dem Rücken eines Pferdes erkunden und Kanu fahren. Wer im Spätsommer kommt, kann Pilze und Preiselbeeren sammeln. 4 km südlich der Gebirgshütte Strand Fjellstue liegt Helvete, eine 100 m tiefe

Höllenschlucht, in der zwei der größten Gletschermühlen Nordeuropas mit Durchmessern von 60 bzw. 40 m zu bestaunen sind. Im Sommer werden hier Grillfeste veranstaltet.

Hotel

Strand Fjellstue
Espedalen
Tel. 61/22 61 23, Fax 22 61 11
Bus von Lillehammer
20 Zimmer, 2 Hütten
3. Kategorie (Æ, DC, EC, Visa)
Die Gebirgsstube, die seit 1935 besteht, liegt auf 730 m direkt am See Espedalsvatnet und wird seit einigen Jahren liebevoll von einem Ehepaar betreut. Ski- und Ruderbootverleih, Angel- und Reitmöglichkeiten. Im Winter werden Pferdeschlittenfahrten angeboten.

Sehenswertes

C9 **Aulestad**
Follebu, ca. 15 km nordwestlich von Fåberg
Tel. 61/22 41 10
Juni und Aug. tgl. 10–15.30 Uhr; Juli 10–17 Uhr; Mai und Sept. 11–14.30 Uhr
Eintritt 30 NOK, Kinder 15 NOK
Vom Balkon des stattlichen Sommersitzes, den sich 1874 der bekannte Dichter Bjørnstjerne Bjørnson (1832–1910) zusammen mit seiner Frau Karoline kaufte, hat man einen schönen Blick auf das Gausadal. Wie zu alten Zeiten eingerichtetes Wohnzimmer und Schreibstube.

Gudbrandsdalen

(→ Routen und Touren, Reise zu Norwegens schönsten Stabkirchen)

Hamar C9

Ob man mit dem Raddampfer »Skibladner« über den Mjøsa-See, Norwegens größtem Binnensee (368 qkm), nach Hamar kommt oder auf dem Landweg, überall fallen die großen Kornfelder ins Auge. Die Gegend rund um Hamar und Stange wird auch die »Kornkammer Norwegens« genannt. Hamar (ca. 26 000 Einwohner) ist vor allem als Zentrum der norwegischen Nahrungsmittelindustrie bekannt. Von der Domkirche aus dem 12. Jh. ist nur noch die Ruine übriggeblieben. Auch sehenswert: die einem umgestülpten Wikingerschiff gleichende Olympiahalle »Vikingskipet«. Die Besonderheit sind Dachbögen aus verleimten Brettschichten. Der größte gilt mit einer Länge von 104 m als der längste der Welt.

Hotel

Inter Nor Victoria Hotel
Strandgata 21
Tel. 62/53 05 00, Fax 53 32 23
115 Zimmer (12 Suiten)
1. Kategorie (Æ, DC, EC, Visa)
Komfortables Stadthotel in Bahnhofsnähe, direkt am See gelegen. Das Hotel ist auch für Behinderte ausgelegt. Im Restaurant sollten Sie Lachs und Erdbeeren probieren – eine Spezialität!

Museen

Domkirkeodden
Mitte Juni–Mitte Aug. tgl. 10–18 Uhr; sonst Mai–Aug. 10–16 Uhr
Eintritt 30 NOK, Kinder 10 NOK
Museumspark mit Ruinen der ersten Domkirche, einem schönen Freilichtmuseum mit über 40 alten Holzgebäuden und den Resten der Bischofsburg aus dem Mittelalter, die nach der Reformation als Residenz für die jeweiligen Lehnsherren diente. Außerdem lohnt sich der Besuch des Holographie-Museums.

Jernbanemuseum
Strandveien 132
Mitte Mai– Mitte Sept. tgl. 10–16 Uhr
Eintritt 25 NOK, Kinder 15 NOK
Absolutes Muß für Eisenbahnfans! In Skandinaviens größtem Eisenbahnmuseum werden Lokomotiven, Waggons und vieles andere aus der Anfangszeit des Eisenbahnverkehrs bis heute ausgestellt, u. a. auch »Nr. 16«, die älteste Lokomotive des Landes. Zur Entspannung können Sie mit dem kleinen Dampfzug »Tertitten« eine Runde drehen.

Allgemeine Informationen

Auskunft:

Hamar Turistkontor
Parkgata 2
2300 Hamar
Tel. 62/510225, Fax 510570

Rundfahrten und Ausflüge:

»Skibladner«
Tel. 62/527085
Mitte Juni–Mitte Aug. Mo, Mi, Fr ab Gjøvik 9.35, an Hamar 10.50, ab Hamar 11.05, an Eidsvoll 13.50, ab Eidsvoll 14.10, an Hamar 17.10, ab Hamar 17.15, an Gjøvik 18.45 Uhr.
Hin und zurück Gjøvik-Hamar 150 NOK, Hamar-Eidsvoll 180 NOK, Gjøvik-Eidsvoll 230 NOK.
Raddampfer, mit dem man eine schöne Fahrt auf dem Mjøsa-See unternehmen kann.

Lom C8

Wer vom Osten kommt, sieht schon von weitem die dunkle Stabkirche von Lom, die auf einer Landzunge am bis in den Sommer hinein vom Gletscherwasser grüngrau gefärbten See Ottavatnet steht. Lom (ca. 2700 Einwohner) mit seinen für diese Gegend typischen dunkelbraunen Gehöften, die vielfach liebevoll restauriert worden sind, ist nicht nur ein wichtiger Verkehrsknotenpunkt – westwärts führt die Straße in Richtung Norddals- und Geirangerfjord, südwärts über das Gebirge Sognefjell zum Sognefjord –, sondern auch ein Ort mit spannender Kulturhistorie. Er gilt darüber hinaus als Zentrum für Kunsthandwerk und alte Essenstraditionen.

Wenn es nicht gerade regnet, arbeiten die Sprinkleranlagen auf den Feldern rings um Lom auf vollen Touren. Im Gebiet um Lom und dem weiter westlich

Blickfang im Inneren der Stabkirche von Lom ist die reichverzierte barocke Kanzel

liegenden Ort Skjåk liegt die durchschnittliche Jahresniederschlagsmenge bei ungefähr 400 mm, was ohne künstliche Bewässerung zu wenig ist, um Ackerbau zu betreiben. Die freiliegende Röhrenanlage »Skjåk I« bei Bismo ist die moderne Ausführung einer Anlage, die hier bereits schon im 18. Jh. errichtet wurde. Damals wurde das Wasser via Steinrinnen ins Tal geführt, an denen die Bauern Wasser für ihre Felder abzapfen konnten.

Hotels

Brimi Fjellstugu
Tessanden
Anfahrt: Abzweigung vom Rv 15 bei Garmo, ca. 15 km östlich von Lom
Tel. 61/23 98 12, Fax 23 98 92
22 Zimmer (mit und ohne Bad)
2. Kategorie
Loms Meisterkoch Arne Brimi hat hier inmitten der unberührten Natur am See Tessevatnet eine gemütliche Gebirgsstube eingerichtet, in der man nicht nur ruhige Ferientage in familiärer Umgebung verbringen, sondern auch Brimis Delikatessen aus der »Küche der Natur« kosten kann.

Nordal Turistsenter
Zentrum
Tel. 61/21 10 10, Fax 21 17 96
22 Zimmer
2. Kategorie (Æ, EC, Visa)
Traditionsreiches, liebevoll restauriertes Hotel von 1897 mit großem Hüttenpark.

Sehenswertes

Lom Stavkirke
Mitte Juni–Mitte Aug. tgl. 9–21 Uhr
Eintritt 20 NOK, Kinder frei
Diese wunderschöne Säulenstabkirche aus dem 12. Jh. steht auf einer kleinen Landzunge direkt am zeitweise blaugrünen See Ottavatnet. Die ursprüngliche Kirche besaß einen Laubengang, der jedoch beim Einbau der Fenster und dem Bau der Apsis, der Querschiffe und der Sakristei abgerissen wurde. Erhalten geblieben ist der Zentralbau mit seinen hohen Säulen und an der Nordseite ein beachtenswertes Säulenrundbogenportal mit verzierten Halbsäulen und Kapitellen mit Löwen, die ebenso wie die züngelnden Drachen auf den Dachreitern das Eindringen von bösen Geistern und Dämonen verhindern sollten. Ein wirkliches Kleinod: die Barockkanzel mit schwungvollen Akanthusblatt-Verzierungen (→ Routen und Touren, Reise zu Norwegens schönsten Stabkirchen).

Museum

Norsk Fjellmuseum
Juni–Mitte Aug. tgl. 10–21 Uhr; Mai–Mitte Sept. 10–19 Uhr
Eintritt 50 NOK, Kinder 25 NOK, Familien 125 NOK
In der Nähe der Stabkirche erfährt man im nagelneuen, architektonisch interessanten Gebirgsmuseum, welchen Einfluß das Gebirge auf die Kultur und das Leben in Norwegen hat. Aktivitäten für Kinder.

Essen und Trinken

Wer von den kulinarischen Genüssen in Lom erzählt, kommt unweigerlich auf Arne Brimi zu sprechen. Bekannt geworden ist dieser Meisterkoch vor allem durch seine »Küche der Natur«. Alle Lebensmittel, die man in seinen phantasiereich zubereiteten Gerichten findet, sammelt und verarbeitet er genauso wie schon seine Vorväter. Wer Brimis Küche ausprobieren will, hat ausreichend Gelegenheit dazu. Außer in der Gebirgsstube Brimi Fjellstugu (→ Lom, Hotels) wird auch in der Küche des Fossheim Turisthotells und im Café Naturens Kjøkken nach Brimis Rezepten gekocht.

Fossheim Turisthotell
Mitten im Zentrum
Tel. 61/21 10 05, Fax 21 15 10
Tgl. 13–15 und 19–22 Uhr
1. Kategorie (Æ, EC, Visa)
Tischreservierung empfohlen
Beste Adresse in Lom. Hier gibt's Ausgefallenes wie beispielsweise Schneehuhnbrust und Rentierherzen, und das alles wird liebevoll serviert.

Naturens Kjøkken
Café im Norsk Fjellmuseum (→ Lom, Museum)
Sommer tgl. 10–21 Uhr
3. Kategorie
Kleine Gerichte aus der »Küche der Natur« zu günstigen Preisen.

Einkaufen

Fossheim Steinsenter
Mitte Juni–Aug. tgl. 9–20 Uhr; sonst 9–16 Uhr
Mineralien- und Kristallsammler kommen beim Anblick dieser Sammlung von norwegischen Steinen und einheimischem Steinschmuck voll auf ihre Kosten. Der große Steinladen ist in einem 250 Jahre alten Gebirgshof untergebracht, dessen gläserner Eingang sich als die Kopie eines Bergkristalls entpuppt.

Allgemeine Informationen

Auskunft
Jotunheimen Reiseliv
2686 Lom
Tel. 61/21 12 86, Fax 21 12 35

Entsorgungsstationen
Esso-Tankstelle
Lom
Fina-Tankstelle
Vågåmo

Sport
Rafting:
Norwegian Wildlife & Rafting
Randsverk
2680 Vågåmo
Tel. 61/23 87 27, Fax 23 87 60
Norwegens wohl bekanntestes Raftingunternehmen veranstaltet Touren auf dem Sjoa.

Verkehrsmittel
Expressbusse: Oslo-Lillehammer-Otta-Lom (Tag- und Nachtexpress, ca. 5,5 Std.), Lom-Stryn-Volda-Rjånes (Nachtexpress, ca. 5 Std.), Lom-Stryn-Måløy (Tag-/Nachtexpress, ca. 4 Std.).

Orte in der Umgebung

Der gute Tip M:
Besseggen
Die Wanderung über diesen schmalen Bergrücken gehört zu den schönsten Tagestouren in der norwegischen Bergwelt.

Besseggen M C9
Der Pfad über den schmalen Gebirgsrücken Besseggen zwischen den beiden Seen Gjende und Bessvatnet gehört zu den spannendsten Wanderwegen Norwegens – und somit auch zu den beliebtesten. Bei schönem Wetter ist hier sehr viel los! Aber das sollte Sie trotzdem nicht davon abhalten, morgens um 8 Uhr von Gjendesheim das Boot über den See Gjende zu nehmen, um von der Touristenhütte Memurubu aus den Aufstieg über den Grat mit seinen steil abfallenden Felsen zum 1740 m hohen Veslefjell zu beginnen. 7 Std. später sind Sie wieder am Ausgangspunkt. Festes Schuhwerk empfohlen.

Gebirgshütte
Gjendesheim Turisthytte
70 km nördlich von Fagerne, westlich des Rv 51
2683 Gjendesheim
Tel. 61/23 89 10, Fax 23 89 65
145 Betten
3. Kategorie

Größte und eine der ältesten Hütten (1878) des Norwegischen Gebirgsvereins auf 995 m Höhe am Gjendesee.

B8/B9 Jostedalsbreen

Norwegens größter Gletscher ist mit einem Ausmaß von 486 qkm gleichzeitig das größte Eisfeld des europäischen Festlandes; er entstand vor ca. 2500 Jahren. In den letzten Jahren sind die norwegischen Gletscher aufgrund ungewöhnlich großer Schneefälle im Winter bedrohlich angewachsen. Allein in den letzten zwei Jahren wanderte der Briksdalsbreen, ein Ausläufer des Jostedalsbreen, 155 m weiter in Richtung Tal. Und da seit einiger Zeit immer wieder Eisbrocken vom Lundebreen westlich von Fjærland in Richtung Straße poltern, erwägt man nun ernsthaft, den Eingang des 6385 m langen Fjærlandtunnels an eine andere Stelle zu verlegen.

Auf einigen der Ausläufer des Gletschers werden heute von mehreren Orten aus geführte Gletscherwanderungen und Lehrgänge veranstaltet. Im Westen gehören die beiden Gletscherarme Briksdalsbreen und Kjenndalsbreen (→ Unterwegs im westnorwegischen Fjordland, Ålesund, Nordfjord) zu den bekanntesten Touristenzielen. Vom kleinen Ort Fjærland am Fjærlandsfjorden, einem Arm des großen Sognefjords, kann man sich dem Suphellebreen nähern, und am Lusterfjord, ebenfalls ein Arm des Sognefjords, zweigt in Gaupne eine Straße zum Nigardsbreen ab.

Sehenswertes

Breheimsenteret Jostedal und Nigardsbreen

Anfahrt: 35 km nördlich von Gaupne, Abzweigung vom Rv 55
Tel. 57/68 32 50
Mai–Mitte Juni, Mitte Aug.–Sept. tgl. 10–17 Uhr; sonst Juni–Aug. 10–19 Uhr
Eintritt 50 NOK, Kinder unter 10 Jahren frei, Jugendliche 35 NOK

Im architektonisch meisterhaft der Natur angepaßten Breheimsenteret (Gletschermuseum) wird die Entwicklung der norwegischen Gletscher anschaulich erläutert. Am ca. 5 km entfernt liegenden Nigardsbreen mit seinem mächtigen Gletschertor, aus dem mit lautem Getose enorme Wassermassen herausgepreßt werden, kann man dieses Naturwunder hautnah erleben. Parkmöglichkeiten entweder am Gletschermuseum oder 2 km vom Gletscher entfernt direkt am Gletschersee, von wo aus Sie auf einem recht steinigen und teilweise feuchten Pfad (feste Schuhe empfohlen!) in rund 45 Min. zum Gletscher wandern können. Es gibt auch die Möglichkeit, sich mit dem Boot »Jostedalsrjupa« über den See bringen zu lassen (vom Anleger noch ca. 20 Min. zum Gletschertor). Besonders beliebt sind auch geführte Gletscherwanderungen (Anmeldung im Breheimsenteret).

Das beliebte Wandergebiet in Zentralnorwegen, das Gebirge Jotunheimen, wird wegen seiner höchsten Berge, Glittertind und Galdhøppigen, auch »Reich der Riesen« genannt

C9 **Jotunheimen**
Im Gebirge Jotunheimen, das sich östlich des Rv 55 erstreckt, kommt man als Wanderer und Bergsteiger wirklich auf seine Kosten. Hauptattraktion ist der 2469 m hohe Galdhøpiggen, dessen Gipfel man von der Juvasshytta aus in Begleitung eines Führers in rund 3 Std. erreichen kann. Bewaffnet mit Seil und Pickel, führt die Tour erst zum Gletscher Styggebreen und von dort weiter zum nördlichen Ausläufer des Galdhøpiggen. Vom Gipfel, einem rund 1,5 km langen Bergrücken, hat man eine phantastische Aussicht über die Bergwelt des 1140 qkm großen Jotunheimen Nationalparks mit seinen großen Gletscherflächen und tiefen Tälern.

Hotels
Elveseter Turisthotell M C9
Bøverdalen, ca. 24 km südwestlich von Lom
Tel. 61/212000, Fax 212101

> Der gute Tip M:
> **Elveseter Turisthotell**
> Gemütlicher Familienbetrieb, der mit seinen Antiquitäten, Gemälden, Schnitzereien und Kunsthandwerksgegenständen fast an ein Museum erinnert.

Juni–Mitte Sept.
Sognefjell Expressbus von Oslo, Otta und Lom
125 Zimmer, 2 Suiten, 7 Wohnungen und 4 Hütten
2. Kategorie (Æ, EC, Visa)
Am Eingang dieses alten, mit dunklem Holz verkleideten Hotels, das auf 700 m Höhe nördlich der Sognefjellstraße liegt und seit fünf Generationen im Besitz der Familie Elvesæter ist, wird man von einem kunstvoll geschnitzten Drachenkopf mit aufgerissenem Maul begrüßt. Das Innere des Restaurants erinnert an ein Museum. Hier stehen alte Schränke mit kunstvollen Verzierungen und Antiquitäten aus verschiedenen Ländern, an den Wänden hängen wertvolle Gemälde, und überall kann man traditionsreiche Bauernkunst, unter anderem wert-

volle Schnitzereien, aus dem Gudbrandsdalen betrachten. Obwohl das Hotel modernisiert wurde, hat es seinen ursprünglichen Charme behalten. Abends leckeres kaltes Büfett, auch für Gäste, die nicht im Hotel übernachten. Tischreservierung notwendig.

Røisheim Hotell og Skysstasjon
Bøverdalen, ca. 17 km südwestlich von Lom am Rv 55
Tel. 61/21 20 31, Fax 21 21 51
Sognefjell-Expressbus von Oslo, Otta und Lom
Nur im Sommer geöffnet
26 Zimmer, 2 Suiten
1. Kategorie (Visa)
Seit 1858 wird dieser alte Hof aus dem 18. Jh. (520 m) als Hotel betrieben. In der Küche dieses gemütlichen Hotels steht der deutsche Koch Claus Binek.

Gebirgshütten

Juvasshytta
Bøverdalen
Anfahrt: Abzweigung vom Rv 55, ca. 20 km südlich von Lom an der Kirche von Bøverdal
Tel. 61/21 15 50
Mitte Juni–Mitte Sept.
90 Betten
3. Kategorie
Hütte des norwegischen Wandervereins (1840 m) mit schöner Aussicht auf den Galdhøpiggen (2469 m) sowie auf den Glittertind (2465 m).

Spiterstulen Turisthytte
Anfahrt: Abzweigung vom Rv 55, ca. 17 km südlich von Lom
Tel. und Fax 61/21 14 80
160 Betten
2. Kategorie
Gebirgshütte auf 1100 m, tgl. Gletschertouren mit Führer zum Eventyrisen, allein auf markiertem Weg auf den Galdhøpiggen (Aufstieg ca. 5 Std.) und Glittertind.

Sehenswertes

Sagasøyla
Man kann sie wirklich nicht übersehen, die gleich in der Nähe des Elveseter Hotels stehende, 35 m hohe Sagasäule mit ihren kunstvollen Reliefs, die die verschiedenen historischen Epochen Norwegens darstellen. Die Reliefs wurden zwar schon vor dem Krieg in den harten Syenit gehauen, doch aufgrund der NS-Vergangenheit des Erbauers Wilhelm Rasmussen wurde die Säule nie an ihrem geplanten Standort vor dem Parlament in Oslo aufgestellt. Hotelbesitzer Åmund Elvesæter ließ sie daher auf eigene Initiative aufstellen.

Allgemeine Informationen

Sport:
Bergsteigen
Galdhøpiggen
Im Sommer tgl. mit Führer von der Juvasshyta auf den Galdhøpiggen, Dauer ca. 5 Std.
Sommerski
Galdhøpiggen Sommerskisenter
Tel. 61/21 17 50 und 21 21 42
Sommerskiparadies mit Liften, die bis auf 2222 m hinaufführen; die längste Abfahrt ist 1500 m lang.

C9/C10 **Rjukan**

Die Stadt Rjukan (ca. 7500 Einwohner), in der sich eines der größten Wasserkraftwerke Norwegens befindet, liegt in einem tiefen, langgestreckten Tal, so daß die Bewohner im Winter mehrere Monate lang ganz ohne Sonne auskommen müssen. Bekannt geworden ist Rjukan vor allem durch die Produktion von Schwerem Wasser (Deuteriumoxid), an dem die Deutschen während des Zweiten Weltkrieges besonderes Interesse zeigten. Es wurden mehrere Sabotageaktionen durchgeführt, um zu verhindern, daß das Wasser nach Deutschland zur Herstellung von Atombomben gebracht wurde. Historisch von Bedeutung ist die im Feb. 1944 durchgeführte Versenkung der mit einer Last Schweren Wassers beladenen Fähre »Hydro« auf dem See Tinnsjøen. Im Werk des Konzerns Norsk Hydro wird heute Ammoniak hergestellt.
Vom Ortszentrum aus kann man mit der Seilbahn »Krossobanen«, Norwegens erster Seilbahn von 1928, zur 886 m hohen Bergstation hinauffahren oder auf der anderen Seite des Tales den 1883 m hohen Gaustatoppen besteigen.

Hotel

Gaustablikk Høyfjellshotel
Rjukan
Tel. 35/09 14 22, Fax 09 19 75
91 Zimmer
1. Kategorie (Æ, DC, EC, Visa)
Hotelbus vom Rjukaner Busbahnhof
Bitten Sie um ein Zimmer mit Blick auf den Berg Gaustatoppen! Dieses Hochgebirgshotel liegt oberhalb von Rjukan mitten in der freien Wildnis.

Sehenswertes

Gaustatoppen M C9
Anfahrt: Abzweigung der Gebirgsstraße am östlichen Ende von Rjukan, Fahrt bis beinahe zur 1 275 m hohen Paßhöhe, markierter Pfad zum Gipfel.
Am besten nähern Sie sich dem höchsten Berg des Bezirks Telemark von der Ostseite. Auf der Bergspitze (1 883 m), von der man einen phantastischen Blick über die Hardangervidda hat, steht eine kleine, im Sommer bewirtschaftete Steinhütte.

> Der gute Tip M:
> **Gaustatoppen**
> Der Blick vom Gaustatoppen über die Hochfläche Hardangervidda ist einfach überwältigend.

Mår kraftverk
5 km südöstlich von Rjukan, Abzweigung Dale-Kreuzung
Mitte Juni–Aug. Mo–Fr 10 und 14 Uhr, Führungen auf Norwegisch, Englisch und Deutsch
Wer das Mår Elektrizitätswerk besucht, muß fit sein. Hier befindet sich nämlich eine der längsten Holztreppen der Welt. Diese

Treppe, die in einem 1250 m langen Schacht an den Röhren von der Elektrizitätswerkshalle zur Ventilkammer hinunterführt, hat 3975 Stufen! Das Werk produziert 1 Mrd. kWh pro Jahr und hat drei Dämme. Der Bau des Werkes wurde während des Zweiten Weltkriegs von den Deutschen begonnen und nach dem Krieg von den Norwegern fertiggestellt.

Museum

Norsk Industriarbeidermuseum
Mitte Juni–Mitte Aug. tgl. 10–16 Uhr; sonst Mai– Sept. 10–16 Uhr
Eintritt 40 NOK, Kinder 25 NOK
Norwegisches Industriearbeitermuseum mit einer sehenswerten Ausstellung über die Geschichte des Vemork-Wasserkraftwerks von 1911, damals das größte Wasserkraftwerk der Welt, und über den Kampf um das Schwere Wasser. BBC-Film über die Sabotageaktion im Zweiten Weltkrieg.

Essen und Trinken

Krokan Turisthytte
Westlich von Rjukan, Abzweigung hinter dem Tunnel
Tel. 35/09 51 31
Mitte Juni–Okt. tagsüber
3. Kategorie
Kleine Gerichte wie *gravet laks*, leicht angegorener Lachs, und *spekemat*, geräucherte Wurst. Als Nachtisch dann Waffeln, Rahm und Marmelade.

Allgemeine Informationen

Auskunft

Rjukan Turistkontor
Torget 2
3660 Rjukan
Tel. 35/09 12 90, Fax 09 01 11

Entsorgungsstation

Sandviken Camping
Austbygdi (am Nordende des Sees Tinnsjøen)

Orte in der Umgebung

Geilo C9

Viele Norweger schwärmen von Geilo, von seinen zahlreichen Liften und seinem für Norwegen sonst wenig üblichen Après-Ski-Angebot. In diesem auf ca. 800 m Höhe liegenden, wohl bekanntesten Wintersportort Norwegens mit seinen ca. 2700 Einwohnern ist in den letzten Jahrzehnten eine »Wintersportfabrik« entstanden, die zwar die lokale Wirtschaft unterstützt, doch auch negative Aspekte besitzt: Die vielen neuen Skilifte fügen der Natur böse Wunden zu. Mit dem Lift kann man auf die Geilohöhe hinauffahren und von dort auf Langlaufskiern – im Sommer zu Fuß – zum Hallingskarvet wandern (→ Routen und Touren, Wandern auf der Hardangervidda).

Hotel

Das Angebot an Sport- und Gebirgshotels ist groß, außerdem gibt es zahlreiche Hüttenanlagen.

Dr. Holms Hotel: Inmitten weißer Winterlandschaft präsentiert sich der traditionsreiche Hotelpalast von 1909 äußerst vornehm

Dr. Holms Hotel
Timrehaugveien
Tel. 32/09 06 22, Fax 09 16 20
123 Zimmer, 3 Suiten
Luxuskategorie, im Sommer 2. Kategorie (Æ, DC, EC, Visa)
Das bereits 1909 erbaute, 1988 vollständig renovierte Hotel erinnert an die Hotelpaläste in den Schweizer Alpen. Im Inneren wunderschöne Bauernkunst und geschmackvolle Einrichtung. Mit Swimmingpool, Sauna und Fitneßstudio sowie dem Feinschmeckerrestaurant »Le Monarque«. Drei Apartments mit offenem Kamin.

Essen und Trinken

Bardøla Høyfjellshotell
Bardølaveien
Tel. 32/09 04 00
1. Kategorie (Æ, EC, Visa)
Reservierung empfohlen
Wenn man hier einmal an der »Schlacht« am kalten Büfett teilgenommen hat, schwärmt man noch Jahre danach davon: eines der besten Büfetts Norwegens.

Allgemeine Informationen

Auskunft:
Turistinformasjon Geilo
3580 Geilo
Tel. 32/09 13 00, Fax 09 18 50
Entsorgungsstation:
Statoil-Tankstelle
Geilo
Rundfahrten und Ausflüge:
Ab Geilo 11.18 (Zug), ab Flåm 13.35 (Schiff), ab Kaupanger 15.25 (Bus), an Gol 17.55, ab Gol 19.05 (Zug), an Geilo 19.44 Uhr.

Ganzjährig Mo–Fr, Fahrkarten im Touristenbüro und bei der NSB (Norwegische Staatsbahn). Änderungen ab Sommer 1996 möglich, da eine neue Fährverbindung eingerichtet wird.
Eintägige Rundtour über Mydral nach Flåm (mit Flåmsbahn), Sognefjord, Borgund-Stabkirche, Gol mit Bahn, Schiff und Bus.

Sport:

Rafting

Dagali Rafting
Tel. 32/09 38 20
Auf dem Numedalslågen werden Wildwasserfahrten angeboten.

Skilaufen

Tages- und Mehrtageskarten für Liftanlagen, 1 Tag 185 NOK, 7 Tage 820 NOK, Kinder ab 7 Jahren 135 NOK, 7 Tage 615 NOK. Kinder unter 7 Jahren gratis.

Der gute Tip M:
Oset Høyfjellshotell
Kein anderes norwegisches Hochgebirgshotel kann gleichzeitig mit einem kleinen Hausmuseum aufwarten.

20 Lifte, verteilt auf 5 Anlagen mit Abfahrten bis zu 2 km (Mitte Nov.–1. Mai), Verleih von Alpin-, Langlaufskiern und Skischuhen, Skischule, Snowboardpark im Vestlia Skisenter.

Wandern

Geilo Aktivitetsguiding
Tel. 32/08 84 65
Geführte Gebirgstouren, Gletscherwanderungen auf dem Hardangergletscher (→ Routen und Touren, Wandern auf der Hardangervidda).

Verkehrsmittel:

Bergenbahn: Oslo – Gol – Geilo – Finse – Myrdal – Voss – Bergen.

Gol C9

Dieser kleine Ort mitten im Hallingdal ist in den letzten Jahren enorm ausgebaut worden. Das 4500-Seelen-Dorf wirbt mit 3000 Betten in Hotels und Gebirgsstuben! Wer sich vom Rummel unten im Tal entfernen will, der findet im Gebirge Golsfjellet Ruhe. Hier kann man im Winter auf einfachem Terrain Langlauftouren und im Sommer schöne Wanderungen unternehmen oder an einem der kleinen Bergseen sein Anglerglück probieren.

Hotel

Oset Høyfjellshotell M
Golsfjellet, nördlich des Rv 51
Tel. 32/07 39 20, Fax 07 38 53
Hotelbus ab/zum Bahnhof Gol
106 Zimmer
2. Kategorie, im Sommer 3. Kategorie (Æ, EC, Visa)
Traditionsreiches Hochgebirgshotel mitten in der Natur mit Hallenbad, Sauna, Tennisplatz und dem hauseigenen Museum Gildeshallen mit sehenswerten Antiquitäten und anderen kulturhistorischen Gegenständen. Neben dem Hotel steht die kleine, hübsche Oset-Kapelle. Vielleicht führt Sie der Hoteldirektor persönlich durch sein kleines Museum.

Sehenswertes

C9 **Torpo Stavkirke**
Torpo, 20 km westlich von Gol
Juni–Sept. tgl. 8.30–18 Uhr

Die dunkelbraune Stabkirche von Torpo aus der 2. Hälfte des 12. Jh. wurde 1880, als der Chor abgerissen wurde, deutlich sichtbar »amputiert«. Im Inneren sind noch Hochsäulen mit Würfelkapitellen und gemalten Masken erhalten. Sehenswert sind die farbenfrohen Deckenmalereien und die Andreaskreuze, in deren Achsen man einen dreifachen Ring, ein vorchristliches Sonnensymbol, entdecken kann (→ Routen und Touren, Stabkirchen).

Allgemeine Informationen

Auskunft:
Gol Turistkontor
3550 Gol
Tel. 32/07 48 40, Fax 07 40 10

Entsorgungsstation:
Gol Renseanlegg
Am Rv 7

Sport:
Skilaufen

Ausgangspunkt für Skiwanderungen: Solseter, 5–20 km lange Rundloipen. Hochgebirge erlebt man im Gebiet Storfjell-Oset-Golsfjellet. Skischule im Golsfjellet; Hemsedal Skisenter mit 14 Liften und 22 Pisten, Sessellift (auch im Sommer).

C10 Kongsberg

Seit dem ersten Silberfund im Jahre 1624 war Kongsberg (21 000 Einwohner) bis Mitte unseres Jahrhunderts vom Bergbau geprägt und im 18. Jh. sogar einige Zeit Norwegens zweitgrößte Stadt. Die Silbergruben, die 1957 stillgelegt wurden, können noch immer besichtigt werden. Besonders hübsch sind die alten Werksgebäude direkt am Fluß Numedalslågen und am brausenden Wasserfall Nybrufossen, der die Stadt teilt. Spazieren Sie hinauf zur Kongsberger Barockkirche von 1761 mit ihren üppigen Verzierungen aus Gold, den barocken Figuren und dem schönen Königsstuhl.

Sehenswertes

Grubensafari
Stollveien
Tel. 32/73 32 60
Juli–Mitte Aug. Di, Do 17 Uhr
Preis 240 NOK (inkl. Essen und Grubenzug)
Nur Grubenzug: Mitte Mai–Aug. tgl. 11, 12.30, 14 Uhr;
Juli–Mitte Aug. auch 15.30 Uhr (1,5 Std.)
Preis 50 NOK, Kinder 20 NOK

Spannende dreistündige, 5 km lange Wanderung durch den 270 Jahre alten Underbergsstollen und durch die Heilige Dreifaltigkeitsgrube zur Königsgrube. Die Teilnehmer müssen Gummistiefel, eine Taschenlampe und warme Kleidung (Temperatur ca. plus 6 Grad) mitbringen. Nach einer Pause mit Essen und Trinken Weiterfahrt mit dem Grubenzug durch den 2,3 km langen Christian-VII.-Stollen nach Saggrenda. Es ist auch möglich, nur mit dem Grubenzug von Saggrenda aus zu fahren.

Die ehemals reiche Kupferstadt Røros hat sich seit Stillegung der Mine im Jahre 1977 zu einem beliebten Sommertouristenort entwickelt

Museum
Sølvverkets Samlinger und Den Kongelig Mynts Museum
Westlich des Nybrufossen
Juli–Aug. Mo–Fr 10–18, Sa, So 10–16 Uhr; sonst Mitte Mai–Aug. tgl. 10–16 Uhr; Sept. 12–16 Uhr
Eintritt 30 NOK, Kinder 10 NOK
Dokumentation des Kongsberger Bergbaus seit dem 17. Jh. im Bergwerksmuseum und der Herstellung von Silbermünzen seit 1686 im Münzmuseum.

Allgemeine Informationen
Auskunft:
Kongsberg Turistinformasjon
Storgata 35
3600 Kongsberg
Tel. 32/73 50 00, Fax 73 50 01
Entsorgungsstation:
Fina-Tankstelle
Im Zentrum

Røros C8

1977 wurde in der Nähe der Grubenstadt Røros (4000 Einwohner) die letzte Kupfergrube geschlossen. Eine über 300 Jahre dauernde Ära, in der insgesamt 110 000 t Kupfer zutage gefördert worden waren, ging damit zu Ende. Geblieben sind hohe, dunkelbraune Schlackenhalden und Wunden in der Natur, die durch das jahrhundertelange Abholzen der Wälder um Røros entstanden sind, denn die Öfen in der Schmelzhütte mußten angefeuert werden.

Angefangen hatte alles im Jahr 1644, als ein Rentierjäger Kupfer auf der Hochebene Rørosvidda entdeckte. Bald schon strömten Bergleute aus ganz Norwegen und auch aus Deutschland – davon zeugen heute noch Namen wie Prytz, Prosch und Rambraut – nach Røros. Im unteren Teil der heutigen Altstadt siedelten sich reiche Bürger und Bergwerksdirektoren an, die sich nicht nur für den Bergbau, sondern auch für die Ausschmückung der Kirche von Røros (1784) interessierten. Manch einer von ihnen schwang hier den Malerpinsel.

Seitdem die Gruben geschlossen wurden, versucht sich die kleine Grubenstadt als Fremdenverkehrsort. Im Sommer treten sich hier die Besucher geradezu auf die Füße, doch im Winter schrekken die extrem kalten Temperaturen viele Wintersportler ab. Wenn hier das Thermometer auf minus 50 Grad sinkt (Rekord: minus 50,4 Grad), dann bleibt selbst der abgehärtetste Skiläufer lieber zu Hause.

Hotels

Erzscheidergården
Spell Olaveien 6
Tel. 72/41 11 94
15 Zimmer
2. Kategorie (Visa)
Familiäre Pension in einem der ältesten Gebäude der Altstadt.

Hotel Røros
An-Magrittsvei
Tel. 72/41 10 11, Fax 41 00 22
115 Zimmer
1. Kategorie, im Sommer 2. Kategorie (Æ, EC, Visa)
Hotel zum Entspannen mit Hallenbad und Fitneßraum. Abends kann man im Restaurant das Tanzbein schwingen oder in der Pianobar vor sich hin träumen. Spezialität im Restaurant: leicht geräuchertes Rentierfilet!

Sehenswertes

Bergstaden M
In der Altstadt, die auf der UNESCO World Heritage List steht, kann man rund 75 unter Denkmalschutz stehende, teilweise wunderschön restaurierte, alte Holzhäuser bewundern. Die ersten Siedlungen der Bergleute entstanden Ende des 17. Jh. in der Nähe des ersten Schmelzwerkes am Hitterfluß. Die Häuser wurden im Bauernstil errichtet. In den Hinterhöfen bauten die Bergleute Backstuben, Ställe und Vorratshäuser, denn viele bewirtschafteten neben der Arbeit als Bergmann auch noch einen kleinen Hof. Sehenswert ist der Per-Amundsa-Hof (18. Jh.) in der Bergmannsgata 37, gedeckt mit Schlacke aus den Gruben.
Im unteren Teil der Stadt stehen die Häuser der reichen Bürger.

> Der gute Tip M:
> **Bergstaden**
> Frühmorgens oder abends hat man die Altstadt mit ihren dunklen Holzhäusern beinahe ganz für sich allein.

Um 1880 wurden einige dieser Häuser restauriert und erhielten Fassaden im Schweizerstil. Besonders schön: der Volqvartsgården in der Kjerkgata.

Olavsgruve
Rv 31, 13 km östlich von Røros
Führungen Mitte Juni–Mitte Aug. tgl. 10.30, 12, 13.30, 15, 16.30 und 18 Uhr; Ende Sept.–Mai Sa 15 Uhr
Eintritt 35 NOK, Kinder 20 NOK
Bus vom Bahnhof zur Grube Mo–Fr, So 13, Sa 10 Uhr
Fahrpreis 60 NOK, Kinder 30 NOK

Zur Besichtigung dieser 50 m unter der Erdoberfläche liegenden Kupfergrube sollte man sich warm anziehen. Das Thermometer steigt hier kaum über plus 5 Grad. Sommerkonzerte finden in der 500 m tief im Berg liegenden Bergmannshalle statt.

Røros kirke
Altstadt
Mitte Juni–Mitte Aug. tgl. 10–17 Uhr; Juni, Aug. – Mitte Sept. Mo–Fr 14–16, Sa 11–13 Uhr
Führung 15 NOK, Kinder 10 NOK

Kein anderes Gebäude fällt in der Altstadt von Røros so ins Auge wie die aus Stein gebaute, achteckige Kirche (1784), auch genannt »Bergstadens Ziir«. Das Emblem des Kupferwerkes prangt deutlich sichtbar oben an der äußeren Turmwand. Die Farben im Inneren dieser schönen barocken Kirche sind hell und freundlich, und das Gold an der Altartafel und der Königsloge weisen darauf hin, daß diese Kirche während der Blütezeit des Kupferabbaus errichtet wurde.

Museum

Smelthytta
Malmplassen
Mitte Juni–Mitte Aug. Mo–Fr 10.30–18, Sa, So 10.30–16 Uhr; Juni, Aug. Mo–Fr 11–15.30, Sa, So 11–14 Uhr; Sept.–Mai Mo–Fr 12–15.30, Sa, So 11–14 Uhr
Eintritt 35 NOK, Kinder 20 NOK, Familien 90 NOK

Dieses faszinierende Bergwerksmuseum veranschaulicht mit seinen wahrheitsgetreuen Modellen alte Bergwerkstechniken (1:10). Es ist in der alten, rekonstruierten Schmelzhütte untergebracht. Im Grubenraum des Museums wird ein Schnitt durch eine Grube gezeigt. Hier sieht man, wie das Erz bis Ende des 18. Jh. in den unteren Gruben durch Feuersprengung gewonnen und wie mit Hilfe einer Pferdetretmühle ein einfaches Pumpwerk betrieben wurde.

Essen und Trinken

Die wichtigsten Nahrungsmittel waren in dieser Gegend einst Fisch, gesalzenes Fleisch, in verschiedener Weise gebackenes Brot und Milchgerichte, so unter anderem Butterbrei und *skrøve*, kaltgestellte Milch mit Lab, die geschlagen wird. Auf den etwas

Zeugt vom einstigen Wohlstand der Gemeinde Røros: die oberhalb der Stadt gelegene Kirche von 1784

größeren Höfen waren im Herbst die Backfrauen, umherziehende Bauersfrauen, mit dem Backen von *flatbrød*, hauchdünnem, trockenem Brot, beschäftigt. Der *femundssik*, eine besondere Felchenart, ist im Bereich des Femunden eine Delikatesse.

Bergstadens Hotel
Osloveien 2
Tel. 72/41 11 11
Reservierung empfohlen
1. Kategorie (Æ, EC, Visa)
Im Speiserestaurant des Hotels wird ein leckeres kaltes Büfett angeboten.

Galleri Thomasgaarden
Kjerkgata 48
Tel. 72/41 24 70
Mo–Fr 10–20, Sa 10–16, So 12–18 Uhr
3. Kategorie
Umgeben von gewebten Bildteppichen von Ella Monsen, der Gründerin dieser Galerie, handgemachter Keramik und anderem Kunsthandwerk werden köstliche Rahmwaffeln und Kakao serviert.

Vertshuset Røros
Kjerkgata 34
Tel. 72/41 24 11
Mo–Sa 8–24, So 9–23 Uhr
2. Kategorie (Visa)
Gemütliche Wirtschaft mitten in der Altstadt. Spezialität: Wildeintopf mit Blumenkohl und Preiselbeeren. Oder probieren Sie *rømmegrøt*, einen deftigen, sauren Rahmbrei, am besten mit viel Butter und Zimt und Zukker. Auch einfache Rentiergerichte.

Einkaufen

Im unteren Teil der Altstadt werden überall Souvenirs und Kunsthandwerk angeboten.
Potteriet
Fargarveien 4
Tel. 72/41 17 10
Wunderschöne Keramik. Aus der hauseigenen Museumskollektion kann man selbst alte Muster auswählen und auf Teller, Schüsseln und andere Gefäße malen lassen. Auch Verkauf von Kopien bekannter Museumsgegenstände und von erdfarbenen Produkten in modernem Design.

Allgemeine Informationen

Auskunft
Røros Turistkontor
Peder Hiortsgate 2
7461 Røros
Tel. 72/41 11 65, Fax 41 02 08
Informationen, Natur- und Kulturwanderungen.

Entsorgungsstation
Gauldal billag
Tollef Bredalsvei 6

Jugendherberge
Røros Vandrerhjem
Øra 25
Tel. 72/41 10 89, Fax 41 23 77
Ganzjährig geöffnet
162 Betten
3. Kategorie

Medizinische Hilfe
Legevakt
Tel. 72/41 05 55
(Bereitschaftsdienst)

Røroskortet
3 Tage 100 NOK, Kinder 50 NOK
Gültig Mitte Juni–Anfang Sept.
Freier Eintritt in Museen und Sehenswürdigkeiten sowie diverse Ermäßigungen in einigen Restaurants, bei Verkehrsmitteln und beim Kanuverleih. Wer mindestens zwei Nächte in Røros verbringt, erhält die Karte umsonst.

Sport
Angeln:
Im Sommer kann man in der Glomma und in den Gebirgsseen der Femundsmarka und Rørosvidda angeln. Im Winter gute Möglichkeiten zum Eisangeln, u. a. im Pinstitjønna.
Wintersport:
Verleih von Langlaufskiern:
Hotel Røros
Tel. 72/41 10 11
Zahlreiche gespurte Loipen, für Erfahrene Langlaufmöglichkeiten auf der Hochfläche Rørosvidda.

Verkehrsmittel
Flugplatz: Direktverbindung mit Trondheim (25 Min.) und Oslo (45 Min.); Rørosbahn: Oslo – Hamar – Tynset – Røros (5 Std. 45 Min.) – Trondheim (2,5 Std.). Expressbus: Røros – Trondheim (ca. 3 Std.).

Orte in der Umgebung

Femunden C8/D8

Diesen langgestreckten See – mit 201 qkm Norwegens drittgrößter – erforscht man am besten mit dem Kanu oder Kajak. Wer sich lieber auf dem Wasser fahren läßt, kann sich mit dem Motorschiff »Fæmund II« von Søndervika über Elgå bis Femundsenden bringen lassen. Oder steigen Sie am einsamen Hof Femundshytta am Westufer des Sees aus. Hier war 1739–1820 eine Schmelzhütte in Betrieb. In den rund 150 Gebäuden, von denen heute nur noch einige Grundmauern stehen, lebten einstmals 300 Menschen. Eine wirkliche Besonderheit ist hier die sog. Kinderstadt, die Røros in Miniatur darstellt und von den Kindern der Bergleute aus Steinen angelegt wurde.

Zimmer und Hütten

Johnsgård Turistsenter
2557 Sømådalen
Anfahrt: 6 km nordwestlich des Rv 26, Abzweigung bei der Sømådal-Kirche
Tel. 62/45 99 25, Fax 45 99 55
20 Hütten (winterisoliert)
2.–3. Kategorie
Wunderschöne Camping- und Hüttenanlage mit 4–6 Betten-Hütten, die meisten mit Dusche und WC ausgestattet. Am See Langsjø, westlich des Femunden, auf 715 m direkt am Fuß des Gloføken (1 356 m) gelegen.

Langen Gjestegård
3 km nördlich von Sørvika, 32 km südöstlich von Røros
Tel. 72/41 37 18
7 Zimmer (16 Betten)
3. Kategorie
Im Bereich der seit ca. 1730 bestehenden Hofanlage kann man entweder im Haupthaus oder in alten Wald- und Gebirgshütten, die wie früher mit Holzstämmen verkleidet sind, übernachten. Mit 2–5 Betten.

Allgemeine Informationen

Auskunft:
Femund-Engerdal Turistkontor
2440 Engerdal
Tel. 62/45 80 00, Fax 45 80 57

Rundfahrten und Ausflüge:
Fæmunden II
Mo, Di, Do–Sa ab Sørvika 9.00, an Femundshytta 10.00, an Elgå 11.45 Uhr; zurück: ab Elgå 12.15, ab Femundshytta 13.45, an Sørvika 14.45 Uhr; Mi, So an Elgå s.o., ab Elgå 12.00, an Femundsenden 14.15 Uhr; zurück: ab Femundsenden 14.45, ab Elgå 16.45, ab Femundshytta 18.15, an Sørvika 19.30 Uhr.
Fahrt auf dem See mit Motorschiff für bis zu 100 Personen.

Sport:
Kanu und Kajak
Femund Canoe-Camp
Sorken
2433 Drevsjø
Tel. 62/45 90 19, Fax 45 92 39
Kanuverleih mit allem Zubehör. Beliebtes Trainingsgebiet: Stromschnellen zwischen dem See Isteren und dem Femunden.

Wandern
In den Nationalparks Femundsmarka und Gutulia. Besonderheit des Gutulia-Nationalparks: 300 Jahre alte Fichten und über 400 Jahre alte Kiefern: der letzte »Urwald« Norwegens. Einfa-

Rosenmustermalerei und Volksmusik *Wer im Hallingdal oder der Telemark unterwegs ist, stößt immer wieder auf schöne, mit großen, farbenfrohen Blumenranken verzierte Schränke, Truhen und andere Holzgegenstände. Diese sogenannte Rosenmustermalerei tauchte um 1750 zuerst in den Kirchen auf. Die Verzierung der Kirchenwände mit diesen wunderbaren Blumenranken im Renaissance- und Barockstil wurde als Ausdruck des wachsenden Wohlstands gedeutet. Bald bürgerte es sich auch ein, daß jeder Bauernhof sein eigenes Rosenmuster besaß, ein Brauch, der teilweise bis heute erhalten ist. Im Hallingdal findet man vor allem Blumen vor, um die herum auf kunstvolle Weise in der Regel symmetrisch angeordnete andere Blumen gemalt wurden. Die Grundtöne wurden hier zumeist in den Farben Rot und Blau gehalten. In der Telemark dagegen kombinierte man wesentlich mehr Farben miteinander. Typisch ist außerdem die Telerose, die von einem c-förmigen Stengel und einer ebenfalls c-förmigen Wurzel ausgeht, aus der Akanthusblätter und kleine Blüten an dünnen Stengeln hervorsprießen. Die dargestellten Blumen haben übrigens keine Ähnlich-*

ches Terrain, auch geeignet für Familien mit kleineren Kindern.

C8 Rondane- und Dovregebirge

Ob man über das Gudbrandsdalen oder das Østerdalen in Richtung Norden fährt: Auf beiden Strecken trifft man auf die markanten runden Berge und langgestreckten Rücken des Rondane- und Dovregebirges. Mächtige Gebirgsstöcke und Hochgebirgstäler prägen die Landschaft, und: Es leben hier Rentier, Vielfraß, Fuchs und Hermelin. Am schönsten ist es hier im Frühherbst, wenn sich die Gebirgsbirken, die Blaubeersträucher und die Flechten und Moose in leuchtendes Rot und Gelb verfärben. Im Westen des durch die E6 in zwei Hälften geteilten Dovrefjell-Nationalparks, in dem man mit ein wenig Glück auf Moschusochsen, die 1950 von Grönland nach Norwegen geholt wurden, stoßen kann, thront der 2286m hohe Berg Snøhetta. An der E 6, in der Nähe der alten Kongsvoll-Gebirgsstube, sind noch Teile des früheren Königswegs zu entdekken, auf dem einstmals die Pilger und insgesamt 41 Könige vom Süden her zum Dom von Nidaros, im heutigen Trondheim, wanderten. Entlang dieses Weges, der in Dovre beginnt, wurden damals auch Gebirgshütten errichtet, in denen sich die müden Wanderer ausruhen konnten und heute die Möglichkeit haben zu wählen – vom Hochgebirgshotel bis zur einfachen Hütte.

Gebirgshütten
Hjerkinn Fjellstue
2661 Hjerkinn

keit mit Rosen. Der Name »Rose« spielt nur auf die Technik, die Rosenmustermalerei, an.
Wer durch Norwegen reist, wird sicherlich auch irgendwann einmal die Gelegenheit haben, norwegische Volksmusik zu hören. Die Volksmusik ist keineswegs, wie man vielleicht annehmen könnte, eine aussterbende Gattung. Auch viele junge Leute schließen sich den vor allem in ländlichen Gebieten bestehenden Volksmusikgruppen an, zu denen meistens auch eine Gruppe von Volkstänzern gehört. Am beliebtesten ist Streichmusik auf gewöhnlichen Violinen oder Hardangerfiedeln. Diese typisch norwegische Fiedel besitzt einen flacheren Steg und einen kürzeren Hals als eine gewöhnliche Violine, auch ist ihr Schalloch anders geformt. Die Musik, die durch vier Melodiesaiten und vier mitschwingende Saiten erzeugt wird, mag sich anfangs für manchen wie Katzengejammer anhören; es bedarf einer Eingewöhnungszeit, bevor man mit den Klängen dieses alten Instruments vertraut wird. Gespielt werden zumeist lebhafte alte Volksweisen, die oftmals nur nach dem Gehör überliefert worden sind.

Anfahrt: Östlich der E 6 am Rv 29
Tel. 61/242927, Fax 242949
26 Betten
2. Kategorie (Æ, EC, Visa)
Alte Gebirgsstube in der Nähe der Eystein-Kirche aus dem Jahr 1969. Hier besteht die Möglichkeit, Reitferien zu machen. Die alte, gemütliche Gaststube ist auch für Durchreisende geöffnet (tgl. 7.30–22 Uhr).

Kongsvold Fjellstue
Dovrefjell an der E 6
Tel. 72/420911, Fax 422272
30 Betten
2. Kategorie (EC, Visa)
In dieser alten, mitten im Dovrefjell-Nationalpark liegenden Gebirgsstube wird viel Wert auf Tradition gelegt. Das älteste Gebäude dieser wunderschönen Hofanlage stammt von ca. 1720. Außerdem gibt es ein kleines Museum. In der Gaststube kann man leckere Wildgerichte zu sich nehmen. Von hier aus werden auch naturkundliche Wanderungen organisiert.

Allgemeine Informationen
Wandern:
Gute Ausgangspunkte für Wanderungen im Dovre- und Rondanegebirge sind die Gebirgsstuben Fokstua (E 6) und die Hjerkinn Fjellstue. Man wandert von dort aus 4–6 Std. zur bewirtschafteten Grimsdalshytta. Von der Ostseite von Straumbu aus (Rv 27) über die Hütte Bjørnhollia (2 Std., bewirtschaftet) zur Hütte Rondvassbu (weitere 4 Std., bewirtschaftet) mitten im Rondane-Nationalpark. Das Terrain ist einfach – auch westlich von Alvdal (E 3).

Unterwegs im westnorwegischen Fjordland

Die Wunderwelt der norwegischen Fjorde übt eine enorme Anziehungskraft aus. Ob man nun mit dem Kreuzfahrtschiff von Fjord zu Fjord fährt, mit der Hurtigruten in einer Küstenstadt nach der anderen anlegt oder sich mit dem Auto über das Gebirge der Westküste nähert – man wird ganz einfach in den Bann dieser mächtigen Fjorde gezogen, die von hohen, mehrere hundert Meter beinahe senkrecht aufragenden Felsen umgeben sind und sich bis zu 200 Kilometer ins Land hineinfressen. Entstanden sind die Fjorde einstmals in sogenannten Trogtälern, die von den Gletschern ausgehobelt und dann vom Meerwasser überflutet wurden. Vor dem Festland bilden Tausende von Inseln, Schären und Holmen, auf denen unzählige Vögel nisten, ein mächtiges Bollwerk. Schiffskapitäne haben hier alle Hände voll zu tun, um ihr Schiff durch den Wirrwarr von sichtbaren und versteckten Felsen hindurchzumanövrieren.

Der an Norwegens Küste vorbeifließende relativ warme Golfstrom mit seinen milden Winden sorgt für gemäßigtes Klima: Selbst in den nördlichsten Regionen Westnorwegens wachsen Linden und Kastanien, und rund um einige Fjorde werden sogar Aprikosen und Walnüsse angebaut. Gäbe es den Golfstrom nicht, hätten sich wohl niemals Menschen in Norwegen angesiedelt.

B9 Bergen

Bergen (220 000 Einwohner) erhielt schon 1070 die Stadtrechte. Anfang des 13. Jh. war die Stadt bereits größer als alle anderen nordischen Städte. 1217 wurde daher der Königssitz von Trondheim nach Bergen, damals noch Bjørgvin, umgesiedelt. Dem König folgten auch der Bischof und andere Geistliche, und der Warenaustausch mit Deutschland und Holland erlebte eine enorme Blütezeit. Gehandelt wurde vor allem mit Trockenfisch aus Nordnorwegen, eine Ware, die ohne Zweifel kostbar war. Im 14. Jh. mußten deutsche Handelsleute für 36 kg Trockenfisch immerhin sage und schreibe 1 t Mehl »bezahlen«!

Im Jahr 1349 wurde Norwegen von der Pest heimgesucht. Viele Norweger fielen ihr zum Opfer, und Bergens Stellung als Handelsstadt wurde äußerst geschwächt. Mitte des 14. Jh. übernahmen daher die Hanseaten den Trockenfischhandel, eröffneten in Bergen das »Hanseatische Kontor« und errichteten einen Staat im Staat mit eigenen Gesetzen und Regeln. Es dauerte 200 Jahre, bevor dieser Handel wieder von den Norwegern in die Hand genommen wurde. Aus dieser Zeit sind die ehemaligen hanseatischen Kaufmanns- und Lagerhäuser mit den charakteri-

stischen Giebelhäusern an der Bryggen direkt am Hafen, früher auch »Deutsche Brücke« genannt, erhalten geblieben.

In bezug auf das Wetter schneidet Bergens Ruf ziemlich schlecht ab. Bergen gilt als die niederschlagsreichste Stadt Norwegens. Die Bergenser sehen dies jedoch ein wenig anders: Ihrer Meinung nach regnet es nie. Nur der Asphalt ist dauernd naß!

Hotels

Bergen ist ein teures Pflaster, und in der sommerlichen Hauptsaison sind aufgrund der großen Touristenströme viele Hotels bis aufs letzte Bett ausgebucht. Wer auf gut Glück ein privates Zimmer ergattern will, hat die Möglichkeit, direkt im Touristenbüro nach einer Unterkunft zu fragen.

Bergen, Westnorwegens größtes Handels- und Kulturzentrum, zählt zu den schönsten Städten Norwegens

Bergen Gjestehus
Vestre Torggatten 20 A
Tel. 55/31 96 66, Fax 23 31 46
30 Zimmer
2. Kategorie (Æ, EC, Visa)
Nettes Hotel direkt an den Treppen, die zur Johannes-Kirche führen. Selbstversorger können sich hier ihr Essen selbst kochen.

> Der gute Tip M:
> **Grand Hotel Terminus**
> In dem ehemaligen Missionshotel wird Gemütlichkeit großgeschrieben.

Grand Hotel Terminus M
Zander Kaaesgate 6
Tel. 55/31 16 55, Fax 31 85 76
131 Zimmer
1. Kategorie – Luxuskategorie (Æ, DC, EC, Visa)
Wer es sich in diesem alten, ehrwürdigen Hotel von 1928 direkt am Bahnhof erst einmal in einem der Sessel im behaglichen Kaminzimmer bequem gemacht hat, mag so schnell nicht mehr aufstehen. Obwohl das Hotel im Jahre 1993 renoviert wurde, kann man noch immer ein wenig von der Atmosphäre erahnen, die einstmals herrschte, als hier weitgereiste Touristen aus dem Ausland nach einer langen, anstrengenden Zugfahrt abstiegen und sich nach allen Regeln der Kunst verwöhnen ließen.

Hotell Neptun
Valkendorfsgaten 8
Tel. 55/90 10 00, Fax 23 32 02
109 Zimmer, 17 Suiten
Luxuskategorie (Æ, DC, EC, Visa)

Hier wird Wert auf Kunst gelegt. Das Haus mit seinen rund 700 Kunstwerken gleicht einem kleinen Museum. In der Empfangshalle wunderschönes Glas von Kunsthandwerkern. Auch in jedem der geschmackvoll und farbenfroh eingerichteten Zimmer hängen Kunstwerke norwegischer Künstler. Gutes Fischrestaurant mit französisch inspirierter Küche und einer großen Auswahl an Weinen.

Hotel Rosenkrantz
Rosenkrantzgata 7
Tel. 55/31 50 00, Fax 31 14 76
129 Zimmer
1. Kategorie, im Sommer 2. Kategorie (Æ, EC, Visa)
Traditionsreiches Hotel von 1921, das hinter der Bryggen gleich in der Nähe der *Schøtstuene*, der ehemaligen Kochhäuser und Gesellschaftsräume der damaligen Hansekaufleute, liegt.

Kloster Pension
Klosteret 12
Tel. 55/90 21 58
18 Zimmer
2. Kategorie
Nette, einfache Pension für Leute, die keine hohen Ansprüche hegen.

Radisson SAS Hotel Bergen
Bryggen
Tel. 55/54 30 00, Fax 32 48 08
273 Zimmer, 10 Suiten
Luxuskategorie, im Sommer
1. Kategorie (Æ, EC, Visa)
Eines der First-Class-Hotels in Bergen. Gelungen den alten Häusern auf der Bryggen angepaßt.

Sehenswertes

Altes Holzhausviertel M
Die engen verwinkelten Sträßchen am Fuße des Fløien und im Stadtteil Sandviken laden zum stundenlangen Bummeln und Fotografieren ein. Die Anzahl der Fotomotive ist geradezu unerschöpflich: weiß-, aber auch grün- und gelbgestrichene kleine Holzhäuser mit wunderschön bemalten Eingangstüren, selbstbestickten Spitzengardinen und zierlichen Blumentöpfchen hinter hübschen Sprossenfenstern, kleine Vorgärtchen mit bunten Blumen, steile Treppen und schmiedeeiserne Laternen. Gehen Sie in der Nähe der Mariakirken in die Birkebeinergata, und biegen Sie schon kurz danach rechts ab bis zur Stølegata. Folgen Sie dieser dann südwärts zur Steinkjellergata, wo Sie nun in einen Wirrwarr von kleinen Gäßchen mit pittoresken Häuschen aus dem 18. und 19. Jh. gelangen. »Arbeiten« Sie sich nun über den Langeveien und über schmale Treppen hinauf zur Fjellgata. Die Aussicht wird jetzt immer schöner. Wer will, kann von hier aus noch einen Abstecher auf den Fløien (→ Fløibanen) unternehmen. Die nächste

> Der gute Tip M:
> **Altes Holzhausviertel**
> Hinter der Bryggen am Fuß des Fløien liegt Bergens schönstes Viertel mit kleinen alten Holzhäusern.

Haltestelle liegt im Fjellveien, erreichbar über den S. Blevei, die Promsgate und den Weg Fjellien (ca. 10 Min.). Ansonsten folgen Sie den vielen Treppen wieder hinunter zur Lille Øvregata und zur Talstation der Fløibanen.

Fantoft Stavkirke

Stadtteil Paradis, vom Busbahnhof Steig 18, 19 oder 20, Haltestelle Fantoft
Fahrzeit ca. 10 Min.

Diese Stabkirche aus dem 12. Jh. stammt ursprünglich aus Fortun im Inneren des Sognefjordes. Sie brannte 1992 vollständig nieder, wurde aber wieder aufgebaut.

Fløibanen

Mo–Do 7.30–23, Fr 7.30–23.30, Sa 8–23.30, So 9–23 Uhr
Fahrzeit: 8 Min.
Hin und zurück 30 NOK, Kinder 14 NOK

Zahnradbahn auf den 320 m hohen Hausberg Fløien. Fährt jede halbe Stunde, bei hohem Andrang jede Viertelstunde. Von hier hat man einen schönen Blick über die Stadt und den Hafen sowie die vorgelagerten Schären.

Mariakirken

Øvregaten
Mitte Mai–Mitte Sept. Mo–Fr 11–16 Uhr; sonst Di–Fr 12–13.30 Uhr; Juli–Aug. Orgelkonzerte Di, Do 19.30 Uhr; Mitte Juni–Ende Aug. auch So 19.30 Uhr
Eintritt 10 NOK

In Bergens ältestem Gebäude, der im 12. Jh. erbauten romanischen Maria-Kirche mit einem schönen Südportal im romanisch-normannischen Stil, kann man eine prachtvolle Barockkanzel (1676) mit wundervollen Schnitzereien sowie eine alte Maria-Altartafel, die von den Hansekaufleuten Ende des 15. Jh. von Lübeck nach Bergen gebracht wurde, bewundern.

Rosenkrantztårnet

Mitte Mai–Mitte Sept. tgl. 10–16 Uhr; sonst 12–15, Do 15–18 Uhr
Eintritt 15 NOK, Kinder 5 NOK, mit Rosenkrantzturm 30 NOK

Auf der Nordseite des Vågen thront der von Erik Rosenkrantz erbaute mächtige Rosenkrantzturm (1562–68) mit einer wunderschönen Renaissancefassade und dem Wappen der Familie. Ursprünglich stand hier ein Turm aus dem Mittelalter, umgeben von Gräben und Mauern, der im 13. Jh. zu Håkon Håkonssons Königshof gehörte. Noch erhalten: Festhalle Håkonshallen (1247–61), einstmals der Prunksaal der Könige.

Troldhaugen

Stadtteil Hop, südlich von Bergen
2. Mai–1. Okt. tgl. 9.30–17.30 Uhr; sonst So 11–16 Uhr
Vom Busbahnhof Steig 18, 19 oder 20, Haltestelle Hopsbroen, dann ca. 20 Min. zu Fuß
Sommerkonzerte Mi, So 19.30, Sa 14 Uhr
Eintritt 40 NOK, Kinder 25 NOK, Familien 100 NOK

Als Edvard und Nina Grieg 1885 in ihr neues, weißgestrichenes, im viktorianischen Stil gebautes

Vom Rosenkrantzturm mit seiner schönen Renaissancefassade kann man über die Stadt Bergen und ihren Hafen blicken

Holzhaus einzogen, konnten sie noch nicht ahnen, daß dieses Idyll, in dem sie insgesamt 22 Jahre lang lebten, einmal ein Wallfahrtsort für Bergenbesucher aus aller Welt werden sollte. Nachdem sie viele Jahre mit Reisen im In- und Ausland verbracht hatten, wurde Troldhaugen Edvards und Ninas erstes gemeinsames Heim. Vielleicht haben Sie Glück und erleben ein Klavierkonzert, das auf dem Steinway-Flügel in der noch immer wie zu Griegs Zeiten eingerichteten Stube mit alten Gemälden und zahlreichen Erinnerungsgegenständen gespielt wird. Das Ehepaar hatte diesen Flügel 1892 von der Stadt Bergen als Geschenk zur Silbernen Hochzeit erhalten.

Veranstaltung von Konzerten auch im Troldsalen, einer Kammermusikhalle gleich neben dem Haupthaus. Eine Multimediashow, die auf Griegs eigenen Briefen aufbaut, ist in einem eigenen Ausstellungsgebäude zu sehen.

Museen und Galerien

Bryggens Museum
Øvregaten/Bryggen
Tel. 55/316710
Mai–Aug. tgl. 10–17 Uhr; sonst Mo–Fr 11–15, Sa 12–15, So 12–16 Uhr
Eintritt 20 NOK, Kinder frei
Ausstellung von Gegenständen, die bei archäologischen Ausgrabungen an der Bryggen gefunden wurden. Einige schöne Runeninschriften.

Hanseatisk Museum
Bryggen
Juni–Aug. tgl. 9–17 Uhr; Mai und Sept. 11–14 Uhr; sonst So, Mo, Mi, Fr 11–14 Uhr
Eintritt 35 NOK, Kinder 20 NOK
In dem sehr gut erhaltenen Holzgebäude aus dem 16. Jh. erfährt man mehr über die Geschichte der Hansekaufleute.

Lepramuseum
Kong Oscarsgate 50
Mitte Mai–Ende Aug. tgl. 11 bis 15 Uhr
Eintritt 35 NOK
Im ehemaligen Leprakrankenhaus St. Jørgen Hospital, Mitte des 19. Jh. mit 930 Betten das

größte der damals fünf bestehenden norwegischen Krankenhäuser für Leprakranke, entdeckte 1883 der Bergenser Arzt Armauer Hansen den Leprabazillus.

Essen und Trinken

Eine wirkliche Spezialität Westnorwegens: *smalahovud*, enthäuteter, geräucherter und stundenlang gekochter Hammelkopf, dessen Augen und Zähne erhalten bleiben. Es heißt, daß der Kopf während des Schneidens mit der linken Hand festgehalten und dabei dem Tier tief in die Augen geschaut werden soll.

Café Opera
Engen 24
Mo–Do 12–1 Uhr; im Sommer Fr, Sa 12–5, So 13–1 Uhr
3. Kategorie
Als das Café, in dem man vor allem kleine Gerichte essen kann, in den 80er Jahren aufmachte, waren die Bergenser ganz stolz: Nun hatten auch sie ihr erstes »kontinentales« Café.

Enhjørningen
Bryggen
Tel. 55/327919
Mo–Sa 12–24, So 13–24 Uhr
1. Kategorie (Æ, EC, Visa)
In diesem exzellenten Fischrestaurant in einem der alten Gebäude an der Bryggen kann man wirklich schlemmen. Die leckeren Kreationen aus frischem Fisch und Schalentieren erfreuen hier nicht nur den Gaumen, sondern auch die Augen.

Lucullus Restaurant
Valkendorfsgaten 8
Tel. 55/901000
Mo–Sa 17–23 Uhr
1. Kategorie (Æ, EC, Visa)
Gepflegtes Fischrestaurant mit guter Weinkarte.

Munkestuen Café
Klostergaten 12
Tel. 55/902149
Sa–Fr 16–23 Uhr, So geschl.
2. Kategorie
Kleines Restaurant mit nur 5–6 Tischen, einfache Gerichte.

Statsraaden Gourmetrestaurant
Bryggen
Tel. 55/543000
Mo–Sa 17–24 Uhr
Luxuskategorie (Æ, EC, Visa)
Gourmetrestaurant im Radisson SAS Hotel Bergen, Mitglied der »Chaîne des Rôtisseurs«. Gerade richtig für besondere Anlässe – und dicke Brieftaschen!

Einkaufen

Bergens Glassmagasin
Olav Kyrres gate 9
Gute Auswahl an Glas und Porzellan, auch Porsgrund Porzellan und Hadeland Glas.

Fischmarkt
Mai–Sept. Mo–Fr 7–16, Do 7–19, Sa 7–15 Uhr; sonst Mo–Fr 9–16, Do 9–18, Sa 9–15 Uhr
Wohl berühmtester Fischmarkt Norwegens mit frischen Krabben zum sofortigen Verzehr.

Husfliden
Vågsalmenning 3
Die Geschäfte der Husfliden-Kette haben in ganz Norwegen

einen guten Ruf. Schöne in Heimarbeit hergestellte Gebrauchsgegenstände, Stricksachen und Souvenirs kann man hier erwerben.

Juhl's Silvergallery
Bryggen
Samischer Silberschmuck aus Norwegens bekannter Silberschmiede in Kautokeino.

Am Abend

Banco Rotto
Vågsalmenning 16
Mi–Sa 19–2.30 Uhr
An Norwegens längster Bar – sie ist 36 m lang – treffen sich auch Geschäftsleute.

Bryggen Tracteursstedet
Bryggestredet
Tgl. 16–23 Uhr
Bei schönem Wetter kann man im Freien vor dieser sehr beliebten Kneipe mitten zwischen den alten Holzgebäuden der Bryggen ein kühles Bier genießen.

Fana Folklore
Abfahrt: Festplassen
Juni–Aug. Mo, Di, Do, Fr 19–22.30 Uhr
Kosten inkl. Essen 180 NOK
Folkloreabend in Fana, südlich von Bergen, an dem echt norwegische Bauernkost serviert wird.

Grieghallen
Tel. 55/21 61 50
Jan.–Mai, Sept.–Dez.
In diesen Monaten spielt donnerstags abends das Philharmonische Orchester von Bergen.

Maxime
Ole Bulls Plass
Tgl. 21–3 Uhr
Viel Rock-, Country- und Jazzmusik für ein Publikum zwischen 20 und 40 Jahren.

Kinder

Akvarium
Nordnesparken
Tel. 55/23 85 53
Mai–Sept. 9–20 Uhr; sonst 10–18 Uhr
Fütterungen im Sommer 11, 14 und 18 Uhr; sonst 12, 16 Uhr
Eintritt 40 NOK, Kinder 20 NOK
Eines der größten Aquarien Nordeuropas mit allerlei Fischen, Seehunden und Pinguinen.

Allgemeine Informationen

Auskunft

Turistinformasjonen i Bergen
Bryggen 7
5003 Bergen
Tel. 55/32 14 80, Fax 32 14 64
Juni–Aug. tgl. 8.30–21 Uhr; Mai und Sept. So 10–19 Uhr; sonst Mo–Sa 9–16 Uhr, So geschl.

Bergenskortet

1 Tag: 110 NOK, Kinder 55 NOK
2 Tage: 170 NOK, Kinder 80 NOK
Erhältlich in Hotels, Pensionen, im Touristenbüro, auf Campingplätzen und Bahnhöfen. Freier Eintritt in die meisten Museen, kostenloses Fahren mit öffentlichen Transportmitteln. Ermäßigungen u. a. bei Stadtrundfahr-

ten, Bergen Folklore und anderen Kulturangeboten.

Camping und Jugendherberge
Bergen Bobilsenter
Sandviken
Tel. 55/31 38 40
24 Std. 65 NOK, pro Std.
10 NOK, Strom 20 NOK
Einzige Möglichkeit, direkt in Bergen im Wohnmobil zu übernachten. 15 Gehmin. zum Zentrum. Toiletten, Duschen, Strom.
Montana Vandrerhjem
Johan Blyttsvei 30
Tel. 55/90 16 70, Fax 29 04 75
230 Betten
3. Kategorie
Populäre Jugendherberge etwas außerhalb von Bergen. Anmeldung empfohlen!

Entsorgungsstation
Statoil-Tankstelle
Nestun (südlich von Bergen am Rv 1)

Feste und Festivals
Ende Mai/Anfang Juni: Internationale Festspiele mit klassischer Musik, Theater, Folklore; Night Jazz Festivals.
Ende Juli: Internationale Kulturtage.

Flugplatz
Flesland, 19 km von der Stadt entfernt; 30 Min. mit dem Bus zum Flugplatz, Direktflüge u. a. nach Oslo, Stavanger, Trondheim, Kristiansand, Kristiansund, Ålesund, Molde, Kopenhagen, London, Hamburg (Lufthansa).

Medizinische Hilfe
Legevakt
Lars Hilles gate 30
Tel. 55/32 11 20

Rundtouren und Ausflüge
Flaggruten
Tel. 55/23 87 80
Wunderschöne, knapp vierstündige Fahrt mit dem Express-Schiff entlang der Küste – teilweise auf dem offenen Meer und teilweise zwischen Inseln hindurch – zwischen Bergen und Stavanger. Fährt bis zu 70 km/h!
Norway in a Nutshell
Norges Statsbaner (NSB)
Tel. 55/96 69 00, Fax 31 73 27
Ende Mai–Ende Sept. ab Bergen mit dem Zug 8.50 Uhr, in der übrigen Zeit ab 10.20 Uhr, Rückkehr immer 20.01 Uhr
Fahrpreis 430 NOK, Kinder 215 NOK, Platzreservierung 20 NOK
Buchung an Bahnhöfen, in Bergen auch im Touristenbüro
Die wohl bekannteste Rundfahrt Norwegens: zuerst mit dem Zug nach Mydral, dann mit der abenteuerlichen Flåmsbahn hinunter nach Flåm, von Flåm mit dem Schiff auf dem Aurlandsfjord und dem phantastischen Nærøyfjord nach Gudvangen, von dort Busfahrt nach Voss und dann mit dem Zug zurück nach Bergen.

Stadt- und Hafenrundfahrten
2–3stündige Stadtrundfahrten:
100–175 NOK, Abfahrt vom Touristenbüro, Bryggen 7

1,5stündige Bryggenwanderung:
Juni–Aug. 10 und 13 Uhr
Preis 50 NOK
Start Bryggen Museum
Man macht einen Spaziergang entlang der Bryggen mit Besuch des Bryggen- und des Hanseatischen Museums.
Einstündige Hafenrundfahrt:
Mai–Aug. 14.30, 15.30 Uhr;
Juli–Ende Aug. auch 20 und 21 Uhr
Fahrpreis 60 NOK, Kinder 30 NOK
Abfahrt Fischmarkt.

Verkehrsmittel
Bergensbahn: Bergen–Voss–Myrdal–Geilo–Oslo; Expressbusse: Bergen–Sogndal–Fagernes–Lillehammer, Bergen–Voss–Odda–Haukeli–Skien oder Kristiansand, Bergen–Aurland–Oslo, Bergen–Førde–Stryn–Ålesund;
Schiffe: Fähren nach Newcastle, Aberdeen, Hanstholm/Dänemark, Express-Schiffe in die Fjorde und nach Stavanger, Hurtigruten tgl. ab Bergen 22 Uhr, Ankunft der Hurtigruten tgl. 14 Uhr.

Orte in der Umgebung

B10 Hardangerfjord
Im Mai, wenn die Sonne anderswo in Norwegen noch den letzten Schnee schmilzt, blühen hier bereits die Obstbäume. Die Mönche des Zisterzienserordens bauten schon Anfang des 13. Jh. an Norwegens zweitlängstem Fjord (179 km) Obst an. Im Sommer werden entlang der Straßen saftige Schattenmorellen und süße Pflaumen angeboten. An den Ufern des Hauptfjordes und seinen Seitenarmen liegen mehrere hübsche Fjorddörfer, aber auch Wasserkraftwerke und große Industriebetriebe. Weit im Inneren des Fjords stößt man auf den idyllischen Ferienort Ulvik, in dem bereits 1765 Norwegens erste Kartoffeln geerntet wurden. Sehenswert ist hier die kleine, weißgestrichene Holzkirche aus dem Jahre 1858. Von Eidfjord, am Ende des gleichnamigen Fjordes, kann man durch das mächtige Måbødalen zum imponierenden, 182 m hohen Vøringsfossen, Norwegens viertgrößtem Wasserfall, hinauffahren. Wer von Kinsarvik nach Kvanndal übersetzt, sollte eine Fähre wählen, die in dem kleinen, romantischen Fjordort Utne mit dem sehenswerten Hardangermuseum anhält. Von dort führt am Ostufer ein schmaler Weg nach Jondal (nicht für Wohnwagen geeignet!). Auf einem Mautweg gelangt man ins westlich liegende Sommerskigebiet auf dem Gletscher Folgefonni. Noch ein kleines Idyll weiter südlich: die Baroniet Rosendal aus dem 17. Jh. mit einem prachtvollen Rosengarten.

Hotels
Ullensvang Hotel
Lofthus
Tel. 53/66 11 00, Fax 66 15 20

140 Zimmer
1. Kategorie (Æ, EC, Visa)
Im Garten dieses traditionsreichen, vollständig modernisierten Fjordhotels steht Edvard Griegs Komponistenstube, in der er »Peer Gynt« komponierte.

Ulvik Hotel
Ulvik
Tel. 56/526200, Fax 526641
56 Zimmer
1. Kategorie (Æ, DC, EC, Visa)
Nettes Strandhotel direkt am Fjord mit schöner Dachterrasse und Ruderbooten, die die Gäste umsonst ausleihen können. Im Sommer kann man abends am kalten Büfett schlemmen.

Der gute Tip M:
Utne Hotel
In dieser hölzernen weißen Hotelvilla stiegen schon im 19. Jahrhundert Engländer mit Tweed-Knickerbockers ab.

Utne Hotel M
Utne
Tel. 53/666983, Fax 666950
24 Zimmer
1. Kategorie (Æ, EC, Visa)
Zwischen alten Möbeln und Antiquitäten kann man sich in Norwegens wohl ältestem Hotel wunderschön erholen. In den romantischen Zimmern gibt es weder Radio noch Fernsehen. Damit sich die Gäste besser kennenlernen, werden die Mahlzeiten zusammen an einem langen Tisch eingenommen. Danach bleibt Zeit für einen Schwatz mit dem Gastgeber. Bereits Anfang des 19. Jh. kamen die ersten Engländer nach Westnorwegen, wo nach und nach ein Prachthotel nach dem anderen errichtet wurde. 1722 erhielt Offizier Børsem von König Christian VII. als Dank für seinen Einsatz im Nordischen Krieg die Erlaubnis, in Utne ein Gasthaus zu betreiben. 60 Jahre später übernahmen die Vorfahren der heutigen Besitzerfamilie das Hotel. Seither wird das Haus von den Frauen der Familie betrieben. Manch ein Gast ist hier schon zum 20. oder 30. Mal!

Sehenswertes

Baroniet Rosendal
Rosendal, Rv 48
Mai–Mitte Sept. tgl. 10–17 Uhr
Eintritt 35 NOK
Weißgestrichenes, im nordischen Renaissancestil errichtetes Schlößchen (1665) mit barocken Möbeln und wertvollen Gemälden. Sehenswert ist auch der hübsche Rosengarten, die Kunstgalerie mit altem Weinkeller und das 6 m hohe Altarbild in der Grabkapelle. Im Sommer oftmals Konzerte im gelben Saal auf einem Pleyelflügel von 1860.

Museum

Hardanger Folkemuseum
Utne
Tel. 53/666900
Mai–Aug. Mo–Sa 10–16, So 12–16 Uhr; Juli tgl. 10–18 Uhr; sonst Mo–Sa 10–16 Uhr
Eintritt 20 NOK, Kinder frei
Das älteste Haus dieses sehenswerten Freilichtmuseums stammt

Hotelvilla mit Tradition: das Utne-Hotel

aus dem 13. Jh. Unten am Wasser stehen alte Bootsschuppen mit Booten und Fischergeräten. Spazieren Sie auch durch den Obstgarten mit »alten« Obstsorten, die heute nicht mehr angebaut werden. Handwerks- und Volkskunst im Hauptgebäude.

Essen und Trinken

Mor Utne Stova
Utne
Tel. 53/66 69 83
Tgl. 11–20.30 Uhr
2. Kategorie (Æ, EC, Visa)
Zwischen stilvollen Bauernmöbeln und alten Leuchtern wird hier ausgezeichnete Hausmannskost serviert. Besonders delikat: mit Kräutern gratiniertes Lachsfilet, als Nachtisch marinierte Pflaumen vom Hardangerfjord!

Allgemeine Informationen

Auskunft:
Rosendal Turistinformasjon
5470 Rosendal
Tel. 53/48 13 28, Fax 48 19 50
Ullensvang Turistinformasjon
5780 Kinsarvik
Tel. 53/66 21 12, Fax 66 32 03
Ulvik Turistkontor
5730 Ulvik
Tel. 56/52 63 60, Fax 52 66 23
Entsorgungsstationen:
Esso-Tankstelle
Kinsarvik
Øvre Eidfjord Caravan- og Bobilsenter
Eidfjord
Sport:
Sommerski
Folgefonn Sommerskicenter
Jondal Reiselivslag
5627 Jondal
Tel. 53/66 85 31
Erreichbar mit dem Auto von Jondal (19 km), Bus ab Jondal tgl. 10.30, zurück 16.15 Uhr
Fahrpreis 40 NOK
Skilift: Mitte Juni–Mitte Aug. tgl.; sonst Juni–Sept. Sa–So 10.30–16.30 Uhr
Tageskarte 140 NOK
Hier können sich auf dem Folgefonngletscher (1200 m) alle die austoben, die auch im Sommer nicht ohne Bretter unter den Füßen auskommen. 900 m langer Skilift und gekennzeichnete Loipen auf dem Gletscher, Skiverleih und Cafeteria.

Sognefjord B9

Der Sognefjord, 204 km lang und 3001 m tief, hat mit Recht den Titel »König der Fjorde«

verdient. Auch Kaiser Wilhelm II. muß von diesem mächtigen Fjord angetan gewesen sein, denn er war hier mehrere Sommer lang zu Gast. Sein Lieblingshotel war das prachtvolle, im Schweizerstil errichtete Kvikne's Hotel im romantischen Fjordort Balestrand. Entlang der gesamten Nordseite des Sognefjords wachsen aufgrund des milden Klimas, das vom warmen Golfstrom beeinflußt wird, sogar noch Walnuß- und Aprikosenbäume.

Weit im Inneren des Landes bahnt sich der idyllische Lustrafjord – hier steht auch die wunderschöne Stabkirche von Urnes (Urnes Stavkyrkje; →Routen und Touren, Reise zu Norwegens schönsten Stabkirchen) – seinen Weg beinahe bis zum Gebirge Sognefjell und zu den Ausläufern des mächtigen Gletschers Jostedalsbreen.

Eines der schönsten Erlebnisse in dieser Wunderwelt der Fjorde ist die Fahrt mit dem Schiff auf dem schmalen Nærøyfjord ins kleine Dorf Gudvangen. Ringsherum ragen hohe Berge in den Himmel, so daß nur wenige Monate im Jahr die Sonne auf den Fjord scheint. Ebenfalls sehenswert: die aus rund 1700 kleinen und größeren Inseln bestehende Gemeinde Solund (ca. 500 Einwohner) mit ihren engen, kleinen Fjorden. Weit draußen in der Nordsee blinkt Norwegens westlichster Leuchtturm, Utvær fyr (4° 30' 50" westlicher Längengrad).

Hotel

Kvikne's Hotel
Balestrand
Tel. 57/69 11 01, Fax 69 15 02
210 Zimmer, 11 Suiten
1. Kategorie – Luxuskategorie
(Æ, EC, Visa)

Im wohl bekanntesten norwegischen Fjordhotel, im Schweizerstil errichtet, steigen schon seit 1887 reiche Bürger, Politiker und Künstler ab. Der berühmteste unter ihnen war kein Geringerer als Kaiser Wilhelm II. Im Prunksaal mit seinen geschnitzten Möbeln nimmt man nach dem Essen seinen Kaffee oder Tee ein.

Sehenswertes

Flåmsbanen
Bahnfahrt Flåm-Myrdal-Flåm
Tel. 57/63 21 00 (NSB)
Ganzjährig tgl. 5–10 Fahrten
Dauer 50 Min. pro Strecke
Fahrpreis 55 NOK

Die Flåmsbahn, erbaut 1940 bis 44, führt vom kleinen Fjorddorf Flåm vorbei an blankgescheuerten, steilen Felsen und am 225 m hohen Wasserfall Kjosfossen durch 20 Tunnels hinauf zum Bahnhof von Myrdal (867 m) in die karge Hochgebirgslandschaft.

Nærøyfjord M B9
Zweistündige Fjordfahrt Flåm-Aurland-Gudvangen und zurück
Ganzjährig tgl. 2–8 Fahrten
Fahrpreis einfache Fahrt 120 NOK, Kinder 60 NOK, hin und zurück 145/73 NOK
Ansonsten Fähre Revsnes-Gudvangen (2 Std., viermal tgl.)

Er ist einer der schmalsten westnorwegischen Fjorde mit beinahe senkrecht aufragenden, teils 1000 m hohen Felsen, die sich im klaren Wasser spiegeln. Besonders schön ist die Fahrt im Frühjahr zur Schneeschmelze, wenn die Wasserfälle auffallend viel Wasser führen. Mit ein wenig Glück kann man vom Deck der Fähre sogar Seehunde ausfindig machen. Auf der Straße gelangt man von Gudvangen nach einigen Kilometern zur steilen Straße Stalheimskleiva (Wohnwagen müssen den Tunnel nehmen!) mit 13 engen Haarnadelkurven und zum Aussichtspunkt am Stalheim Hotel.

Allgemeine Informationen
Auskunft:
Balestrand og Fjærland Reiselivslag
5850 Balestrand
Tel. 57/691255, Fax 691693
Flåm Turistkontor
Flåm Stasjon (Bahnhof)
5743 Flåm
Tel. 57/632106
Juni–Aug.
Luster Turistinformasjon
Im Inneren des Lustrafjords
5833 Skjolden
Tel. 57/686750
Juni–Aug.
Entsorgungsstationen:
Bolstad Camping
Skjolden
Dalsøren Camping
Luster
Esso-Tankstelle und Gudvangen Camping
Gudvangen
Lunde Camping
Aurland

Der gute Tip M:
Nærøyfjord
Vorbei an steil aufragenden Felsen und bezaubernden Wasserfällen bahnt sich eine Fähre ihren Weg durch das stille Wasser.

Sjøtun Camping, Ese Camping und Veganeset Camping
Balestrand

Voss B9

Mitten in der sonst recht steinigen, von tiefen Fjorden zerklüfteten Landschaft tauchen rings um das Städtchen Voss (ca. 14500 Einwohner) saftige Täler, grüne Wiesen und liebliche Seen auf. Vor mehr als 3000 Jahren siedelten sich hier bereits Menschen an und lebten lange Zeit zumeist recht weit ab von den wichtigsten Handelswegen. Heute ist dieser hübsche Ort am See Vangsvatnet nicht nur ein wichtiger Verkehrsknotenpunkt an der Bergensbahn, sondern auch ein beliebter Wintersportort mit einem ausgeprägten Kulturleben. Und im April findet hier eines der bekanntesten norwegischen Jazzfestivals statt.

Hotel
Fleischer's Hotel M
Evangerveien 13
Tel. 56/511155, Fax 512289
90 Zimmer
Luxuskategorie, im Sommer 2. Kategorie (Æ, EC, Visa)
Wer in diesem ehrwürdigen alten Hotel von 1889, das mit einer

In Fleischer's Hotel bei Voss werden die Atmosphäre vergangener Tage und der moderne Komfort auf angenehme Weise verbunden

wunderschönen Frontfassade der Belle Epoque ausgestattet ist, ein Zimmer ergattern will, muß im Sommer frühzeitig buchen. Das hölzerne Märchenschlößchen direkt am See Vangsvatnet ist nämlich auch bei amerikanischen und japanischen Touristen sehr beliebt! Während man die Delikatessen des leckeren kalten Büfetts im prachtvoll eingerichteten Speisesaal genießt, spielt ein Pianist Tafelmusik. Hier wurden schon für den König große Festessen gekocht und Bälle veranstaltet. Geschmackvoll möblierte Zimmer mit allem Komfort.

Der gute Tip M:
Fleischer's Hotel, S. 137
Ein Besuch des traditionsreichen Hotels lohnt allein wegen des prunkvollen Speisesaals.

Sehenswertes

Finnesloftet
Finnesvegen, ca. 15 Gehmin. westlich des Bahnhofs
Mitte Juni–Mitte Aug. tgl. 10–16 Uhr
Eintritt 20 NOK, Kinder frei
Wunderschöne Gildehalle von ca. 1250, die in einem der ältesten profanen Holzgebäude Norwegens untergebracht ist.

Vangskyrkja
Im Sommer tgl. 9–17 Uhr
Do Kirchenkonzerte
Eintritt 10 NOK, Kinder 5 NOK
Diese hübsche gotische Steinkir-

che wurde 1271–77 von König Magnus Lagabøte errichtet. Im Inneren befindet sich schönes Inventar, u. a. ein prachtvoller holländischer Leuchter aus dem 17. Jh.

Allgemeine Informationen
Auskunft:
Voss Turistinformasjon
Uttrågata
5701 Voss
Tel. 56/510051, Fax 511715
Feste und Festivals:
April: Internationales Jazzfestival »Vossajazz«, an dem es in der Stadt von internationalen Jazzgrößen wimmelt.
Juni–Aug.: Zahlreiche Kulturveranstaltungen, dazu zählt auch Folklore.
Jugendherberge:
Voss Vandrerhjem
Tel. 56/512017, Fax 510837
Mitte Jan.–Ende Okt.
180 Betten
3. Kategorie
Idyllisch direkt am See gelegen, der im Sommer zum Baden einlädt. Es besteht die Möglichkeit, sich Boote auszuleihen.
Sport:
Rafting
Tel. 56/510051
Mai–Sept. 10 und 15 Uhr, 3 Std.
530 NOK inkl. Ausrüstung und Transport, Abfahrt Park Hotel
Auf den Flüssen Raundalselva und Strandaelva läßt es sich wunderbar toben.
Verkehrsmittel:
Bergensbahn: Oslo–Voss–Bergen; Bus nach Gudvangen.

Stavanger

B10

Stavanger ist zwar Norwegens viertgrößte Stadt (ca. 102600 Einwohner), doch wenn man durch die engen Gassen von Alt-Stavanger mit seinen kleinen, weißgestrichenen Holzhäusern aus dem 18. und 19. Jh. spaziert und die wunderschön bepflanzten Gärtchen bewundert, vergißt man schnell, daß man sich eigentlich in Norwegens größter Ölmetropole und einer der reichsten Städte des Landes befindet. Nachdem der englische Bischof Reinald von Winchester 1125 die Domkirche bauen ließ, entwickelte sich Stavanger schnell zu einem bedeutenden geistlichen Zentrum im Südwesten des Landes. Als im 16. Jh. außerdem große Heringsschwärme auftauchten, wurde diese sympathische Stadt auch ein wichtiger Fischereiort. Doch dann blieb der Hering aus, und wenig später wurde die Stadt von mehreren Bränden heimgesucht, und in der zweiten Hälfte des 17. Jh. wurde sogar der Bischofssitz und das Gericht nach Kristiansand verlegt. Doch zu Beginn des 19. Jh. kehrte der Hering zurück. 1873 wurde Norwegens erste Konservendosenfabrik, Stavanger Preserving, eröffnet. Seit den 50er Jahren werden keine Konservendosen mehr hergestellt, doch inzwischen hat sich Stavanger zu einem der wichtigsten Standorte für die Versorgung und Ausrüstung der Ölbohrinseln in der Nordsee entwickelt.

Hotels

Die Stadt hat ein gutes und abwechslungsreiches Angebot an gepflegten Hotels. Die schönsten, aber auch teuersten, liegen direkt am Gästehafen Vågen.

Havly Hotel
Valberggate 1
Tel. 51/896700, Fax 895025
42 Zimmer
2. Kategorie (Æ, DC, EC, Visa)
Intimes, alkoholfreies Bed-and-Breakfast-Hotel im Zentrum.

Skagen Brygge Hotell
Skagenkaien 30
Tel. 51/894100, Fax 895883
Haltestelle für Bus zum Flugplatz
106 Zimmer, 2 Suiten
1.–2. Kategorie (Æ, EC, Visa)
Phantasiereich eingerichtetes Bed-and-Breakfast-Hotel, Zimmer mit Aussicht auf den Hafen und Alt-Stavanger.

Victoria Hotel
Skansegaten 1 (Zentrum)
Tel. 51/896000, Fax 895410
Haltestelle für Bus zum Flughafen
107 Zimmer, 3 Suiten
1. Kategorie, im Sommer 2. Kategorie (Æ, DC, EC, Visa)
Stavangers ältestes Hotel von 1900 ist in einem Prachtbau im klassisch viktorianischen Stil direkt am Vågen untergebracht. Es gehört zu den besten Unterkünften der Stadt.

Sehenswertes

Gamle Stavanger
Alt-Stavanger erinnert mit seinen rund 150 weißgestrichenen Holzhäusern mit hübsch verzierten Fenstern und Türen sowie alten Gaslaternen an die vergangenen Zeiten, als hier Fischer und Handwerker wohnten. Viele der Häuser in der Øvre Strandgaten stehen unter Denkmalschutz.

Stavanger Domkirche
Mitte Mai–Mitte Sept. Mo–Sa 9–18, So 13–18 Uhr; sonst Mo–Sa 9–14 Uhr
Eintritt frei
Bei einem Stadtbrand im Jahre 1272 wurde die vom englischen Bischof Reinhald von Winchester 1125 im anglo-normannischen Stil errichtete Kirche zerstört, doch Ende des 13. Jh. wieder aufgebaut. Dabei erhielt sie ihren heutigen Chor im gotischen Stil mit zwei Türmen, das imponierende Kreuzgewölbe, die schönen Spitzbogenfenster und das große Westportal.

Ullandhaug Hofanlage
Ca. 5 km südlich von Stavanger
Mitte Juni–Aug. tgl. 12–17 Uhr; sonst Mai–Mitte Sept. So 12–17 Uhr
Eintritt 20 NOK, Kinder 10 NOK
Interessante Rekonstruktion einer alten Hofanlage von 350–550 n. Chr. Reste einer Steinzeit-Siedlung und Gräber aus der Bronze- und Wikingerzeit. Gleich in der Nähe der Ullandhaug-Turm, von dem man eine wunderschöne Aussicht hat.

Utstein Kloster
Mai–Mitte Sept. Di–Sa 10–16, So 12–17 Uhr
Im alten Utstein Kloster auf der Insel Mosterøy, einem der best-

Der Markt von Stavanger: Direkt am Hafen gibt es frische Produkte aus der Region

bewahrten Klöster Norwegens (ca. 1200), kann man sich zwischen den dicken, alten Steinmauern in die Zeit zurückversetzen, als hier noch Mönche des Augustinerordens lebten. Vielleicht kommen Sie gerade zur rechten Zeit und können hier eines der vielen Sommerkonzerte hören. Da es direkt am Kloster nur wenige Parkplätze gibt, empfiehlt es sich, den letzten Kilometer zu Fuß zu gehen. Anfahrt von Stavanger durch den 5860 m langen und 223 m unter dem Meeresspiegel und 45 m unter dem Meeresboden liegenden Byfjordtunnel, dem tiefsten Unterwassertunnel der Welt.

Museen und Galerien

Galleri Sølvberget
Sølvberggate 2
Mo–Fr 10–16, Do 10–19, Sa 10–14 Uhr
Im Kulturhaus untergebrachte Galerie, in der zeitgenössische Kunst gezeigt wird.

Hermetikkmuseum
Øvre Strandgaten 88 a
Mitte Juni–Mitte Aug. tgl. 11–16 Uhr; sonst So 11–16 Uhr
Eintritt 30 NOK, Kinder 10 NOK
Ein Museum für Fans von Heringsdosenetiketten! Doch in der ehemaligen Heringsfabrik mitten in Alt-Stavanger erfährt man nicht nur eine ganze Menge über diese kuriosen Sammlerobjekte, sondern auch Interessantes über Stavangers industrielle Entwicklung.

Ledaal
Eiganesveien 45
Mitte Juni–Mitte Aug. tgl. 11–16 Uhr; sonst So 11–16 Uhr
Eintritt 30 NOK, Kinder 10 NOK
Hier wohnt der König, wenn er in Stavanger zu Besuch ist. Das Herrenhaus wurde 1799 von der Patrizierfamilie Kielland erbaut, Vorfahren des norwegischen Dichters Alexander Kielland (1849–1906). Eigene Bibliothek zur Erinnerung an Kielland und seine Werke. Einige Schritte entfernt liegt Breidablikk, eine wunderschöne herrschaftliche Villa aus dem Jahre 1881.

Essen und Trinken

Die Küche des Bezirks Rogaland wird erstaunlicherweise nicht nur vom Fisch, sondern vor allem von Fleisch- und Mehlgerichten dominiert. Typisch sind *komler*, deftige Mehlklöße, gekocht mit Kohlrüben und Lamm oder Speckstreifen. Und zu Weihnachten gibt's *pinnekjøtt*, geräuchertes Hammelfleisch, das auf Birkenholz im Topf gekocht wird. Typisch ist auch der *stavangersild*, Hering in Eigelb-, Senf- und Petersiliensauce, serviert mit *flatbrød*, hauchdünnem Knäckebrot.
Rund um den Gästehafen Vågen und im Bereich der Fußgängerzone liegen die Restaurants dicht nebeneinander.

Café Sting
Valbjerget 3
Tel. 51/532440
So, Mo 15–2, Di–Sa 12–4 Uhr
3. Kategorie
Hier gibt es preiswerte kleine Gerichte und herrlichen Schokoladenkuchen!

Dickens
Skagenkaien 6
Tel. 51/895970
Mo–Sa 11–1.30, So 13–1.30 Uhr
2. Kategorie (Æ, DC, EC, Visa)
Rustikale Kneipe in einem alten Packhaus aus dem 18. Jh. direkt am Vågen. Gute Pizzas. Treffpunkt vor allem für junge Leute.

Jans Mat & Vinhus
Breitorget
Tel. 51/894773
Tgl. 18–24 Uhr
Luxuskategorie (Æ, DC, EC, Visa)
Reservierung empfohlen
Wem läuft nicht das Wasser im Mund zusammen, wenn er von mit Kräuterfarce gefüllten Lachsrouladen mit Honig und Senfsauce hört? Oder von gedämpftem Steinbutt mit Wildreis? Stadtbekannt sind auch die regionalen Lammkreationen des Koches dieses Gourmetrestaurants, in dem brennende Kerzen, weiße Tischtücher und die Kellergewölbe für eine besondere Stimmung sorgen.

Sjøhuset Skagen
Skagenkaien
Tel. 51/895180
Tgl. 11.30–23 Uhr
1. Kategorie (Æ, EC, Visa)
Untergebracht in einem alten Packhaus am Hafen mit rustikaler Einrichtung und maritimer Atmosphäre.

Schmale Gassen und kleine, weiße Häuser: In Gamle Stavanger lebten einst die Fischer und Handwerker der Stadt

Einkaufen

Berge-Libris
Prostebakken 3
Buchhandlung mit ausländischer Literatur. Karten und Seekarten sind hier erhältlich.

Brukskunstsenteret
Valbergturm
In der Fußgängerzone direkt oberhalb des Vågen gelegen. Reiches Angebot an Kunsthandwerkartikeln, auch Strickwaren.

Am Abend

Amadeus
Olav V's gate 3
Di–Sa 21–2 Uhr
Tanz für Leute ab 25 Jahren im Atlantic Hotel.

Hansen Hjørnet
Skagenkaien 19
Bei schönem Wetter ungeheuer beliebter Biergarten mit Aussicht auf den Gästehafen.

Newsman
Skagen 14
Mo–Sa 12–2, So 18–2 Uhr
An den Pulten dieser Kneipe kann man in aller Ruhe ausgelegte Zeitungen und Zeitschriften lesen. Originelle Einrichtung.

Stavanger Kinematografer
Sølvberggate 2 (Kulturhus)
Tel. 51/50 70 30
Kartenverkauf: Mo–Sa 10–17 Uhr
Acht Kinos, in denen Filme in Originalsprache gezeigt werden.

Stavanger Konserthuset
Tel. 51/56 17 16
Kartenverkauf: Mo–Mi 10–16, Do–Fr 10–19 Uhr

Auf die Donnerstagskonzerte erhält man mit der Stavangerkortet (→ Stavanger, Allgemeine Informationen) 50 Prozent Ermäßigung.

Allgemeine Informationen

Auskunft
Stavanger Turistinformasjonen
Postboks 11
4001 Stavanger
Stavanger Kulturhus
Tel. 51/896600, Fax 896202
Mo–Fr 9–17, Sa 9–14 Uhr

Camping und Jugendherberge
Ølberg Camping
Ølberg, Rv 380
Tel. 51/654375
Direkt am Strand Ølbergsanden in Sola westlich von Stavanger gelegen. Campinghütten.
Stavanger Vandrerhjem Mosvangen
Tjensvoll 1
Tel. 51/532971, Fax 872055
Juni–Ende Aug.
76 Betten
3. Kategorie
Ganzjährig geöffnet. Auch günstige Hütten und großer Campingplatz.

Entsorgungsstation
Statoil-Tankstelle
Forus
Petroleumsveien 1

Feste und Festivals
Ende Mai: Drachenfestival, Sola.
Juli: Auswandererfestival.
Mitte Aug.: Internationales Kammermusikfestival.

Flugplatz
Sola, 15 km südwestlich der Stadt
20 Min. mit Bus zum Flugplatz
Von Stavanger Flüge direkt nach Bergen, Kristiansand, Trondheim, Oslo und auch Flüge nach Newcastle, Amsterdam, London und Kopenhagen.

Medizinische Hilfe
Legevakten
Arm. Hansen vei 30
Tel. 51/533333

Post
Stavanger Postkontor
Haakon VII's gate 9

Rundfahrten und Ausflüge
Zweistündige Rundfahrt:
Juni–Aug. um 13.30 Uhr vom Gästehafen Vågen. Anmeldung bis 11 Uhr in der Turistinformasjonen.
Fahrpreis 110 NOK, Kinder 70 NOK
Lysefjord und Prekestolen:
Clipper Fjord Sightseeing
Skagenkaien 18
Tel. 51/895270
Mitte Mai– Ende Aug. tgl.; März–Mitte Mai, Sept., Okt. nur Sa Fahrt mit dem Touristenschiff »Clipper« zum Lysefjord (→ Stavanger, Orte in der Umgebung, Prekestolen).

Sport
Baden:
Nicht weit von der Stadt entfernt liegt der 2,3 km lange Sandstrand Solastranden, weiter südlich Hellestøsanden.

Havanna Badeland
Sandnes
Hanaveien 17
Tel. 51/629200
Norwegens wohl größtes Badeparadies für groß und klein.
Fahrradverleih:
Sykkelhuset
Løkkeveien 33
Tel. 51/539910
Golf:
Store Stokkavatnet,
Tel. 51/555431
Golfplatz mit 18 Löchern.

Stavangerkortet
1 Tag Erw./Kinder 110/55, 2 Tage 190/80, 3 Tage 240/110 NOK
Karte, mit der man gratis Museen besichtigen kann, kostenlos Parken und Busfahren kann – auch mit Bus zum Flughafen. 50 Prozent Rabatt bei Stadtrundfahrten und Konzerten, auf den Schnellbooten in Ryfylke und als Passagier auf der Fähre im Lysefjord.

Stavangerpakken
Enthält die Stavangerkarte und Hotelangebote ab 325 NOK pro Pers./DZ.

Verkehrsmittel
Sørlandsbahn: Stavanger–Kristiansand–Oslo; Expressbusse: Stavanger–Haugesund–Bergen, Stavanger–Telemark–Bø–Oslo, Stavanger–Kristiansand–Flensburg–Hamburg; Express-Schiffe nach Bergen (knapp 4 Std.), Suldal (2 Std.). Fähren zwischen u. a. Mekjarvik-Skudeneshavn (70 Min.), Mortavik-Årsvågen (20 Min.), Stavanger-Tau (40 Min.), Stavanger-Lysebotn (40 Min.). Fährverbindung nach Newcastle/England und Hanstholm/Dänemark.

Orte in der Umgebung

Gamle Skudeneshavn B10

Bis vor einigen Jahren, als man noch von Mekjarvik, nördlich von Stavanger, nach Skudeneshavn mit der Fähre übersetzen mußte, um in Richtung Norden weiterfahren zu können, glich dieses kleine idyllische Hafenstädtchen in den Sommermonaten geradezu einem Taubenschlag. Nun ist es stiller geworden, doch wer Zeit hat, sollte statt des nun ausgebauten Rv 1 weiterhin diesen Reiseweg wählen und sich einige Stunden zum Bummeln zwischen den hübschen weißen Holzhäusern aus dem 18. und 19. Jh. Zeit nehmen.

Museum
Mælandsgården
Juni–Aug. Mo–Sa 11–17, So 13–18 Uhr; sonst Mo–Fr 9–15 Uhr
Eintritt 25 NOK, Kinder frei
Spannendes Museum, für das man genügend Zeit einplanen sollte! Es ist in einem alten Wohnhaus von 1818 untergebracht, mit altem Krämerladen, verschiedenen Werkstätten und original eingerichteter Wohnung aus dem 19. Jh. Zum Museum gehören auch drei restaurierte

Packhäuser, in denen man eine ganze Menge über die Schiffahrt, den Fischfang und die Landwirtschaft in dieser Gegend erfährt.

Essen und Trinken

Lanternen Restaurant
Torget
Tel. 52/827202
Mo–Do 9–24, Fr, Sa 9–1, So 10–24 Uhr
2. Kategorie
Gemütliches Fischrestaurant in einem alten Lagerhaus direkt am Hafen, mitten im Zentrum. Bei schönem Wetter kann man draußen sitzen.

B10 **Haugesund**

Haugesund (ca. 29000 Einwohner) mit seinen Offshore-Werften, dem Aluminiumgiganten Hydro, dem großen Gasterminal auf Kårstø und dem Industriehafen hat auf den ersten Blick wenig Einladendes an sich. Doch die Stadt hat es trotzdem geschafft, sich auch kulturell zu behaupten: Hier findet nämlich alljährlich Ende Aug. Norwegens großes Filmfestival statt. Marilyn Monroes Statue steht jedoch – wie man annehmen könnte – nicht deswegen in der Stadt, sondern weil ihre Vorfahren aus Haugesund stammten!
885 vereinte hier Harald Schönhaar nach der Seeschlacht am Hafrsfjord Norwegen zu einem Reich. Auf dem Haraldshaugen, über dem angeblichen Grab dieses bekannten Königs, ließ König Oscar II. ein bombastisches Granitmonument errichten, das die Vereinigung Norwegens symbolisiert. Das Monument besteht aus einem 17 m hohen Obelisken und aus 29 Steinen, die die damaligen 29 norwegischen vereinten Länder darstellen.

Hotel

Rica Maritim Hotel
Åsbygaten 3
Tel. 52/711100, Fax 716477
247 Zimmer
1. Kategorie (Æ, EC, Visa)
Großes, komfortables Stadthotel, Zimmer mit Blick auf den Hafen.

Jæren B11

In keiner anderen Region entlang der norwegischen Küste geht das Ackerland so direkt in das Meer über wie hier auf dem Landstück Jæren, das sich von Brusand, 15 km nordwestlich von Egersund, nordwärts bis zum Leuchtturm Tungenes fyr erstreckt. Die aus mächtigen, kalkhaltigen Lehmmoränen entstandene, leicht hügelige Jæren-Landschaft mit ihren weitflächigen Landwirtschaftsgebieten, mit den weißgestrichenen Höfen und den langen Sandstränden hat eine große Anziehungskraft. Nicht nur bei schönem Wetter, wenn der Himmel tiefblau ist, sondern auch bei Wind und wolkenbedecktem Himmel erlebt man hier ein Farbenspiel der Natur wie kaum anderswo in Norwegen. Jæren ist heute eine der wichtigsten Landwirtschaftsregionen Norwegens – und wenn im Osten des Landes noch

Schnee liegt, fängt es hier im Südwesten schon an zu grünen. Eine lohnende Alternative zur E 18 ist der Rv 44, der Nordsjøvegen zwischen Egersund und Sandnes.

Camping und Ferienhaus

Brusand Camping
4363 Brusand
Tel. 94/436793
Idyllisch gelegener Campingplatz mit Campinghütten direkt am Ogna-Sandstrand. Entsorgungsstation.

Obrestad Fyr
4350 Nærbø
Tel. 51/426000 (Kulturamt von Hå)
1 Haus (6 Betten), 1 Wohnung (2 Betten)
3. Kategorie
Übernachtungsmöglichkeit in einem alten, weißgestrichenen Haus neben dem Leuchtturm am Meer. Wer Sonnenuntergänge liebt, ist hier genau am richtigen Ort. Das Haus wird zumeist wochenweise vermietet.

Sehenswertes

Hå gamle Prestegård
Anfahrt: Abzweigung vom Rv 44 bei Vigre
Mitte Mai–Mitte Sept. Mo–Fr 11–19 Uhr; ganzjährig Sa 12–17, So 12–19 Uhr
Der wunderschöne alte Pfarrhof von 1637, der direkt am offenen Meer liegt, ist ein beliebtes Ausflugsziel der Stavangerer. Ein kleines Museum, eine Galerie mit wechselnden Ausstellungen und ein Café sind angeschlossen.

Gleich in der Nähe liegt ein großes Feld mit 50 Gräbern aus der Eisenzeit. Bei Ausgrabungen entdeckte man, daß die Toten hier mit hochgezogenen Knien und mit dem Gesicht in Richtung Meer beerdigt worden waren. 1 km weiter südlich kann man den alten Leuchtturm, Obrestad fyr (1843), besichtigen (im Sommer tgl. 12–17 Uhr; sonst So 12–17 Uhr).

Orresanden
Anfahrt: Auf dem Rv 507
Auf Jæren gibt es einige wunderschöne Sandstrände mit sauberem weißen Sandstrand und klarem Wasser. Zu den schönsten gehört der hinter den Dünen versteckte Orresanden auf dem Jærenriff. Im Informationscenter am Parkplatz erfährt man, wie versucht wird, diese einzigartige Dünenlandschaft vor der Zerstörung durch Wind und Wetter zu schützen. Man sollte daher die aufgestellten Schilder beachten und nicht unnötig in den Dünen herumwandern.

Der gute Tip M:
Prekestolen
Wer nicht gerade unter Höhenangst leidet, sollte sich Zeit für eine Wanderung auf diesen beinahe 600 m senkrecht aus dem Lysefjord aufragenden Felsen nehmen.

Prekestolen M B10
Dieser einer Kanzel gleichende Felsen, der fast 600 m senkrecht aus dem sich tief ins Land hineinfressenden Lysefjord ragt, gehört

zu den schönsten Ausflugszielen Norwegens. Manch einem Besucher ist hier schon fast das Herz stehengeblieben, wenn er einige der mutigsten Besucher direkt am Rand des beinahe vollkommen flachen Plateaus sitzen sah. Von der Prekestolhytta, die über Jøssang (Rv 13) erreichbar ist, wandert man in ca. 2 Std. zum Plateau. Von Stavanger aus werden auch organisierte Wanderungen veranstaltet. Wer weniger Zeit hat, kann den Felsen entweder vom Deck des Ausflugsschiffs »Clipper«, das in den Lysefjord hineinfährt, von unten her oder von einem Helikopter aus von oben her bestaunen. Auskünfte im Touristenbüro von Stavanger (→ Stavanger, Allgemeine Informationen).

B8 Ålesund

In Borgund, rund 4 km westlich von Ålesund, lag im 13. Jh. einer der bedeutendsten Handelsplätze, *kaupangr*, Norwegens. Bei Ausgrabungen fand man u. a. alte Kaianlagen, Brunnen, 40–50 Häuser, Lager und Ställe. Wahrscheinlich standen hier einstmals auch vier Kirchen. Die einzig erhaltene Kirche, die Borgund-Kirche (1130), brannte zwar 1904 nieder, wurde aber wieder errichtet. Sie gilt als die am besten erhaltene der alten Stabkirchen.

Beinahe die gesamte Stadt lag 1904 nach einem Großbrand in Schutt und Asche. Dank zahlreicher internationaler Spenden – einer der berühmtesten Spender war Kaiser Wilhelm II. – konnte Ålesund jedoch wieder aufgebaut werden, und zwar im Jugendstil, einem in Norwegen kaum verbreiteten Baustil. Die prachtvollen Bauten aus der Zeit der Jahrhundertwende im Zentrum sind Ålesunds größte Attraktion. Und vergessen Sie nicht, auch noch auf den Hausberg Aksla zu steigen – die Aussicht ist einfach traumhaft!

Mehrere der Inseln vor dieser Hafen- und Handelsstadt (ca. 36 500 Einwohner) – mit einer der größten Fischereiflotten Norwegens und weltweit dem größten Exporthafen für Klippfisch – sind seit 1986 übrigens durch das bisher längste unter dem Meer hindurchführende Tunnelsystem der Welt (11,7 km) miteinander verbunden.

Hotels

Hotel Atlantica
Rasmus Rønnebergs gate 4
Tel. 70/12 91 00, Fax 12 62 52
52 Zimmer
2. Kategorie (Æ, DC, EC, Visa)
Zimmer mit Aussicht auf den Borgundfjord und die Sunnmørsalpen.

Hotel Scandinavie
Løvenvoldgata 8
Tel. 70/12 31 31, Fax 13 23 70
6 Zimmer
1. Kategorie, im Sommer 2. Kategorie (Æ, DC, EC, Visa)

Den schönsten Blick auf die sich über drei Inseln erstreckende Stadt hat man vom fast 200 Meter hohen Berg Aksla aus. Im Hintergrund die Ålesund vorgelagerten Schären

Stilvolles, intimes Hotel im Jugendstil. Besonders romantisch sind die Erkerzimmer.

Sehenswertes

Aksla

Der Aufstieg auf den Hausberg beginnt östlich des Stadtparkes. Hier stehen ein 7 m hoher Bautastein mit einem Reliefbildnis Kaiser Wilhelms II. und das Standbild Rollos (Gange-Rolv), der 911 die Normandie gründete. Vom Park führen 418 Treppenstufen zum 189 m hohen Berg Aksla hinauf. Die Mühe lohnt sich! Der Blick auf die Stadt, das Meer, die dem Festland vorgelagerten Inseln und die Sunnmørsalpen bleibt unvergeßlich. Zum Ausruhen nach der Anstrengung: die Cafeteria Fjellstua.

Jugendstilstadt

Entlang des Hellesund, dem inneren Hafen zwischen den beiden Zentrumsinseln Aspøya und Nørøya, kann man Ålesunds berühmte, im Jugendstil errichtete Gebäude mit ihren leuchtenden Fassaden und romantischen Türmchen mit runden Turmspitzen bewundern. Schöne Fotomotive: in der Apotekergata auf Aspøya und Kongensgata auf Nørøya.

Essen und Trinken

Fisch, Fisch und nochmals Fisch! Ålesund kann ohne Zweifel als die Stadt mit der besten Auswahl an Fischrestaurants bezeichnet werden, und ständig werden hier in den ca. 30 Restaurants norwegische Meisterschaften im Kochen und Backen veranstaltet.

Brasserie Normandie
Storgata 16
Tel. 70/125050
Tgl. 11–23 Uhr
Luxuskategorie (Æ, DC, EC, Visa)
Tischreservierung erforderlich
Bei Meisterkoch Jan-Arne Hove kann man auch mit wirklich seltenen Fischen auf dem Teller Bekanntschaft machen, u.a. mit Grenadierfisch (*skoklest*), Heringshai (*håbrann*), Minilachs (*pjakk*) und Brosme. Bestellen Sie einen Fischteller, dann können Sie gleich mehrere Fischarten, außerdem Krebse und Muscheln genießen.

Der gute Tip M:
Café Brosundet
Hier werden traumhaft gute Fischgerichte und leckeres Gebäck aus der eigenen Bäckerei angeboten.

Café Brosundet M
Rasmus Rønnebergs gate 4
Tel. 70/129100
Tgl. 7–20 Uhr
2. Kategorie (Æ, DC, EC, Visa)
Das Café im Hotel Atlantica gilt bei den Ålesundern als das beste der Stadt! Leckere preisgünstige Gerichte, u.a. *fiskesnadder*, Fischallerlei, außerdem delikater gebratener Seehase. Frisches Backwerk aus der eigenen Bäkkerei.

Sjøbua Restaurant
Brunholmgata 1
Tel. 70/127100
Mo–Sa 14–23 Uhr, So geschl.
1. Kategorie (Æ, DC, EC, Visa)
Fischrestaurant in einem der alten Lagerhäuser am Hafen. Aus dem Wassertank kann man selbst seinen Hummer auswählen und ihn für knappe 300 NOK gratinieren lassen.

Skateflua
Skaregate 1
Tel. 70/124253
Sommer tgl. 9–18 Uhr; sonst tgl. 9.30–18, Sa 9.30–15 Uhr
3. Kategorie
Über 30 Jahre alte, nostalgische Cafeteria mit echt norwegischen Gerichten! Günstig und garantiert hausgemachte Speisen.

Einkaufen

Husfliden
Parkgata 1
Mo–Fr 9.30–17, Do 9.30–18, Sa 9.30–14.00 Uhr
Handgestrickte Pullover und Jacken. Auch schöne Keramik-, Zinn- und Glasprodukte findet man hier als Souvenirs.

Allgemeine Informationen

Auskunft
Turistinformasjon i Ålesund
Keiser Wilhelmsgate 11
6003 Ålesund
Tel. 70/121202, Fax 126606

Camping
Volsdalen Camping
Sjømannsveien

Tel. 70/125890
16 Hütten
Ca. 1,5 km vom Zentrum entfernt, mit eigenem Badeplatz.

Entsorgungsstationen
Bobilparkering Torghalltomta
Zentrum
Shell-Tankstelle
Blindheim
Statoil-Tankstelle
Spjelkavik

Feste und Festivals
Mitte Aug.: Internationales Volkstanzfestival.
Ende Aug./Anfang Sept.: Norwegische Kochmeisterschaft.

Sport
Angeln:
Kontakt: Jon Godøy
6055 Godøy
Tel. 70/185026 oder
Giske kommune
6050 Valderøy
Tel. 70/182000
Auf den Inseln Giske, Godøy und Valderøy Möglichkeiten zum Hochseeangeln, auch zusammen mit Fischern.
Tauchen:
Ålesund Dykkesenter
Brunholmsgate 2
Tel. 70/123424
Verleih von Ausrüstungen, organisierte Schatzsuche, Kurse.

Verkehrsmittel
Flugplatz: Ålesund Lufthavn, 20 km vom Zentrum auf der Insel Vigra, direkt nach Bergen, Stavanger, Trondheim und Oslo; Expressbusse von Bergen-Førde-Stryn-Sykkylven oder Nordfjordeid-Volda; von Kristiansund-Molde; von Trondheim-Surnadal-Sunndalsøra oder Hals/Krifast-Molde; Express-Schiff nach Molde, Hurtigruten nordwärts.
Abfahrt 15 Uhr (Aufenthalt 3 Std.), südwärts Abfahrt 0.45 Uhr (Aufenthalt 1 Std.).

Orte in der Umgebung

Atlanterhavsveien M B8
Anfahrt: Rv 64, ca. 28 km südwestlich von Kristiansund, Maut 40 NOK
Wenn man es irgendwie einrichten kann, dann sollte man auf jeden Fall diese Strecke wählen! Auf der 8 km langen, direkt am offenen Meer entlangführenden Atlantikstraße zwischen Vevang und Kårvåg, die durch insgesamt zwölf Brücken und Dämme verbunden ist, fühlt man sich plötzlich ganz klein. Der endlos erscheinende Atlantik, hart peitschender Regen oder bei klarem Wetter ein tiefblauer Himmel, wie man ihn normalerweise nur von Postkarten kennt – all dies gehört einfach dazu! Von Gjetøy kann man sich im Sommer mit

Der gute Tip M:
Atlanterhavsveien
Meer soweit das Auge reicht, starker Wind und ein tiefblauer Himmel – kaum anderswo kommt man mit diesen Elementen so nah in Kontakt wie hier.

Von hohen Bergen umgeben, wirkt der häufig besuchte Geirangerfjord mit seinen vielen Wasserfällen friedvoll und idyllisch

einem rekonstruierten Wikingerschiff zum Fischerdorf Håholmen, wo früher die Klippfische auf den nackten Felsen getrocknet wurden, hinausfahren lassen und dort alte Fischerhäuser und das Wikingerschiffsmuseum bewundern.

Sehenswertes

Vikingeskipsmuseum
gHåholmen
Anfahrt mit Schiff von Gjetøy, im Sommer stündlich von 11 bis 21 Uhr, letzte Rückfahrt ca. 22 Uhr
Tel. 71/51 24 12
Juli–Anfang Aug.
Ausstellung von alten Booten und Wikingerschiffen, außerdem Film über Ragnar Thorseths Fahrten mit den rekonstruierten Wikingerschiffen »Saga Siglar«, »Oseberg« und »Gaia«.

Essen und Trinken

Ytterbrygga
Håholmen
Tel. 71/51 24 12
Tgl. Juli–ca. Mitte Aug.
Lunchbüfett 12.30–15.30 Uhr; à la carte 18–22 Uhr
2. Kategorie
In diesem am alten Klippfischkai aus dem 18. Jh. untergebrachten, phantasievoll eingerichteten Restaurant wird nicht nur Seeteufel und Bacalao serviert, sondern auch echter Klippfisch!

Geiranger B8

Lassen Sie sich auch dann nicht von einem Besuch dieses Fjord-

In Geiranger lohnt auch ein Besuch der achteckigen Holzkirche aus dem 19. Jahrhundert

ortes im Inneren des Geirangerfjordes, dem südöstlichsten Arm des Storfjordes, abschrecken, wenn Ihnen zu Ohren kommt, daß hier jeden Sommer ca. 100 große Kreuzfahrtschiffe anlegen und dieses kleine Dorf mit seiner pittoresken achteckigen Holzkirche (1842) dann in einen Rummelplatz für Touristen aus aller Welt verwandelt wird.

Geiranger gehört einfach zu einer Reise durch das westnorwegische Fjordland, genauso wie eine Fahrt auf dem Fjord mit seinen steil aufragenden Felsen! Vorbei an den imponierenden Wasserfällen »Die sieben Schwestern«, »Freier« und »Brautschleier«, der Teufelsschlucht, über die der Teufel gesprungen sein soll, und mehreren alten, verlassenen Höfen, die sich auf Felsvorsprüngen festklammern, fährt das Schiff zum 16 km entfernt liegenden Dorf Hellesylt.

Imponierend ist auch die Aussicht vom Ørneveien (Adlerweg) mit seinen elf Haarnadelkurven und vom 1495 m hohen Aussichtsberg Dalsnibba (Mautstraße, nicht für Wohnwagen geeignet), beides ist von Geiranger aus erreichbar. Die vielen aufgetürmten Steinhaufen auf dem Dalsnibba-Gipfel sollen die Trolle in gute Stimmung bringen und verhindern, daß sie mit Steinen werfen.

Hotel

Union Hotel
Tel. 70/26 30 00, Fax 26 31 61
145 Zimmer, 10 Suiten
Luxuskategorie (Æ, DC, EC, Visa)

Das alte Fjordhotel, in dem im 18. Jh. schon reiche Engländer auf ihren Reisen durch Nordeuropa abstiegen, wurde vollständig modernisiert und ist heute eines der bekanntesten und vornehmsten Hotels Norwegens. Es versteht sich daher von selbst, daß es mit Hallenbad, Freibad, Sauna und türkischem Bad ausgestattet ist. Ausgezeichnetes Restaurant, auch für Gäste, die nicht im Hotel wohnen (Tischreservierung). Empfehlung des Koches: mit Kräutern paniertes Ochsenfilet und als leckere Nachspeise Käse-Eiskuchen mit Beerensauce.

Allgemeine Informationen
Auskunft:
Geiranger Turistinformasjon
6216 Geiranger
Tel. 70/263099 (Juni–Aug.), sonst:
Geiranger og Stranda Reiselivslag
6200 Stranda
Tel. 70/260044, Fax 260714
Camping:
Grande Fjordhytter og Camping
Tel. 70/263090
19 Hütten
Etwas außerhalb von Geiranger gelegener Platz direkt am Fjord, auch Zimmervermietung.
Entsorgungsstation:
Hellesylt Camping
Hellesylt
Rundfahrten und Ausflüge:
Geirangerfjord-Cruise
Juni–Aug. 10, 12, 14, 17 Uhr; Juni–Juli auch 15.30 und 20 Uhr
Fahrpreis 60 NOK, Kinder 30 NOK

B8 Molde

»Rosen, Jazz und Moldepanorama« – dies sind die drei Wörter, die viele mit diesem netten, an einem Südhang liegenden Städtchen (ca. 22700 Einwohner) direkt am Moldefjord verbinden. Hier auf dem 62. Grad nördlicher Breite ist das Klima durch den Einfluß des Golfstromes so mild, daß sogar noch Kastanien, Linden, Stechpalmen, Buchen und vor allem unzählige Rosen wachsen. Diese Tatsache veranlaßte den Dichter Bjørnstjerne Bjørnson, der hier zur Schule ging, Molde die »Stadt der Rosen« zu nennen. Bei schönem Wetter bietet sich ein phantastischer Blick auf das »Moldepanorama« mit seinen insgesamt 222 Berggipfeln. Jedes Jahr Ende Juli kommen Jazzmusiker aus aller Welt, um am berühmten internationalen Jazz-Festival teilzunehmen.
Wer alte Häuser liebt, kann im Fannestrandveien rund um den Moldegård (Hauptgebäude von 1710), in dessen blauer Stube Henrik Ibsen während eines Urlaubes sein Stück »Rosmersholm« schrieb, einige schöne Patrizierhäuser anschauen.

Hotel
Alexandra Hotell
Storgaten 1–7
Tel. 71/251133, Fax 216635
150 Zimmer
1. Kategorie (Æ, DC, EC, Visa)
Sehr gepflegtes Hotel direkt am Wasser mit guter Küche.

Museum
Romsdalsmuseum
Museumsveien 14
Tel. 71/252534
Mitte Juni–Mitte Aug. Mo–Sa 10–18, So 12–18 Uhr; sonst Mo–Sa 10–14, So 12–15 Uhr
Hübsches Freilichtmuseum mit über 50 Gebäuden aus der gesamten Region. Auch »Synnøve Solbakkens Stue«, die an Bjørnstjerne Bjørnsons Geschichte vom Bauernmädchen Synnøve erinnert, kann besichtigt werden.

Essen und Trinken
Vardestua
Varden
Tel. 71/25 10 86
Mitte Mai–Mitte Aug. tgl.
12–22 Uhr
3. Kategorie
Rustikale, einfache Gebirgsstube, von der aus man einen phantastischen Blick auf das »Moldepanorama« hat. Probieren Sie den saueren Rahmbrei, *rømmegrøt*.

Allgemeine Informationen
Auskunft:
Molde Turistinformasjon
Molde Rådhus
6400 Molde
Tel. 71/21 92 00, Fax 25 71 33

B8 **Nordfjord**

Der sich über 100 km bis nach Loen und Stryn ins Land hineinfressende Nordfjord bietet eigentlich alles, was man mit Westnorwegen verbindet: Gletscher, idyllische Fjordorte, steile und hohe Berge, enge Straßen, Fischerdörfer, einsame Strände und tiefes, klares Wasser. Im Inneren des Fjords schieben sich derzeit die Gletscherzungen des Kjenndalsbreen und Briksdalsbreen immer weiter ins Tal hinunter. Auf dem Berg Skåla (1848 m), den man von Loen aus besteigen kann, verschwindet der Schnee erst mitten im Sommer.

Wirklich idyllisch ist die Fahrt auf dem teilweise recht engen Rv 15 hinaus zur Mündung des Fjords. Auf der Insel Vågsøy liegt Måløy, einer der größten Fischereihäfen Norwegens. Wenn es stürmt, »singt« die 42 m hohe Måløy-Brücke das hohe C. Auf der anderen Seite des Fjords thront der Hornelen (860 m), auf dem sich der Legende nach in der Mittsommernacht die Hexen und der Teufel zum Tanz treffen. Zu den schönsten Fleckchen Norwegens gehört der kleine Küstenort Selje, nördlich von Måløy, mit dem Selje Kloster und einem wunderschönen, weißen Sandstrand. Ganz im Westen ragt der Bergrücken des 496 m hohen Vestkapp weit in den Atlantik hinein. Für die Schiffe in Richtung Norden beginnt hier nun eine schutzlose, den Stürmen ausgesetzte Fahrt über das offene Meer.

Hotels
Hjelle Hotel
Hjelledalen
Anfahrt: Rv 15, 28 km östlich von Stryn
Tel. 57/87 52 50, Fax 87 53 50
35 Zimmer
2. Kategorie (Æ, DC, EC, Visa)
Als dieser Familienbetrieb 1896 eröffnet wurde, kam sogar König Oscar II. Neben dem alten, im Schweizerstil errichteten Hotelgebäude wurde 1992 ein neues Motel gebaut.
Hotell Alexandra
Loen
Tel. 57/87 76 60, Fax 87 77 70
198 Zimmer, 9 Suiten
1. Kategorie, im Sommer Luxuskategorie (Æ, DC, EC, Visa)
Eines der größten Fjordhotels

Norwegens mit hohem Standard und vielen verschiedenen Freizeitangeboten, u. a. Tennis, Minigolf, Fahrrad- und Tretbootverleih.

Selje Hotel
Selje
Tel. 57/85 61 07, Fax 85 62 72
49 Zimmer, 2 Wohnungen
1. Kategorie (Æ, DC, EC, Visa)
Idyllisch gelegen direkt am Seljer Sandstrand in der Meeresbucht Sildegapet. Gesundheitsfarm mit Schwimmbad und Wassersportcenter sind dem Hotel angeschlossen. Im Restaurant lockt ein »Festtisch des Meeres«.

Sehenswertes

Briksdalsbreen
Bestellung von Kutschen und Anmeldung für Gletschertouren
Tel. 57/87 38 11
Preis 155 NOK pro Person
Vom hübschen Fjordort Olden kann man entlang des Oldensees (Oldevatn) auf einer schmalen Straße südwärts zur Briksdalsbre Fjellstue fahren und von dort zum Beispiel zu Fuß (hin und zurück ca. 1,5 Std.) zum Briksdalsbreen hinaufsteigen. Man kann sich auch mit der Pferdekutsche dorthin bringen lassen – die letzten 10 Min. muß man allerdings selbst gehen. Die mächtige Gletscherzunge ist alleine in den letzten zwei Jahren um 155 m gewachsen, doch auch schon vor 70 Jahren reichte sie beinahe bis hinunter ins Tal. Bitte Gefahrenschilder beachten! Und noch ein Tip: Am ruhigsten ist es hier morgens vor 10 Uhr und nachmittags, wenn die Kreuzfahrtschiffe in Olden wieder abfahren.

Ruinen des Selje Klosters
Anfahrt: Rv 618, ca. 40 km nordöstlich von Måløy
Ganzjährig Bootstransport zum Selje Kloster mit Führung
Tel. 57/85 62 63
Es wird erzählt, daß einstmals die irische Königstochter Sunniva auf der Flucht vor dem neuen heidnischen König in einem Boot auf die Insel getrieben wurde, auf der das Kloster stand. In einer Höhle, die sich oberhalb der Ruinen dieses ehemaligen Benediktinerklosters aus dem 12. Jh. befindet, betete sie so lange, bis der Eingang von Steinen verdeckt war. Sunniva wurde später zur Schutzheiligen Westnorwegens erklärt. Wirklich faszinierend sind um den Ort Selje, der übrigens einen wunderschönen Sandstrand besitzt, die leuchtenden Blautöne des Meeres sowie das satte Grün der Wiesen. Fahren Sie auch zum 33 km entfernten Vestkapp und zum Sandstrand von Ervik.

Allgemeine Informationen

Auskunft:

Reisemål Nordfjord
6880 Stryn
Tel. 57/87 23 33, Fax 87 23 71

Selje Turistinfo
6740 Selje
Tel. 57/85 66 06, Fax 85 07 97

Entsorgungsstationen:

Tjugen Camping und Sande Camping
Loen

Der Brikdalsbreen mit seiner mächtigen Gletscherzunge gehört wegen seines relativ leichten Zugangs zu den meistbesuchten Ausläufern des Jostedalsbreen

Oldenvatn Camping und Gryta Camping
Olden
Alle Campingplätze in Stryn
Sport:
Gletschertouren
Stryn Fjell-og Breførerlag
6880 Stryn
Tel. 57/871200, Fax 872222
Im Sommer tgl. Touren auf dem Gletscher Bødalsbreen, nach Absprache auch geführte Touren auf dem Lodalskåpa (2083 m).
Sommerski
Stryn Sommerskiesenter
Am Sommerweg über das Gebirge Strynsfjellet
Tel. 94/556109/110 (Sommer), 57/852333 (Service-Tel.)
Mitte Mai–Mitte Sept.
Langlaufen auf dem Gletscher.
Wandern
Besteigung des 1848 m hohen Skåla, von Loen 5 Std. bis zum Gipfel und Skåla-Turm (Übernachtung für Selbstversorger).
Verkehrsmittel:
Hurtigruten ab Måløy nordwärts 7.30 Uhr, südwärts 5.15 Uhr; Expressbus über Stryn nach Måløy.

Åndalsnes B8

Besonders beliebt ist das mächtige, 1550 m hohe Romsdalshorn, das man auch direkt vom Rv 9 aus sehen kann. Einige Kilometer südlich von Åndalsnes zweigt der Trollstigen ab. Diese Straße schraubt sich in elf Haarnadelkurven mit einer Steigung von streckenweise zwölf Prozent auf über 800 m hinauf.

Unterwegs zum Nordkap

Wer zum Nordkap will, landet unweigerlich irgendwann einmal auf der 1987 Kilometer langen E 6 zwischen Trondheim und Kirkenes. Böse Zungen nennen diese Europastraße die »Rennstrecke zum Kap«, denn manche Touristen machen es sich geradezu zum Sport, einen neuen Schnelligkeitsrekord in Richtung Norden aufzustellen. Wer jedoch Zeit hat, sollte ab und zu auf weniger befahrene Nebenstrecken ausweichen. Fast noch unberührt vom Tourismus sind die Täler, Buchten und Wälder der Fosen-Halbinsel nordwestlich von Trondheim, wo noch viele der Bewohner von der Landwirtschaft und dem Fischfang leben (→ Routen und Touren, Mit der Hurtigruten von Trondheim nach Kirkenes).
Wunderschön ist auch die sich durch die wilde Natur hindurchschlängelnde Küstenstraße 17 entlang der Helgelandsküste (→ Routen und Touren, Mit der Hurtigruten von Trondheim nach Kirkenes). Sie führt vorbei an der idyllischen Insel Leka, dem markanten Berg Torghatten mit seinem charakteristischen, von Wind und Wetter ausgewaschenem Loch und dem Vogelberg auf der Insel Lovunden, über den Polarkreis auf 66° 33' nördlicher Breite, vorbei am sagenumwobenen Berg Hestmannen, an Norwegens zweitgrößtem Gletscher Svartisen und endet kurz vor Bodø in der Nähe des großen Gezeitenstromes Saltstraumen, der im Laufe von sechs Stunden rund 372 Millionen Kubikmeter Wasser herein- und herauspreßt.
Weit draußen im Meer ragen die steilen, bis zu 1100 Meter hohen, zerrissenen Berge der Lofoten mit scharfen Spitzen und Zinnen teilweise direkt aus dem Wasser. Diese Inselgruppe westlich des Vestfjords, in den der arktische Meereskabeljau jedes Jahr von Januar bis April zum Laichen kommt, ist sehr beliebt, nicht nur bei Fischern, die im Winter an der großen Kabeljaufischerei teilnehmen, oder bei Malern und anderen Künstlern, sondern auch bei Touristen. Fast jeder, der einmal auf den Lofoten war, sehnt sich zurück nach der überwältigenden Natur, den faszinierenden Licht- und Farbenspielen und einzigartigen Stimmungen.
Und trotzdem streben die meisten nach diesem Umweg weiter zum Nordkap. Auch wenn der Rummel auf dem Nordkapplateau im Sommer beinahe unerträglich ist, sollte man trotz allem einmal das Gefühl erlebt haben, am nördlichsten Zipfel Europas zu stehen. Doch der wirklich nördlichste Punkt liegt eigentlich auf dem nur zu Fuß erreichbaren Felsen Knivskjelodden! Wer sich dorthin aufmacht, wird sicherlich auch auf Rentierherden stoßen, die hier im Sommer weiden. Die Rentierzucht und der Fischfang sind auch heute noch die wichtigsten Erwerbszweige der in der Finnmark lebenden Samen (→ Erste Begegnung mit Norwegen).

Trotz des großen Menschenandrangs im Sommer ist der Besuch des Nordkaps für die meisten Touristen der Höhepunkt ihres Norwegenurlaubs

D5 Bodø

Alljährlich Anfang Aug. treffen sich in Bodø (38 500 Einwohner) Norwegens Großmütter zum spektakulären Großmutterfestival. Dann werden Erfahrungen ausgetauscht, wird gefeiert und Kultur dargeboten. Und wenn nicht gerade die »alten« Damen in der Stadt für Stimmung sorgen, dann sind es die rund 1000 Studenten der Bodøer Fachhochschulen, die zum jugendlichen Flair dieser im Zweiten Weltkrieg zu zwei Drittel zerstörten und danach wieder neu aufgebauten Stadt beitragen.

Wer mit der Eisenbahn in den Norden kommt, muß hier endgültig den Zug verlassen. Doch für viele Norweger und ausländische Urlauber bedeutet dies noch lange nicht das Ende ihrer Reise. Nun geht es weiter mit Bussen, Fähren und Schiffen oder auch mit kleinen Flugzeugen, die einen Küstenort nach dem anderen abklappern.

Vom 150 m hohen Aussichtsberg Rønvikfjellet im Westen der Stadt kann man in der Zeit vom 2. Juni bis zum 10. Juli die faszinierende Mitternachtssonne bewundern.

Hotels

Grand Hotel
Storgata 3
Tel. 75/52 00 00, Fax 52 27 09
48 Zimmer
Luxuskategorie, im Sommer 1. Kategorie (Æ, EC, Visa)
Zentral gelegenes Hotel mit netter Atmosphäre und großen Zimmern.

Radisson SAS Hotel Bodø
Storgata 2
Tel. 75/52 41 00, Fax 52 74 93
190 Zimmer, 8 Suiten
Luxuskategorie, im Sommer 2. Kategorie (Æ, DC, EC, Visa)
Von der Bar im obersten Geschoß dieses First-Class-Hotels haben Sie einen wunderschönen Blick auf den geschützten Hafen mit seinen vielen Fischerbooten. Spezielle Einrichtung der Zimmer: Hier kann man zwischen chinesischem, japanischem, britischem und skandinavischem Stil wählen.

Das Norsk Luftfartssenter in Bodø: ein Erlebnis für alle, die sich für die Geschichte der Luftfahrt interessieren

Sehenswertes

Bodin Kirke
Rv 80, südöstlich des Zentrums
Juni–Aug. tgl. 10–20 Uhr
Hübsche Steinkirche von ca. 1242 mit Steinaltar aus dem Mittelalter sowie Kanzel und Altarschrank von ca. 1650.

Museum

Norsk Luftfartssenter
Olav V gate 5
Tel. 75/50 85 50
Mitte Juni–Mitte Aug. tgl. 10–20, Sa 10–17 Uhr
Eintritt 50 NOK, Kinder 25 NOK
In Norwegens einzigem Luftfahrtsmuseum sind sie alle versammelt: das amerikanische Spionflugzeug U2, das Anti-U-Boot-Flugzeug Catalina, der Jägerbomber Mosquito und Junker 52 auf Schwimmern. Spannende Dokumentation über die Schwierigkeiten, die überwunden werden mußten – und auch noch müssen –, um überhaupt entlang der Küste fliegen zu können.

Allgemeine Informationen

Auskunft
Bodø Turistinformasjon
Sjøgata 21
8001 Bodø
Tel. 75/52 60 00, Fax 52 21 77

Camping
Saltstraumen Camping
8056 Saltstraumen

33 km südöstlich von Bodø
Tel. 75/587560
25 Hütten
Dieser Campingplatz liegt am Saltfjorden, gleich in der Nähe des mächtigen Gezeitenstromes Saltstraumen. Von der 41 m hohen Saltstraumen-Brücke können Sie den Anglern in ihren speziell für diesen Gezeitenstrom gebauten Straumbooten zuschauen.

Entsorgungsstation
Hunstad og Mørkved Veisenter
Bodø

Feste und Festivals
Ende Juni: Bestemorfestival, Festival für norwegische Großmütter, Ausstellungen, Konzerte.
Ende Juli/Anfang Aug.: »Nordland-Musikfestwoche« mit Konzerten aller Musikrichtungen.

Medizinische Hilfe
Legevakt
Fjellveien 1
Tel. 75/582014

Verkehrsmittel
Endstation der Nordlandbahn von Trondheim; Schiffsverbindung zu den Lofoten und der Insel Vaerøy; Hurtigruten nordwärts ab 15 Uhr, südwärts ab 4 Uhr, Aufenthalt ca. 2,5–3 Std.; Flugzeug direkt nach Trondheim und Oslo; Expressbusse: nach Fauske–Narvik–Tromsø bzw. Alta–Nordkap–Kirkenes, nach Fauske–Rognan–Skellefteå (Rv 77, Schweden).

Orte in der Umgebung

Kjerringøy Gamle Handelssted M D5
Besichtigung der Gebäude nur mit Führer Mitte Mai–Mitte Aug. 11, 15, 13, 15.30 Uhr
Eintritt 40 NOK, Kinder 20 NOK
Anfahrt: Rv 834, 38 km nördlich von Bodø, im Sommer Bus vom Bodøer Busterminal (einmal/Std.)

Der gute Tip M:
Kjerringøy Gamle Handelssted
Alter Handelsplatz mit pittoresken Holzgebäuden aus dem 19. Jh., die liebevoll restauriert worden sind.

Kjerringøy war im 19. Jh. einer der wichtigsten Handelsplätze entlang der nordnorwegischen Küste. Wirklichen Aufschwung erlebte dieser kleine Ort mit seinen prachtvoll restaurierten Gebäuden aus dieser Blütezeit, nachdem der Händler Erasmus Zahl 1855 den Ort übernahm. Im großen, im Empirestil errichteten Hauptgebäude wohnte Zahl. Sein Haus war eines der wenigen in Weiß gestrichenen Häuser. Unten am Wasser steht der alte Kramladen, der Lebensnerv des Handelsplatzes. Hier lagen auch das Post- und Telegrafenamt sowie das Gasthaus. An einem Tag konnten sich hier bis zu 1000 Fischer aufhalten. Oben auf dem Dachboden des Vorratshauses steht noch ein alter Webstuhl. Außerdem sind mehrere

Knut Hamsuns »Sirilund« *Entlang der nordnorwegischen Küste gibt es viele Handelsplätze, in denen jahrhundertelang der Fisch zu der wichtigsten Handelsware gehörte. Der Kaufmann des Ortes, der häufig Besitzer des gesamten Fischerdorfes war, nahm den Fischern ihren Fang ab und verkaufte ihn an die aus dem Süden kommenden Händler. Obwohl die zumeist armen Fischer vielfach »Schuldsklaven« der lokalen Kaufmänner wurden, konnten sie kaum ohne den Einsatz ihres Händlers überleben.*
Einer der schönsten, noch erhaltenen alten Handelsplätze ist Kjerringøy Gamle Handelssted mit Gebäuden vom Anfang des 19. Jahrhunderts. Nicht nur Handelsleute legten hier an, sondern auch Norwegens großer Dichter Knut Hamsun ging hier Ende des letzten Jahrhunderts mehrmals an Land. Mack, die Hauptfigur seines Romans »Pan« (1894), gleicht dem Händler Erasmus Zahl, der hier jahrelang

alte Läufer mit eigenartigen Karomustern und Buchstabenmosaiken zu sehen. Diese Läufer – die Sammlung von Kjerringøy ist die größte Norwegens – gehörten auf den Lofotbooten zu den kostbarsten Gegenständen. Werfen Sie auch einen Blick in den Garten des Vorratshauses mit seinen Beerenbüschen, Rittersporn und Lupinen, und schauen Sie auch ins Bootshaus. Hier stehen alte Nordlandboote, ein alter *krumstevning*, ein Boot, dessen Bug sich nach oben krümmt, und ein *fembøring*, ein 10–12rudriges Boot, der König unter den Nordlandbooten.

D4 **Narvik**

Die ökonomische Grundlage der Erzstadt Narvik (ca. 19000 Einwohner) ist seit 1902 die Verschiffung des Erzes aus den Gruben von Kiruna in Nordschweden. Voraussetzung dafür war die von 1887–1902 erbaute Ofotbahn. Das einstmals nur 300 Einwohner zählende Victoriahavn erhielt zur selben Zeit die Handelsrechte, und bald schon hatte Narvik 4500 Einwohner. Im Zweiten Weltkrieg war die Stadt einer der am härtesten umkämpften Kriegsschauplätze Norwegens. Das Tauziehen um Narvik zwischen den Deutschen und den Alliierten kostete vielen das Leben und führte zur Zerstörung von mehreren Panzerschiffen und großen Teilen der Stadt. Narvik wurde nach dem Krieg wieder aufgebaut.

Hotel

Grand Royal Hotel
Kongensgate 64
Tel. 76/941500, Fax 945531
108 Zimmer
1. Kategorie, im Sommer 2. Kategorie (DC, EC, Visa)
Narviks First-Class-Hotel mit originalem Pub, Nachtklub und gemütlicher Lobbybar.

das Sagen hatte. 1879 lieh Zahl dem gerade zwanzigjährigen Hamsun, der Dichter werden wollte, Geld. Mehrere Briefe, die man erst 1972 auf dem Dachboden des Krämerladens gefunden hat, bezeugen, daß Hamsun noch viele Jahre lang mit seinem Mäzen in Kontakt stand. Das Porträt von Zahls 25 Jahre älterer Frau Anna Elisabeth stimmt ebenfalls mit der Beschreibung der angebeteten Edvarda in »Pan« überein. Auch für den Roman »Benoni und Rosa« (1908) stand Kjerringøy Modell. Hamsun nannte den dort beschriebenen Handelsplatz »Sirilund«. Wir lesen vom großen gelbgestrichenen Kramladen, dem wichtigsten Gebäude unten am Bootssteg. Hier wurde Mehl gewogen, grüne Seife und Hefe verkauft und Post verteilt. Hier lag einstmals auch das alte Gasthaus, das schon im 17. Jahrhundert von einer Frau namens Siri – vielleicht war sie es, die Hamsun auf den Namen »Sirilund« gebracht hat – betrieben wurde.

Sehenswertes
LKABs Erzverladehafen
Im Süden des Zentrums
Im Sommer tgl. 14 Uhr Führungen
Der erste Verladehafen wurde nach der Fertigstellung der Erzeisenbahn zwischen den Gruben im schwedischen Kiruna und Narvik eröffnet. Die neue Anlage ging 1954 wieder in Betrieb. Heutige Verladekapazität: rund 28 Mio. t Eisenerz.

Museum
Krigsminnemuseum
Torvhallen
Tel. 76/944426
März–Mitte Juni tgl.
11–15 Uhr; Juni–Aug. Mo–Sa
10–22 Uhr, So 11–15 Uhr;
Mitte Aug.–Sept. tgl.
10–16 Uhr
Eintritt 25 NOK, Kinder
10 NOK
Eindrucksvolle Darstellung des Kriegsgeschehens in Narvik, als hier im April 1940 der Kampf um Narvik zwischen den Deutschen und den Alliierten stattfand.

Allgemeine Informationen
Auskunft:
Narvik Turistkontor
Kongensgate 66
8500 Narvik
Tel. 76/943309, Fax 947405
Rundtouren und Ausflüge:
Ofotbanen
Zugfahrt nach Bjørnfjell
Dauer: ca. 45 Min.
Mit der Ofotbanen kann man am Rombaksfjorden entlang durch eine sehr abwechslungsreiche Landschaft fahren – bis hinauf nach Bjørnfjell (520 m) an der schwedischen Grenze (42 km).

Svartisen
C5/D5

Bootsfahrt über den See Svartisvatnet zum Osterdalsisen, 3 km zu Fuß zum Gletscher.

Anfahrt: 32 km nördlich von Mo i Rana, Abzweigung bei Røssvoll (E 6), im Sommer Bus von Mo i Rana, Abfahrt am Touristenbüro um 10.30 Uhr. Mitte Juni–Ende Aug. Fahrpreis 50 NOK, Kinder 25 NOK

Der Snøtind, der höchste Gipfel dieses zweitgrößten Gletschers Norwegens (369 qkm), ragt 1 599 m in den Himmel. Im Osten des Gletschers befinden sich große Höhlen und markierte Wanderwege, vom Süden her kann man mit dem Boot und zu Fuß bis zum Gletscherarm Østerdalsisen herankommen. Vom Westen her hat man die Möglichkeit, mit dem Schiff auf dem Holandsfjord beinahe bis zur Gletscherzunge Engabreen heranzufahren. Bei Glomfjord wird das Gletscherwasser in 45 Tunnels unter dem Gletscher gesammelt und dann bis zur Küste zum Kraftwerk geleitet. Eine umweltfreundliche Methode der Energiegewinnung, die die Natur fast unberührt läßt.

E2 Hammerfest

Hammerfest (ca. 9500 Einwohner) liegt auf demselben Breitengrad wie der nördlichste Punkt Alaskas (70° 39') und der nördlichste Zipfel von Sibirien. Trotzdem ist der Hafen dieser Fischerei- und Industriestadt mit seinen Fischveredelungsbetrieben aufgrund des Golfstromes auch im Winter eisfrei. Die nördlichste Stadt der Welt erhielt bereits 1789 das Marktrecht, doch der wirtschaftliche Durchbruch begann erst im 19. Jh. mit den Walexpeditionen ins Nördliche Eismeer und dem Aufbau einer eigenen Trawlerflotte. Nun begann auch der rege Handel mit dem Ausland, und mehrere Großmächte richteten Konsulate ein. Aufgrund seiner strategisch wichtigen Lage im Nordatlantik wurde Hammerfest während des Zweiten Weltkrieges Flottenstützpunkt der Deutschen. Im Jahre 1944 wurde die Stadt daher vollständig zerstört.
Trotz der zahlreichen Touristen, die jedes Jahr Hammerfests Kirchen und die Meridiansäule besuchen, die zur Erinnerung an die in den Jahren 1816–52 von Schweden, Rußland und Norwegen gemeinsam durchgeführten Vermessungsarbeiten errichtet wurde, kann die Stadt nicht verleugnen, daß sie eben am Ende der Welt liegt.

Hotels

Hammerfest Bed & Breakfast
Skytterveien 24
Tel. 78/41 15 11, Fax 41 19 26
66 Zimmer
2. Kategorie (Æ, EC, Visa)
Hotel mit gemütlicher Atmosphäre und einem großen Garten.

Rica Hotel Hammerfest
Sørøgate 14
Tel. 78/41 13 33, Fax 41 13 11
92 Zimmer, 18 Suiten
1. Kategorie, im Sommer 2. Kategorie (Æ, DC, EC, Visa)

Großes, mitten im Zentrum gelegenes Haus mit gutem Komfort.

Sehenswertes

Hammerfest Kirke
Sommer 8–20 Uhr
In dieser modernen, recht schlicht eingerichteten Kirche (1961) mit ihrer farbenfrohen Glasmalerei, die sich über die gesamte Frontwand erstreckt, gibt es keine Altartafel.
St. Michaels Kirke
Der Priester macht Führungen je nach Bedarf.
Auf der aus 10000 Mosaiksteinen bestehenden Fassade dieser nördlichsten katholischen Kirche der Welt ist St. Michael und der Drache dargestellt. Die Kirche wurde 1958 von deutschen Freiwilligen gebaut.

Essen und Trinken

Turistua Panoramarestaurant
Am Berg Varden
Tel. 78/41 46 11
Tgl. 11–1 Uhr
2. Kategorie
Wunderschön gelegenes Aussichtsrestaurant am Stadtberg Varden, von dem aus man vom 13. Mai bis zum 29. Juli die Mitternachtssonne genießen kann.

Allgemeine Informationen

Auskunft
Hammerfest Turistkontor
Strandgata 3
9601 Hammerfest
Tel. 78/41 21 85, Fax 41 19 00

Entsorgungsstationen
Hammerfest Motell og Camping
Shell-Tankstelle

Feste und Festspiele
Mitte Juli: 2 Wochen lang finden hier die Hammerfest-Tage statt.

Rundfahrten und Ausflüge
Nordkapp Cruise
Tel. 78/41 10 00
Zweimal tgl. mit dem Ausflugsschiff von Hammerfest zur Insel Magerøy/Nordkap und zurück
Dauer 8,5 Std.
Fahrpreis: 720 NOK (inkl. Bustransport zum Nordkap, einer Mahlzeit, Eintritt Nordkapplateau, Führung)

Orte in der Umgebung

Alta
Im Inneren des 30 km langen Altafjordes, direkt an der E 6, liegt das kleine Städtchen Alta (ca. 16000 Einwohner). In seiner Umgebung stößt man auf große, wogende Weizenfelder. Die Bauern im Gebiet rund um Alta können dies dem warmen Golfstrom und den hellen Nächten verdanken, denn an kaum einem anderen Ort in der Welt wird so weit nördlich noch Korn angebaut – deshalb nennt man Alta auch »Finnmarks Italia«. Alta gilt als einer der ersten Orte, an dem sich Menschen in Norwegen ansiedelten. Das Komsa-Volk, das vor allem am mitten in Alta liegenden Komsa-Berg Spuren hinterlassen hat, lebte hier bereits

vor rund 9000 Jahren vom Fischfang und der Rentierjagd. 1973 entdeckte man zufällig ein riesiges Feld mit über 2500 Felszeichnungen, das größte Nordeuropas, das heute auf der World Heritage List der UNESCO über die schönsten Kulturdenkmäler der Welt verzeichnet ist.

Die Felszeichnungen liegen in vier verschiedenen Zonen – mit Hjemmeluft als der wichtigsten. Man kann dieses Bilderbuch aus Stein in sieben Felder auf einer Höhe von 8–26,5 m unterteilen. Dargestellt sind u.a. Alltagssituationen der Jäger, Fischer und Hirten – über einen Zeitraum von fast 4000 Jahren. Thematisiert sind aber auch symbolische Handlungen wie Fruchtbarkeitsrituale oder die Beschwörung des Jagdglücks.

Angler halten den Altafluß für einen der besten Lachsflüsse der Welt. Da das Gewässer so beliebt ist, wird ein Teil der Angelrechte unter der Bevölkerung verlost. Kaum eine Chance also, eine Angelkarte zu ergattern.

In Alta kann man gut übernachten und auch einige Tage bleiben, wenn man Ruhe sucht. Zwei schöne Hotels – in jeder Preislage – empfehlen wir.

Hotels

Gargia Fjellstue
Anfahrt: Nur mit dem Auto erreichbar, 25 km südlich von Alta, Abzweigung vom Rv 93 ca. 8 km südlich von Alta
Tel. 78/43 33 51, Fax 43 33 36
4 Zimmer, 5 Hütten
3. Kategorie (Visa)
Schlittenfahrten: 2–4 Std. 400 NOK/Pers.
Mitten in der wilden Natur gelegene, gemütliche Gebirgshütte. Sie bietet ein kleines Restaurant, ein Kaminzimmer und auch eine Sauna.

Radisson SAS Alta Hotel
Løkkeveien
Tel. 78/43 50 00, Fax 43 58 25
154 Zimmer
Luxuskategorie (Æ, EC, Visa)
Modernes First-Class-Hotel, das mit allem erdenklichen Komfort ausgestattet ist. Außerdem findet man hier auch eine gemütliche Cafeteria.

Sehenswertes

Alta Kraftverk
Sautso, 46 km südlich von Alta
Nur mit Führer zu besichtigen
Buchung und Information: Finnmark Tur & Guideservice, Bregneveien 50
Tel. 78/43 72 77, Fax 43 72 72
Dauer: ca. 5 Std.
Der Bau dieses Kraftwerkes machte Ende der 70er Jahre Schlagzeilen in der Weltpresse. Naturschützer aus aller Welt protestierten, und samische Demonstranten, die um die Weideflächen für ihre Rentiere fürchteten, begannen vor dem norwegischen Parlament, dem Storting, sogar einen Hungerstreik. Von dem Kraftwerk, das im Jahr 1987 in Betrieb genommen wurde, sind heute nur das rund 20 km lange Wassermagazin und der Staudamm zu sehen. Die Besucher können in der Sautso-

halle, die sich in der 110 m hohen Staumauer befindet, durch ein Panoramafenster das Wassermagazin betrachten.

Museum
Hjemmeluft – Alta Museum M
Mitte Juni–Mitte Aug. tgl. 8–23 Uhr; sonst Juni und Aug. 8–20 Uhr; Mai 9–18 Uhr; sonst Mo–Fr 9–15, Sa, So 12–15 Uhr
Eintritt 40 NOK, Kinder frei
Auf dem Museumsgelände mit sieben 2000–5000 Jahre alten Wohnplätzen befinden sich einige der schönsten norwegischen Felder mit Felszeichnungen! Hier haben Jäger vor 2500 bis 6200 Jahren auf sieben Flächen ca. 1700 Figuren in den Fels geritzt. Dargestellt sind hauptsächlich Rentiere und anderes Wild. Um diese eingeritzten »Malereien«, die ohne Zweifel die ältesten Kunstwerke Norwegens darstellen, vor Abnutzungserscheinungen zu bewahren, werden die Besucher gebeten, auf den angelegten Wegen zu bleiben.

Allgemeine Informationen
Auskunft:
Alta Naeringsforening
Tel. 78/436246, Fax 436680
Sept.–Mai
Alta Turistinformasjon
9501 Alta
Tel. 78/437770
Juni–Aug.
Entsorgungsstation:
Shell-Tankstelle
Skiferveien 2

Karasjok (Kárásjoga Gielda) F3
In Karasjok (ca. 2800 Einwohner) befindet man sich mitten im »Sameland«, in direkter Nähe der mächtigen Gebirgshochfläche Finnmark, die als Weidefläche für die Rentierherden der hier lebenden Samen dient. Norwegens Minoritätsbevölkerung hat hier auch ihr eigenes kulturelles und politisches Zentrum mit dem 1989 zum ersten Mal gewählten Sameting, dem eigenen Parlament der Samen mit 39 Mitgliedern, die norwegische Behörden bei Angelegenheiten, die die Samen betreffen, beraten können. Der Ort besitzt auch eine große Bibliothek mit der weltweit größten Sammlung samischer Literatur und die *Samiske Samlinger,* ein spannendes Museum zur samischen Geschichte und Kultur. Wer samisch essen will, kann im originell eingerichteten Restaurant des Karasjok Turisthotells essen.

Der gute Tip M:
Hjemmeluft
Die Felszeichnungen, die Jäger hier vor 2500 bis 6200 Jahren in den Fels geritzt haben, stehen auf der UNESCO-Liste über erhaltenswerte Kulturdenkmäler.

Hotel
Radisson SAS Karasjok Turisthotell
Tel. 78/467500, Fax 466802
56 Zimmer
1. Kategorie (Æ, EC, Visa)

Architektonisch nicht gerade umwerfendes, aber komfortables Touristenhotel direkt am Rand der Gebirgshochfläche Finnmarksvidda. Guter Ausgangspunkt für Wanderungen.

Museum

Samiske Samlinger (Sámid Vuorká Dávvirat)
Museumsgate 17
Tel. 78/466305
Mitte Juni–Mitte Aug. Mo–Sa 9–18, So 10–18 Uhr; Nov. bis März Sa, So 12–18 Uhr; sonst Mo–Fr 9–15, Sa, So 10–14 Uhr
Eintritt 25 NOK, Kinder 5 NOK
Verschiedene Ausstellungen über die samische Geschichte, Kultur und Tradition.

Essen und Trinken

Im Inneren des Bezirks Finnmark, wo die samische Bevölkerung seit eh und je von der Rentierzucht lebt, wurde vom Rentier in alten Zeiten alles, was nur zu verwenden war, verarbeitet: Fleisch, Blut, Innereien und Därme. Das Fleisch wurde nur leicht gesalzen und dann zum Trocknen aufgehängt. Frische Markknochen wurden in gesalzenem Wasser gekocht, der Länge nach geteilt und zusammen mit gekochten Rentierzungen serviert. Heute wird dieses Gericht als Delikatesse angeboten. *Bidos*, eine kräftige Suppe mit Rentierfleisch, Kartoffeln und Zwiebeln, galt früher als Hochzeitsessen, jetzt wird dieser Suppe gerne auch Gemüse hinzugefügt. Lecker ist auch *finnbiff*, gebratenes Rentierfleisch, serviert mit reichlich Zwiebeln in einer deftigen Sahnesauce. Eine wirkliche Spezialität: *fylte reinsdyrhjerter*, mit Zwiebeln, Petersilie und Rentierfarce gefüllte Rentierherzen.

Stor Gammen
Im Karasjok Turisthotell
Tel. 78/467400
1. Kategorie (Æ, EC, Visa)
Tischreservierung erforderlich
Bekanntes samisches Restaurant, in dem mitten im Lokal die moderne Rekonstruktion einer in samischen Erdhütten typischen Feuerstelle aufgebaut wurde. Hier werden verschiedene samische Spezialitäten serviert.

Allgemeine Informationen

Auskunft:
Karasjok Opplevelser
Samelandssenteret
9730 Karasjok
Tel. 78/467360, Fax 466900
Verkehrsmittel:
Expressbusse entlang der Strecke Bodø-Narvik-Storslett-Alta-Kirkenes; Lokalbusse zu Orten auf der Varangerhalbinsel; Flugplatz in Lakselv, 75 km nordwestlich.

Kautokeino (Guovdageainnu) E3

Wer im Winter oder zur Osterzeit kommt, kann von Kautokeino (ca. 3100 Einwohner) aus mit dem Rentier- oder Hundeschlitten auf der Gebirgshochfläche Finnmarksvidda, in der die Temperaturen bis unter minus

50 Grad sinken können, Ausflüge unternehmen. Während des Osterfestes finden in Norwegens größter Samengemeinde und im weiter östlich liegenden Karasjok außer Gottesdiensten, kulturellen Darbietungen und Rentierrennen auch gemeinsame Trauungen samischer Paare statt. Ein farbenfrohes, lebendiges Fest! Die Kautokeinoer Samen besitzen noch rund 100000 Rentiere, die sie im Winter auf der Finnmarksvidda und im Sommer auf den Inseln an der Küste weiden lassen. Mitten im Ort steht ein modernes, preisgekröntes Kulturhaus (1987), in dem unter anderem das einzige samische Theater untergebracht ist.

Einkaufen
Juhl's Silvergallery
Tel. 78/48 61 89
Juni–Aug. tgl. 8–22 Uhr; sonst nach Absprache
Eintritt frei, nach Wunsch Führungen
In der größten Silberschmiede im Bezirk Finnmark wird wunderschöner traditioneller Schmuck hergestellt.

E2 Nordkap

Nach einer langen Reise erreicht man dann endlich den – beinahe – nördlichsten Punkt Europas (71° 10' 21" nördlicher Breite), das auf einem 307 m hohen Plateau liegende Nordkap. Warum beinahe? Weil der weiter westlich liegende Felsen Knivskjelodden (71° 11' 8" nördlicher Breite), der zu Fuß von der Straße aus in 2–3 Std. erreichbar ist, als Sieger beim Kampf um den nördlichsten Zipfel Europas hervorgeht.
Auch wenn das Nordkap eher einem gigantischen Rummelplatz mit jährlich bis zu 200000 Besuchern gleicht und man kaum ein ruhiges Plätzchen findet, ist es schon ergreifend, so weit nördlich zu stehen und die hier vom 11. Mai bis zum 31. Juli nicht mehr untergehende Mitternachtssonne zu erleben.

Hotel
Rica Hotel Nordkapp
Skipsfjorden
Tel. 78/47 33 88, Fax 47 32 33
290 Zimmer
1.–2. Kategorie (Æ, DC, EC, Visa)
Modernes, beinahe nur aus Holz erbautes Hotel, gut geeignet für eine kurze Nacht am Nordkap. Nur 15 km vom Nordkapplateau entfernt.

Sehenswertes
Nordkapplatået
Nordkapbereich
Im Sommer viermal tgl. Linienbus von Honningsvåg
Mai–Sept.
Eintritt vor 18 Uhr 115 NOK, nach 18 Uhr 130 NOK, Kinder rund um die Uhr 40 NOK
Mitternachtsbüfett ab 21 Uhr, 220 NOK
Der Besuch des Nordkaps ist nicht gerade billig, und bezahlen müssen auch all jene, die nur zum Kap vorgehen möchten. Im

Auf den Lofoten ein alltäglicher Anblick: die unübersehbaren Trockenfischgestelle, auf denen nach jahrhundertealter Tradition der Dorsch getrocknet wird

Preis inbegriffen ist der Besuch der Nordkaphalle mit der Nordkapgrotte, von der aus man durch eine Glaswand die Mitternachtssonne betrachten kann. Ausgestattet außerdem mit Supervideograph, eigenem Postamt und Souvenirgeschäften. Wer möchte, kann Mitglied in The Royal North Cape Club werden.

Allgemeine Informationen
Camping und Jugendherberge:
Nordkapp Camping og Vandrerhjem
Skipsfjorden, 7 km von Honningsvåg
Tel. 78/473377, Fax 471177
Mitte Mai–Mitte Sept.

Eine der billigsten Unterkünfte auf der Insel Magerøy im Inneren des idyllischen Skipsfjorden. Auch Vermietung von größeren und kleineren Hütten, Campingplatz, Entsorgungsstation.
Verkehrsmittel:
Valan Flugplatz, 3 km vom Zentrum entfernt, nur mit Taxi erreichbar, Verbindung nach Hammerfest, Alta, Kirkenes; Bus nach Alta, Hammerfest, Karasjok und Kirkenes; Express-Schiffe im Sommer von Lakselv und Hammerfest.

Lofoten C4/C5

Zerrissene Berge mit scharfen Spitzen und Zinnen, von tiefen Talgründen umgeben, die Gletscher vor langer Zeit in das harte Gestein aus Granit und Syenit

Die rund um den Hafen von Nusfjord gelegenen Holzhäuser wurden liebevoll restauriert und in die UNESCO-Liste für erhaltenswerte Kulturdenkmäler aufgenommen

eingegraben haben: Das ist die dramatische Landschaft der Lofoten. Der zerrissenste Teil befindet sich auf Moskenesøya am Kirkefjorden, einer der größten Inseln im südlichen Teil der Lofoten mit den hübschen Fischerorten Reine und Å. Für Künstler war dieser Teil der Lofoten schon immer ein Anziehungspunkt, und auch heute ist man dort daran gewöhnt, norwegische und auch ausländische Maler mit Pinsel und Leinwand anzutreffen. Wer Edgar Allan Poe und Jules Verne gelesen hat, erinnert sich bestimmt auch an deren Schilderungen des Moskenesstraumens. Dieser mächtige Gezeitenstrom fließt am südlichsten Zipfel der Lofoten vorbei.

Auf den Lofoten sieht man vielerorts rote, auf Pfählen stehende Holzhäuschen, sog. Rorbuer, die an die Touristen vermietet werden. Die Häuser waren früher Unterkünfte der Fischer, die von Jan.–April an der großen Lofotfischerei teilnahmen. Seit jeher ziehen in dieser Zeit die Dorsche von der Barentssee (im Nordpolarmeer) zu den seichten Küstenbänken des zwischen den Lofoten und dem Festland liegenden Vestfjordes, um zu laichen. Die Lofotfischerei ist auch heute noch ein großes Spektakel. Überall in den Häfen wimmelt es von Booten, und es kann vorkommen, daß Prachtexemplare von bis zu 35 kg in die Netze gehen. Die rund 3000 versammelten Fi-

scher fangen dann insgesamt 25 Mio. Dorsche. Die Zahl der Fischer ist wegen Überfischung stark zurückgegangen. Nach dem Krieg waren es immerhin noch 20 000. Mehrere Fischerdörfer sind bereits vom letzten Bewohner verlassen worden.
Viele Künstler kommen wegen des einmaligen Lichtes auf die Inseln, auch im Winter. Bereits im 19. Jh. entstand in Svolvær (9 300 Einwohner) eine Künstlerkolonie, aus der in diesem Jahrhundert das Künstlerzentrum Vågan sowie das Künstlerhaus entsprungen sind. Zu den bekanntesten Gegenwartsmalern gehören Kåre Espolin Johnson und Karl Erik Harr, der im Lofotenhus in Henningsvær seine eigene Ausstellung hat.

Hotels

Henningsvær Rorbuer
Henningsvær
Tel. 76/07 46 00, Fax 07 49 10
15 Rorbuer
1.–2. Kategorie
Alte und neue komfortable Rorbuer direkt am offenen Meer für 4–8 Personen, angeschlossen an ein Zentrum mit Whirlpool, Solarium, Verleih von Booten, Angelgeräten, Regenzeug und Rettungswesten.

Kraemmervika Rorbuer
8373 Ballstad
Tel. 76/08 81 95, Fax 08 88 88
22 Rorbuer
2. Kategorie
Echt alte Rorbuer von 1880–1920, in Ballstad unterhalb des 466 m hohen Ballstadfjell gelegen. Ideal für einen längeren Aufenthalt.

Nusfjord AS
8380 Ramberg
Tel. 76/09 30 20, Fax 09 33 78
34 Rorbuer
1.–3. Kategorie
Vermietung von Rorbuer verschiedenster Größe im idyllischen Fischerort Ramberg.

Sehenswertes

Henningsvær C4
Bis 1983 konnte Henningsvær (ca. 750 Einwohner) nur mit dem Boot erreicht werden, und auf der gesamten Insel gab es kein einziges Auto. Seit die Brücke zur Insel Austvågøy eröffnet wurde, ist es in diesem kleinen Fischerdorf mit seinen Fischfabriken, in denen unter anderem Dorschkaviar und leckere »Lofotenpastete« hergestellt werden, hektischer geworden. Es wird gemunkelt, daß die Henningsværinger seither auch ihre Türen abschließen. Zu den beliebtesten Fotomotiven gehören die Trockengerüste am Rande des Dorfes. Hier hängen Tausende von Kabeljaus zum Trocknen. Im Hintergrund ragt der Vågakallen (942 m), der früher als Seezeichen diente, in den Himmel.

Kabelvåg C4
In Kabelvåg (1 800 Einwohner), der ältesten und früher auch der größten Fischereisiedlung der Lofoten, ließ König Eystein bereits um 1120 die ersten Rorbuer

Durchgangsstraßen
Hurtigruten
Bodø Sehenswerter Ort
M Der gute Tip
+ Flugplatz
N
Lofoten und Vesterålen
25 km
Vesterålen
Lofoten
Europäisches Nordmeer
Andenes
Bleik
Andøya
Myre
Nordmela
Åse
Andfjorden
Senja
Stonglandet
Vågsfjorden
Andørja
Grøtavær
Grytøya
Rolla
Kasfjord
Harstad
Sørrollnes
Risøyhamn
Nyksund
Kvæfjord
Breivik
Kilbotn
Skittendalstinden 1306 m
Myre
Narvik
Flesnes
Revsnes
Gullesfjorden
Jennestad
Kongsvik
Fjelldal
Sortland
Evenes
Ramsund
Hinnøya
Langøya
691 m
Malnes
Ballangen
Straumsjøen
Ofotfjorden
Bjørkåsen
Stokmarknes
Hesjetinden 960 m
Durmålstindan 1017 m
Svartsundtindan 1054 m
Lødingen
Steine
Melbu
Hadseløya
Hadselfjorden
Skarberget
Bognes
Trollfjorden
Fiskebøl
Tysfjorden
Kjøpsvik
Austvågøy
Gimsøya
804 m
Hamarøy
Oppeid
Drag
Kleppstad
Svolvær
Hamarøy
Eggum
Kabelvåg
Skutvik
Vestvågøy
Valberg
Borg
Sagfjorden
Utakleiv
Lundøya
Henningsvær
Engeløya
Slåttlifjellet 1105 m
Leknes
Flakstadøya
Stamsund
Bogøy
Anderbakk 1242 m
Napp
Sennesvik
Mortsund
Vestfjorden
Fredvang
Ballstad
Nordfold
Blåfjellet 1002 m
Nusfjord M
Nordfolda
Sund
Moskenesøya
Leiranger
Reine
Moskenes
Folda
Å
Sørvågen
Sørfolda
Sørfold
Refsvik
Hell
Middagstinden 1071 m
Moskenstraumen
Kjerringøy
Misten
Mosken
Festvåg
Værøy
Landegode
Fauske
Salten
Løding
Bodø

In Norwegen findet man nur noch wenige schöne, alte Krämerläden. Nusfjord besitzt einen von ihnen

errichten. Hübsch sind hier vor allem die engen Gassen mit ihren nach einem Großbrand wieder im alten Stil aufgebauten Häusern. Gleich in der Nähe liegt der Ortsteil Storvågan mit dem Lofotmuseum, in dem man auch allerhand über die Lofotfischerei erfährt. Ausgrabungen bezeugen, daß hier einstmals der Mittelpunkt des Handels in Hålogaland gelegen haben muß (ca. 1100 – ca. 1400). Im Ortsteil Vågan kann man sich die größte Holzkirche nördlich von Trondheim, die Lofotkatedralen aus dem Jahre 1898 mit 1200 Sitzplätzen, anschauen. Außerdem gibt es hier eine bekannte Kunstschule für Maler.

> Der gute Tip M:
> **Nusfjord**
> Das absolut schönste Fischerdorf der Lofoten mit meisterhaft restaurierten Fischerhäusern.

Nusfjord M C4

Nusfjord hätte beinahe das gleiche Schicksal wie viele andere verlassene Fischerdörfer ereilt. Die Bewohner zogen weg, und die Häuser verfielen. Doch mit Hilfe eines aktiven Dorfbewohners und eines guten Architekten sowie mit zusätzlicher Unterstützung des staatlichen Denkmalamtes konnte das verfallene Dorf im Westen der Insel Flakstadøya mit großem Erfolg wieder instandgesetzt werden. In diesem kleinen Dorf, das erst 1967 eine Straßenverbindung bekam, gibt

es mehr Gebäude als Einwohner (1995 waren es gerade mal 44). Zahlreiche der rund 60 pittoresken, zumeist rot- und gelbgestrichenen Holzhäuser, die wie ein Kranz rund um den Hafen liegen, sind restauriert worden und stehen nun auf der UNESCO-Liste für erhaltenswerte Kunstdenkmäler.
Untergebracht in einer Rorbu, kann man sich ein wenig in die Zeiten zurückversetzen, als hier Fischer unter teilweise äußerst harten Bedingungen ihren Lebensunterhalt verdienten. 1908 waren noch 1538 Fischer mit 362 Booten registriert, außerdem 84 fremde Handelsleute. Und für einen Fisch erhielten die Fischer 42 Øre. Werfen Sie einen Blick in den traditionsreichen alten Krämerladen. Schön ist auch eine Angeltour mit »Raud den Rame« hinaus aufs Meer.

C4 **Reine**
Beinahe am südlichsten Ende der Insel Moskenesøy stößt man auf Reine. An kaum einem anderen Ort Norwegens haben die Gletscher so tiefe Buchten mit direkt aus dem Wasser ragenden Bergen hinterlassen. Westlich dieser auf mehreren Inseln liegenden Fischereisiedlung thronen spitze Gipfel, die durch messerscharfe Schneiden miteinander verbunden sind. Vom 805 m hohen Berg Munken sehen die Fischerboote nur noch wie kleine Punkte aus. Im Osten ist am Horizont als dünner, verschwommener Strich das Festland zu erkennen, im Westen nur noch das offene Meer. Für alle, die gerne baden: Mit dem Boot kann man sich zu einem schönen Sandstrand im Inneren des Bunesfjordes bringen lassen.

Museen und Galerien

Lofoten Tørrfiskmuseum
Å i Lofoten
Tel. 94/812918 (Mobil)
Ende Juni–Mitte Aug. tgl. 10–18 Uhr; sonst Juni und Aug. 11–16 Uhr
Eintritt 25 NOK, Kinder 15 NOK
Einmaliges Trockenfischmuseum, in dem man alles über die Produktion von Trockenfisch erfährt. Untergebracht in einem hübschen rotgestrichenen Packhaus direkt am Hafen.

Lofotens Hus
Henningsvær
Tel. 76/071573
März tgl. 12–15 Uhr; April und Mai Di–Fr und So 12–15 Uhr (Dia-Show 13, 14 Uhr); Juni–Mitte Aug. tgl. 10–21 Uhr (Dia-Show jede volle Stunde); sonst Aug. tgl. 11–18 Uhr
Eintritt 40 NOK, Kinder unter 12 Jahren frei
Im Untergeschoß dieses Ausstellungsgebäudes mit insgesamt drei Galerien werden ca. 50 Ölgemälde des bekannten Lofoten-Malers Karl Erik Harr ausgestellt. Dia-Show über sein Wirken.

Nordnorsk Kunstnersentrum
Svolvær
Tel. 76/070022
Mitte Juni–Mitte Aug. Di–So

9–20, Sa 9–16, Do auch 18–20 Uhr, Mo ganzjährig geschl.
Eintritt 20 NOK (Visa im Laden)
Im Nordnorwegischen Künstlerzentrum stellen die auf den Lofoten arbeitenden Künstler und Kunsthandwerker eigene Werke aus. Eine große Auswahl an nordnorwegischer Kunst steht zum Verkauf.

C4 **Wikingermuseum »Lofotr«**
Borg
Tel. 76/08 49 00
Bus von Leknes und Svolvær
Mitte Mai–Sept. 8–22 Uhr
Eintritt 60 NOK, Kinder 40
In Borg auf Vestvågøy, wo einstmals der Wikingerhäuptling Olaf Tvennumbruni herrschte, wurde 1995 in der Nähe seines nicht gerade bescheidenen, 1981 ausgegrabenen Wikingersitzes das großartige Wikingermuseum »Lofotr« eröffnet.
In der originalgetreuen Rekonstruktion der ehemaligen, 83 m langen Wikingerresidenz gelangt das Tageslicht nur durch Abzugslöcher im Dach. Durch derartige Löcher zog früher der Rauch der mitten im Raum liegenden offenen Feuerstellen ab. Der Fußboden besteht wie einst aus gestampftem Lehm. Während das Gesinde in kleinen Kammern mit Tranlampen hauste, in denen die Mägde auch spannen und webten, lud der Häuptling in der großen Gildehalle zu »blot« und »gilder« – d. h. zu Opfermahlen und Gelagen – ein.

Essen und Trinken

Fiskekrogen
Henningsvær
Tel. 76/07 46 52
Febr.–Okt. tgl. 13–1 Uhr
2. Kategorie (Æ, DC, EC, Visa)
In diesem netten Fischrestaurant direkt am Hafen wird Fisch auf typisch norwegische Weise zubereitet. Besonderheiten sind Stockfisch und Grenadierfisch.

Oriana Kro
Nusfjord
Tel. 76/09 30 90
Im Sommer tgl. 12–1 Uhr; sonst nur Sa und So 18–1 Uhr
2. Kategorie (Visa)
Kleines, intimes Restaurant mit nur 25 Sitzplätzen an vier Tischen in einem alten, restaurierten Gebäude. Hier werden keine Tischreservierungen entgegengenommen. Kein Wunder, sonst wäre dieses äußerst beliebte Restaurant, in dem eine traumhaft gute Fischsuppe serviert wird, ständig ausgebucht.

Einkaufen

Glashytta
Vikten
Ganzjährig Mo–Sa 9–17 Uhr, So und abends nach Absprache
20 NOK
Osvard Tangrans Glashütte, in der man Glas-, Keramik- und Silberprodukte kaufen kann, ist in einem architektonisch interessanten »Abenteuerschlößchen« untergebracht. Besichtigung der Glasbläserei und einer Webstube. Führung für Interessierte.

Allgemeine Informationen

Auskunft
Destination Lofoten
Postboks 210
8301 Svolvær
Tel. 76/073000, Fax 073001

Entsorgungsstationen
Hamnøy
Gemeinde Reine
Lofoten Turist- og Rorbusenter
Kabelvåg

Feste und Festivals
März: Regionale Kulturfeste anläßlich der Lofotfischerei.
Ende Juni: Kunstfestival, Svolvær.

Jugendherberge
Å Vandrerhjem og Rorbuer
8392 Sørvågen
Tel. 76/091121, Fax 091282
Ganzjährig geöffnet
35 Betten
3. Kategorie
Idyllische Jugendherberge direkt am Wasser, es gibt auch Rorbuer und Zweibettzimmer in der ehemaligen Salzerei.

Rundfahrten und Ausflüge
»Raud den Rame«
Tel. 76/093020, 081225
Veranstaltung von Meerestouren für Angler von Nusfjord aus.
Trollfjordtour
Ab Svolvær im Sommer zweimal tgl.
Dauer 2–4 Std.
Anfragen im Touristenbüro (Destination Lofoten) in Svolvær (→ Routen und Touren, Mit der Hurtigruten von Trondheim nach Kirkenes).

Sport
Rafting:
Deep Sea Rafting
Henningsvær
Tel. 76/071573
Schlauchbootfahrt auf dem Meer für Hartgesottene.

Verkehrsmittel
Kurzstreckenflugplätze in Svolvær und Leknes, tgl. Verbindung mit Bodø; Express-Schiffe zwischen Svolvær und Bodø bzw. Narvik, im Sommer auch Bodø-Lenes, Hafen der Hurtigruten in Stamsund und Svolvær; Autofähren: Svolvær-Skutvik (ca. 2 Std., sechs- bis achtmal tgl.), Fiskebøl-Melbu, Moskenes-Bodø; Busverbindungen entlang der gesamten E 10 und zu den umliegenden Orten.

Tromsø

D3

Die hübsche Stadt Tromsø (ca. 54600 Einwohner) mit ihrer markanten Brücke, an deren Ende die moderne, weiße Eismeerkathedrale thront, wird als das Tor zur Arktis bezeichnet. Nachdem 1820 das erste Fangschiff ins Eismeer geschickt worden war, entwickelte sich der Robbenfang schon bald zu einem der wichtigsten Wirtschaftszweige der Stadt. Außerdem starteten hier Fridtjof Nansen, Roald Amundsen und andere Polarforscher ihre großen

Nordlicht am Winterhimmel *Im Herbst und in der dunklen Jahreszeit kann man im Norden Skandinaviens mit ein bißchen Glück ein recht seltenes Phänomen erleben, und zwar das phantastische Nordlicht – Aurora Borealis. Dieses Himmelsschauspiel beginnt zumeist als schwaches, gelbgrünes Licht, das quer über den Himmel von Osten nach Westen verläuft. Die Lichtstärke nimmt ständig zu, und allmählich entdeckt man rötliche oder rotviolette Strahlenbänder, die sich wellenförmig und mit großer Geschwindigkeit über den Himmel bewegen. Das Lichterspektakel hat nun seinen Höhepunkt erreicht, und während man voller Faszination zum Himmel hinaufschaut, erwartet man fast, daß er jeden Augenblick explodieren könnte. Die Bänder lösen sich jedoch allmählich auf und verformen sich zu den merkwürdigsten Figuren. Das Schauspiel kann mehrere Stunden dauern und sich mehrmals wiederholen. Der spannende Wechsel von Formen und Farben ist ungeheuer fesselnd. Das Nordlicht kann manch-*

Expeditionen. Ein Denkmal am Hafen erinnert an Amundsens Flug mit dem Wasserflugzeug »Latham«, mit dem er sich 1928 auf die Suche nach Umberto Nobile machte. Nobile kam zurück, Amundsen jedoch nicht.

Tromsøs Zentrum besteht aus alten Holzhäusern – die schönsten von ca. 1820 stehen in der Sjøgata und Skippergata – und einem lebhaften Hafen, in dem Krabben zum direkten Verzehr und frischer Fisch verkauft werden. Aufgrund der zahlreichen Gaststätten, Cafés, Kneipen und Bars, aber auch wegen der vornehmen Damen, die hier einst in der neuesten Mode gekleidet herumspazierten, die ihnen ihre wohlhabenden Ehemänner aus dem Ausland mitgebracht hatten, erhielt Tromsø schon im letzten Jahrhundert den mondänen Beinamen »Paris des Nordens«.

Zum aktiven Restaurant- und Nachtleben tragen heute die rund 4000 Studenten der im Jahr 1972 eröffneten Universität, der jüngsten und nördlichsten Norwegens, bei. Eine Besonderheit am Wegesrand: die bis zu 3 m hohe, der Schafsgarbe ähnelnde Tromsøpalme, die ursprünglich aus dem Kaukasus stammt und dann hier heimisch gemacht wurde.

Hotel

Grand Nordic Hotel
Storgata 44
Tel. 77/68 55 00, Fax 68 25 00
99 Zimmer, 13 Suiten
1. Kategorie – Luxuskategorie, im Sommer 2. Kategorie (Æ, DC, EC, Visa)
Eines der besten Hotels in Tromsø, das mit einem besonders leckeren Frühstücksbüfett für Schlemmer aufwartet.

mal auch nur als diffuser, unregelmäßiger Schleier, der einen großen Teil des Himmels bedeckt, oder als kräftiges Strahlen, das eine enorme Lichtstärke hat, auftauchen.
Hervorgerufen wird Aurora Borealis durch sogenannte Sonnenwinde, eine gasförmige Materie aus Elektronen und Protonen, die von der Sonne ins All geschleudert und vom Magnetfeld der Erde gestoppt wird. In der Nähe der Pole kann die Energie positiv und negativ geladener Partikel aber trotzdem in die Erdatmosphäre eindringen. Nachdem diese Partikel mit den Atmosphäremolekülen zusammengetroffen sind, werden kleine Lichtstöße ausgesendet. Milliarden dieser Lichtstöße bilden schließlich das Nordlicht. Verstärkte »Sonnenwinde« können bewirken, daß das Nordlicht manchmal auch südlich des 65. Grad nördlicher und südlicher Breite auftauchen kann. In kalten Winternächten wurde daher auch schon in Oslo dieses einzigartige Lichterschauspiel beobachtet.

Sehenswertes

Fjellheisen (Gondelbahn)
Tel. 77/63 51 21
Mai–Sept. tgl. 10–17 Uhr und bei schönem Wetter 21–0.30 Uhr
Fahrpreis 45 NOK, Kinder 20 NOK
Vom 420 m hohen Storsteinen kann man bei schönem Wetter die Mitternachtssonne erleben. Hungrige können in der Gebirgsstube »Fjellstua« einkehren.

Ishavskatedralen
Juni–Aug. Mo–Sa 10–17, So 13–17 Uhr
Eintritt 10 NOK, Kinder 5 NOK
Wunderschöne, moderne Kirche (1965), »Eismeerkathedrale« genannt, direkt am Ende der Tromsøbrücke mit einer farbenfrohen, riesigen Glasmalerei des Norwegers Victor Sparre. Die 23 m hohe Glaswand stellt Christi Wiedergeburt dar und besteht aus 86 Feldern.

Nordlysplanetarium
Breivika, Universitätsgelände
Tel. 77/67 60 00
Mitte Juni–Mitte Aug. tgl. 11–19 Uhr
Eintritt 50 NOK, Kinder 25 NOK
Im nördlichsten Planetarium der Welt kann man auf der Leinwand verschiedene Himmelsphänomene, u. a. auch – als Hauptattraktion – das Nordlicht, erleben.

Museum

Tromsø Museum
Folkeparken
Tel. 77/64 50 00
Juni–Aug. tgl. 9–21 Uhr; sonst Mo–Fr 8.30–15.30, Sa 12–15, So 11–16 Uhr
Eintritt 10 NOK, Kinder 5 NOK
Großes Bezirksmuseum mit spannenden natur- und kulturhistorischen Sammlungen, in de-

nen vor allem die samische Kultur und arktische Natur beleuchtet werden. Einige äußerst interessante Funde, die belegen, daß Menschen im Bezirk Tromsø bereits vor ca. 10000 Jahren vom Fischfang und der Jagd lebten.

Essen und Trinken

Arctandria
Strandtorget 1
Tel. 77/610101
Tgl. 16–24 Uhr
1. Kategorie (Visa)
In diesem Restaurant werden samische Spezialitäten gereicht.

Peppermøllen Mat & Vinhus
Storgate 42
Tel. 77/686260
2. Kategorie (Æ, DC, EC, Visa)
In Tromsøs ältestem Wirtshaus setzt man sich am besten ins Amundsenzimmer mit Bildern von Roald Amundsens Polarexpeditionen. Amundsen pflegte hier bei seinem Freund Zapffe vor seinen Expeditionen zu Mittag zu essen. Leckere Fischgerichte und auch Gerichte für Vegetarier.

Am Abend

Blå Rock Café
Strandgata 14–16
Mo–Do 16–2, Fr, Sa 16–4, So 17–2 Uhr
Originelles Café, dekoriert mit Schallplatten, Plakaten und Gitarren.

Compagniet Restaurant
Sjøgata 12
Mo–Do 18–22, Fr, Sa 18–4 Uhr
Am Wochenende Tanz für Leute ab 25 Jahren, ansonsten auch nettes Restaurant. Bei schönem Wetter kann man hier draußen sitzen.

Allgemeine Informationen

Auskunft
Tromsø Arrangement
Storgata 61
9001 Tromsø
Tel. 77/610000, Fax 610010

Entsorgungsstationen
Statoil-Tankstelle
Fr. Nansen plass 1
Tromsdalen Camping

Jugendherberge
Tromsø Vandrerhjem
Gitta Jønsons vei 4
Tel. 77/685319, Fax 066303
Mitte Juni–Mitte Aug.
77 Betten
3. Kategorie

Verkehrsmittel
Flugplatz Langnes, ca. 5 km westlich der Stadt, Direktverbindung mit Oslo, Flugzeit knapp 2 Std., ansonsten Verbindung mit allen Flugplätzen entlang der nordnorwegischen Küste.

Orte in der Umgebung

Svalbard (Spitzbergen)

Im deutschsprachigen Raum ist diese Inselgruppe zwischen dem 74. und 81. Breitengrad eher unter dem Namen Spitzbergen – so heißt eine der Hauptinseln – bekannt. Hier findet man noch eine weitgehend unberührte Natur mit mächtigen Bergen, riesigen Gletschern und weiten Tundren vor. Svalbard ist seit dem 14. Aug. 1925 norwegisches Territorium, doch alle Unterzeichnerstaaten des Svalbard-Vertrages haben Zugang zu den Bodenschätzen der Inseln. Von diesem Recht macht neben Norwegen jedoch nur Rußland Gebrauch, das in Barentsburg und Svea Grubenanlagen unterhält. Der Hauptsitz der Norweger befindet sich im Grubenort Longyearbyen (ca. 1000 Einwohner), von wo aus verschiedene Ausflüge und Rundreisen veranstaltet werden. Zu den schönsten Zielen gehören der wunderschöne Magdalenenfjord im Westen und der Kongsfjord mit dem ehemaligen Grubenort Ny Ålesund, in dem sich seit einem großen Grubenunglück im Jahr 1962 nur noch Forscher befinden.

Hotels

Nybyen Gjestehus
9270 Longyearbyen
Tel. 79/022450, Fax 021005
April–Sept.
24 Betten
3. Kategorie
Einfache Übernachtungsmöglichkeit in den ehemaligen, nunmehr renovierten Zimmern der Grubenarbeiter.

Svalbard Polar Hotel
Longyearbyen
Tel. 79/023500, Fax 023501
67 Zimmer, 4 Suiten
1. Kategorie (Æ, EC, Visa)
Spitzbergens neuestes und einziges Hotel mit Restaurant und Pub für die Bewohner von Longyearbyen (7–1 Uhr).

Allgemeine Informationen

Auskunft:
Svalbard Naeringsutvikling
9170 Longyearbyen
Tel. 79/022303, Fax 021020

Feste und Festivals:
Sept.: Spitzbergen Marathon.

Rundfahrten und Ausflüge:
Spitzbergen Travel
Tel. 79/022410, Fax 021010
Mitte Juni–Anfang Sept.
Anbieter von kompletten Touren von verschiedenen Tagestouren und mehrtägigen Rundreisen.

Verkehrsmittel:
Flugverbindung von Oslo über Tromsø einmal tgl., die Flugzeit von Tromsø beträgt ca. 1 Std. 40 Min.

Trondheim C7

Norwegens drittgrößte Stadt (ca. 142000 Einwohner) ist ein wichtiges Kultur- und Handelszentrum mit Universität, Werften, Maschinenfabriken und Sägewerken. Darüberhinaus eine Stadt mit starkem Export – von Holz- und Holzerzeugnissen, Fisch, Tran und Schwefelkies.
Diese Stadt wird 1997 1000 Jahre alt. Verdanken kann Trondheim dieses Jubiläum dem Wikingerkönig Olav Tryggvason, der übrigens noch immer von seiner über 20 m hohen Säule mitten auf dem Marktplatz

über die Stadt und den Fjord wacht. Er ließ damals an den Ufern des Nidflusses das Handelszentrum Nidaros anlegen, von dem aus auch schon bald das große norwegische Reich regiert wurde. Kurz nachdem der Schrein Olav des Heiligen in der Clemenskirche – später wurde hier der mächtige Nidarosdom errichtet – angebracht worden war, kamen die ersten nach Heilung suchenden Pilger, und 1252 wurde die Stadt Sitz des Erzbischofs. Der Pilgerstrom vom Süden her über das Dovregebirge brach bis zur Reformation nicht mehr ab.

Doch bald schon verlor Nidaros an Einfluß. Erst wurde 1217 der Königssitz nach Bjørgvin, heute Bergen, verlegt, dann brannte die Stadt mehrmals ab, und schließlich flüchtete 1537 auch Erzbischof Olav Engelbrektsson. Ein wirklicher Neuanfang kam erst im Jahre 1681, als nach einem weiteren großen Stadtbrand der luxemburgische General Caspar de Cicignon im Auftrag von Christian V. den heutigen Stadtkern mit seinen in französischer Art angelegten Boulevards bauen ließ. Er ist auch der Architekt der Festung Kristiansten (1676–82) im Barockstil, die im

Westen über der Stadt thront. Ein Tip: Steigen Sie hinauf und bewundern Sie von dort aus den Sonnenuntergang!
Wikinger, Pilger und Bischöfe trifft man heute keine mehr an, dafür wimmelt es in dieser Universitätsstadt mit Norwegens größter technischer Hochschule, mehreren anderen Hochschulen und dem weit über die Grenzen bekannten Forschungszentrum SINTEF nun vor allem von Studenten und Forschern. Der Bürgermeister der Stadt prahlt daher sogar mit dem weltweit höchsten IQ per Quadratmeter.
Eine amerikanische Forschungsgruppe gab Trondheim vor einiger Zeit außerdem den Titel »idealste Stadt der Welt«. Begründung: Die Stadt habe gerade die richtige Größe, gute Luft, breite, übersichtliche Straßen, wenige Hochhäuser und einen Stadtkern, in dem immer etwas los ist.
Trondheim hat aber mehr zu bieten als einen hohen IQ und gute Luft: Da sind zum einen die Speicherhäuser am Nidelv und die alte Holzbrücke aus dem Jahr 1859 mit den geschwungenen Holzornamenten. Oder das wunderschöne Ringve Museum mit der größten Instrumentensammlung Skandinaviens ...

Hotels

In Trondheim gibt es genügend Übernachtungsmöglichkeiten aller Preiskategorien. Besonders schön sind die alten, traditionsreichen Hotels im Zentrum. Private Zimmer werden direkt durch Trondheim Aktivum vermittelt (→ Trondheim, Allgemeine Informationen). Trondheims Campingplätze liegen alle 10–20 km außerhalb des Zentrums.

Britannia Hotel
Dronningens gate 5
Tel. 73/53 53 53, Fax 51 29 00
175 Zimmer, 4 Suiten
Luxuskategorie, im Sommer 1. Kategorie (Æ, EC, Visa)
Das Hauptgebäude dieses ältesten Hotels von Trondheim wurde 1897 errichtet. Hinter der prachtvollen Fassade stößt man jedoch auf moderne Architektur und komfortable Zimmer, die 1995 renoviert wurden.

Gildevangen Rainbow Hotell
Søndre gate 22 B
Tel. 73/51 01 00, Fax 52 38 98
81 Zimmer
1. Kategorie, im Sommer 2. Kategorie (Æ, EC, Visa)
Genauso üppig wie die Fassade des Hotels verziert ist, sind auch die Zimmer ausgestattet. Besonders romantisch muten die Dachzimmer im vierten Stock mit schrägen Decken, Rundbogenfenstern oder kleinen Erkern an. In Bahnhofsnähe.

Royal Garden Hotel
Kjøpmannsgata 73
Tel. 73/52 11 00, Fax 53 17 66
297 Zimmer, 9 Suiten
Luxuskategorie, im Sommer 1.–2. Kategorie (Æ, EC, Visa)
First-Class-Hotel mit viel Glas und einem schönen Atrium voller Pflanzen.

Malerisch: die restaurierten Speicherhäuser am Fluß Nidelv

Singsaker Sommerhotell
Rogerts gate 1
Tel. 73/52 00 92, Fax 52 06 35
104 Zimmer
2. Kategorie, im Juli 3. Kategorie (Æ, DC, EC, Visa)
Ruhig gelegenes altes Holzgebäude – eines der größten Nordeuropas. Die Zimmer sind teils mit und teils ohne Bad ausgestattet. Im Stadtteil Singsaker, ca. 10 Gehmin. vom Zentrum.

Sehenswertes

Erkebispegården
Juni–Mitte Aug. Mo–Fr 9–15, Sa 9–14, So 12–15 Uhr
Eintritt 12 NOK, Kinder 6 NOK
In Nordeuropas ältestem Profangebäude (12. Jh.) residierte bis zur Reformation Norwegens Erzbischof. Schöne Mittelalterausstellung.

Munkholmen
Gruppentouren: Tel. 73/52 05 24
Schiff: Mitte Mai–Ende Aug. tgl. jede volle Std. von 10–18 Uhr
Fahrpreis 28 NOK, Kinder 16 NOK
Halbstündige Führung zwischen 10.30–17.30 Uhr
Eintritt 12 NOK, Kinder 6 NOK
Fahren Sie hinaus zur Festung Munkholmen, um dort zu baden oder sich auf der Terrasse des Restaurants die frische Fjordluft um die Nase wehen zu lassen. Auf Olav Tryggvasons ehemaligem Richtplatz – zur Abschreckung spießte er hier die Köpfe der Enthaupteten auf Pfähle auf – wurde Anfang des 11. Jh. ein

Benediktinerkloster errichtet, das 1658 zur Festung und zum Gefängnis umgebaut wurde.

Nidaros Domkirke M
Mitte Juni–Mitte Aug. Mo–Fr 9–17.30, Sa 9–15, So 13–16 Uhr; Mai–Mitte Juni, Mitte Aug.–Mitte Sept. Mo–Fr 9–15, Sa 9–14, So 13–16 Uhr; sonst Mo–Fr 12–14.30, Sa 11.30–14, So 13–15 Uhr
Führungen auf Deutsch im Sommer Mo–Fr 11, 14 und 16 Uhr; Orgelmusik ganzjährig 13 Uhr
Krönungsinsignien Juni–Mitte Aug. Mo–Sa 9.30–12.30, So 14–16 Uhr
Eintritt 12 NOK, Kinder 6 NOK

Dieser Krönungsdom gilt als eines der prächtigsten gotischen Bauwerke Nordeuropas! Von der ursprünglich im Jahre 1070 im romanischen Stil über dem Grab Olav des Heiligen errichteten Christkirche bestehen nur noch die Grundmauern. Das romanische Querschiff entstand im 12. Jh., als man die Kirche zu einer Kathedrale nach englischem Vorbild auszubauen versuchte, ein Unterfangen, das jedoch erst 1320 abgeschlossen war. Das Resultat konnte sich aber sehen lassen: Der Nidarosdom mit seinen hoch aufragenden gotischen Fenstern, seinen reichen Ausschmückungen und imponierenden Menschenskulpturen gilt nämlich seitdem als eine der vornehmsten und prachtvollsten Kirchen Nordeuropas. Bis zur Reformation war der Nidarosdom außerdem eine der größten

Die größte Kathedrale Skandinaviens: der stolze Nidarosdom, dessen Gründung auf das Jahr 1152 zurückgeht

Wallfahrtskirchen Europas. Von 1814–1906 wurden hier Norwegens Könige gekrönt, und mehrere von ihnen wurden hier auch beerdigt. Besonders sehens-

> Der gute Tip M:
> **Nidaros Domkirke**
> Trondheim zu besuchen, ohne diesen wunderschönen Krönungsdom gesehen zu haben, ist nur eine halbe Sache.

wert: die Krönungsinsignien – die ersten norwegischen sind von 1818 – in der Nordre Vestfrontkapelle, der Reliquienschrein Olav des Heiligen, die farbenfrohe Glasrosette über dem Westportal, die biblischen Figuren sowie die Königs- und Bischofsstatuen an der Westfassade und schließlich die prächtige, restaurierte Barockorgel von 1741, gebaut von Joachim Wagner in Berlin, die – wie nur wenige andere Orgeln – Bachs Orgelmusik klanglich authentisch wiedergeben kann.

Stiftsgården
Munkegata 23
Tel. 73/522473
Mitte Juni–Mitte Aug. Di–Sa 10–17, So 12–17 Uhr
Führung jede volle Std.
Eintritt 25 NOK, Kinder 10 NOK, Familien 55 NOK

Nordeuropas größter Holzpalast (1774–78), mit dem die Erbauerin Cecilie Christine Schøller einstmals ihre Rivalinnen in den Stadtpalästen Harmonie und Hornemannsgården übertreffen wollte, ist heute die Residenz des Königs und der Königin bei deren Trondheimbesuchen.

Museen und Galerien

Nordenfjeldske Kunstindustrimuseum
Munkegata 5
Tel. 73/521311
Mitte Juni–Mitte Aug. Mo–Sa 10–17, So 12–17 Uhr; sonst Mo–Sa 10–15, Do 10–17, So 12–16 Uhr
Eintritt 25 NOK, Kinder 10 NOK, Familien 55 NOK

Altes und neues Kunstgewerbe wird hier ausgestellt.

Ringve Museum
Lade allé 60
Tel. 73/922411
Führungen auf Deutsch Juni–Mitte Aug. 13, 15 Uhr; Mitte–Ende Aug. 12.30, 14.30 Uhr; Mitte Mai–Ende Juni, Sept. 12 Uhr
Eintritt 50 NOK, Kinder 20 NOK, Familien 100 NOK

Diese wunderschöne Sammlung von ca. 1400 Musikinstrumenten aus verschiedenen Epochen und aus aller Welt wurde von der russischen Künstlerin Victoria Bachke, die von Petersburg nach Trondheim geflüchtet war, geschaffen. Die Instrumentensammlung gilt als die größte Skandinaviens. Es werden auch Kammerkonzerte gegeben. Besichtigung nur mit Führer.

Essen und Trinken

Der sich nördlich von Trondheim erstreckende Bezirk Nord-Trøndelag gilt als einer der besten Fischereidistrikte Norwegens und verfügt gleichzeitig über große, gut bewirtschaftete Landwirtschaftsflächen. Kein Wunder, daß hier beinahe jeder Hof ein großes *stabbur*, ein auf Holzpfählen stehendes, oftmals zweistöckiges Vorratshaus, besitzt. Die Resourcenvielfalt spiegelt sich auch in dem wider, was die Kochtöpfe hergeben. Fleisch, Speck, geräucherte Wurst und Blutwurst gehören ebenso auf die Speisekarte wie Hering, Köhlerfisch, Lachs und Krebse sowie verschiedene Breigerichte. Als wirklicher Höhepunkt gilt der Elchbraten, *elgsteik*, am besten serviert mit Preiselbeeren, *tytte-*

bær, oder Vogelbeerengelee, *regnebærgelé*.

Abelone Mat & Vinkjeller
Dronningens gate 15
Tel. 73/532470
Tgl. 14–24 Uhr
1. Kategorie (Æ, EC, Visa)
In diesem 150 Jahre alten, stilvoll eingerichteten Kellerlokal gibt's leckeren Meerteufel in Kräutermarinade und erlesene Weine.

Bryggen Restaurant
Ø. Bakklandet 66
Tel. 73/520230
Mo–Sa 18–23 Uhr
Luxuskategorie (Æ, EC, Visa)
Fischrestaurant für Gourmets und solche, die es werden wollen.

Erichsen konditori & Restaurant
Nordre gate 8
Tel. 73/521960
3. Kategorie
Traditionsreiche Konditorei von 1856, in der sich sowohl die vornehmen Damen aus dem Stadtteil Singsaker als auch politisierende Studenten treffen.

Hos Magnus
Kjøbmannsgata 63
Tel. 73/524110
Mo–Fr 15–23.30, Sa 12–23.30, So 13–20 Uhr
2. Kategorie (Æ, EC, Visa)
Schon beim Lesen der Speisekarte dieses gemütlich eingerichteten Restaurants, das in einem alten, restaurierten Speicher am Nidfluß untergebracht ist, läuft einem das Wasser im Mund zusammen. Beginnen Sie mit *gravlaksmoussee*, Mousse aus leicht gesalzenem und angegorenem Lachs mit Sellerie- und Apfelsalat. Danach sollte man der Empfehlung des Koches folgen: »Lakseescalope Magnus«, gegrilltes Lachsfilet, paniert in Kräuterfarce und serviert mit Schalentieren und einer reichhaltigen Sauce aus Meeresfrüchten. Wer Süßes liebt, kann sich getrost an Magnus' hausgemachten Apfelkuchen wagen.

Palmehaven
Dronningens gate 5
Tel. 73/535353
Mo–Do 11–1, Fr, Sa 11–1.30 Uhr, Tanz bis 2 Uhr
Luxuskategorie (Æ, EC, Visa)
Äußerst gepflegtes Restaurant im Britannia Hotel mit Palmen, Fontänen – und vornehmen Kellnern. Besonderheit: Lassen Sie sich das Essen auf einem glühenden Lavastein servieren!

Restaurant Pub
Elgeseter gate 1
Tel. 73/899510
Tgl. 15–1 Uhr
3. Kategorie
Hier gibt's schon ein Sandwich für unter 20 NOK. Treffpunkt der Studenten.

Tårnrestaurant Galaksen
Otto Nielsens veg 4
Tel. 73/513166
Mo–Sa 11.30–23, So 12–18 Uhr
1. Kategorie
In keinem anderen Restaurant in Trondheim sitzt man so luftig wie hier. Kein Wunder, denn das Restaurant liegt 74 m über dem Boden im rotierenden Aussichtsturm Tyholttårnet.

Einkaufen

Garnhuset
Fjordgata 62
Trondheims größte Auswahl an Norwegerjacken und -pullovern.
Møllers Gullsmedforretning
Munkegata 3
In Norwegens ältestem Goldschmiedegeschäft von 1770 kann man Schmuckstücke mit der »Trondheimsrose« kaufen.
Yvonne Verkstadutsalg og Galleri
Ørjaveita 6
Typisches Kunsthandwerk aus dem Bezirk Trøndelag.

Am Abend

Astoria Danserestaurant
Olav Tryggvasons gate 26
Di–Sa 21–3 Uhr
Für Leute, die mal so richtig ausgiebig tanzen möchten.
Breiflabben Pub & Slarvhus
Kjøpmannsgata 7
Tgl. 19.30–1 Uhr
Intimer Pub.
Dickens
Kjøpmannsgata 57
Mo–Fr 10–0.30, Sa 10–1, So 14–0.30 Uhr
In Trondheims ältestem Speicher am Nidfluß trifft man sich auf ein Bier und zum Pizzaessen.
Fiolinen Bar
Kjøpmannsgata 48, Olavskvartalet
Tgl. 17–2 Uhr
Vornehme Bar mit Pianomusik.
Gåsa Kafe
Øvre Bakklandet 58
Besitzer Edgar Pedersen hat ganz einfach seine Stube zum Café umgebaut. Gemütlich und gutbesucht!
Olavshallen
Kjøpmannsgata 44
Tel. 33/534050
Kartenbestellung Mo–Fr 11–17, Sa 12–15 Uhr und 2 Std. vor Konzerten
Trondheims Konzerthaus, in dem ständig etwas los ist.

Kinder

Klæbu Zoo
Klaebu, südlich von Trondheim
Tel. 72/831480
Juni–Sept. tgl. 10–17 Uhr
Eintritt 50 NOK, Kinder 40 NOK
Hier kann man Elche und Rentiere aus nächster Nähe erleben.

Allgemeine Informationen

Auskunft
Trondheim Aktivum
Trondheim Torg
7100 Trondheim
Tel. 73/929394, Fax 515300
Mitte Mai–Ende Aug. Mo–Sa 8.30–20, So 10–20 Uhr; sonst Mo–Fr 9–16 Uhr

Camping und Jugendherberge
Flakk Camping
Tel. 72/843900
Mai–Aug.
4 Hütten
Netter, ruhiger Campingplatz in idyllischer Fjordlage, 10 km westlich von Trondheim am Rv 715.
Trondheim Vandrerhjem Jarlen
Kongensgate 40

Tel. 73/513218, Fax 528080
Juni–Aug.
73 Betten
3. Kategorie
Zentraler geht es nicht! Wenn es hier voll ist, kann man auf Trondheims andere Jugendherberge, Rosenborg, Weidemannsveien 41, Tel. 73/530490, ausweichen.

Entsorgungsstationen
Gaudal Billag
Bratsbergveien 2
Sandmoen Motell og Camping
Heimdal, südlich von Trondheim

Feste und Festivals
Ende Juni: »Den store styrkeprøven«, berühmtes 540 km langes Radrennen von Trondheim nach Oslo, auch für Amateure.
Ende Juli–Mitte Aug.: Olavsfesttage, zur Erinnerung an Olav den Heiligen.

Flugplatz
Værnes, 32 km östlich der Stadt
Busverbindung zum Flugplatz
Direkte Verbindung mit Oslo und den meisten größeren Orten Nord- und Westnorwegens.

Medizinische Hilfe
Legevakt
Olav Kyrres gate 17
Tel. 73/998800

Rundfahrten und Ausflüge
Hafenrundfahrten:
Mitte Juni–Mitte Aug. Di–So 13 Uhr; Ende Juni–Anfang Aug. auch 18.30 Uhr, Dauer 2 Std.
Fahrpreis 80 NOK, Kinder 40 NOK
Auf Munkholmen hat man einen halbstündigen Aufenthalt.
Stadtrundfahrten:
Juni–Mitte Aug. tgl. 12 Uhr
Dauer 1,5 Std.
Preis 100 NOK, Kinder 50 NOK
U. a. werden die Kristansten Festung, der Stiftsgården und der Nidarosdom angefahren.

Verkehrsmittel
Eisenbahn: Nacht- und Tagesverbindung nach Oslo und Bodø (Ende der Nordlandsbahn), Zugverbindung über Storlien nach Stockholm; Expressbusse u. a. nach Stjørdal–Levanger–Steinkjer–Namsos (ca. 4 Std.), nach Molde–Alesund (8 Std.); Schiffe: Fähre Flakk–Rørvik auf die Halbinsel Fosen, Hurtigruten nordwärts um 12 Uhr (Aufenthalt 6 Std.), südwärts um 10 Uhr (Aufenthalt 3,5 Std.).

Orte in der Umgebung

Namdalen C6/D6

Der mächtige, 230 km lange Fluß Namsen gehört zu den besten Lachsflüssen Norwegens. Aber auch wer nicht angelt, fühlt sich von diesem Wasserlauf angezogen, der sich seinen Weg vom Børgefjell-Nationalpark, einem beliebten Wandergebiet mit bis zu 1000 m hohen Gipfeln, hinunter in das fast 100 km lange, von dichten Wäldern umgebene Namdalen bahnt. Unterwegs wird sein Lauf immer wieder von Stromschnellen und Wasserfällen durchbrochen. Am imponierendsten sind der 19 m hohe Trongfossen, gleich in der Nähe des Tierparks Namsskogan Familiepark, und der 35 m hohe, brausende Fiskumfossen mit Lachstreppen, auf denen man die Lachse springen sehen kann.

Hotel

Limingen Gjestegård
Røyrvik, Gemeinde Limingen
Tel. 74/335224, Fax 335380
15 Zimmer
2. Kategorie (Æ, DC, EC)
Nette, kleine Pension im idyllischen Grubenort Røyrvik, mitten im Gebirge am See Limingen. Angelkarten für den Limingen, den See Namsvatn und andere Gewässer um Røyrvik. Im Restaurant wird ein *fjellmeny*, ein »Gebirgsmenü« mit Köstlichkeiten aus der Gebirgsnatur, serviert. Restaurant auch für nicht im Hotel wohnende Gäste (7–22 Uhr).

Sehenswertes

Fiskumfossen
11 km nördlich von Grong
Lachsaquarium: Mitte Juni–Mitte Aug. tgl. 10–22 Uhr; Mai und Sept. kürzer
Eintritt 30 NOK, Kinder 10 NOK
In der Nähe der 291 m langen Lachstreppe am 35 m hohen Wasserfall Fiskumfossen steht ein kleines Lachsmuseum mit mehreren Aquarien, u. a. auch mit dem »Nams-Blank«, einer im Namsen ständig lebenden besonderen Lachsart.

Røyrvik C7
Anfahrt: Rv 773, Abzweigung von der E 6 bei Brekkvasselv, 31 km (Achtung: enger, lichtloser Tunnel durchs Gebirge nach Røyrvik!)
In diesem kleinen idyllischen Gebirgs- und Grubenort am See Limingen wohnen vor allem die Grubenarbeiter der Grong-Gruben, die in den nächsten Jahren stillgelegt werden, aus denen aber heute noch rund 500 000 t rohes Erz gewonnen werden und durch Flotation rund 25 000 t Kupferkonzentrat und 12 000 t Zinkkonzentrat entstehen. Wollen Sie die Gruben besichtigen, erhalten Sie Informationen im Hotel. Wer im Børgefjell-Nationalpark wandern will, kann sich mit dem Boot über den sehr fischreichen See Namsvatnet bringen lassen. Wunderschön ist auch eine Fahrt entlang des Limingen.

Kinder

Namsskogan Familiepark
Trone, ca. 40 km nördlich von Grong
Tel. 74/334105
Juni–Aug. tgl. 10–17 Uhr
Eintritt 100 NOK, Kinder 85 NOK
In den großen Wildgehegen dieses mitten in der freien Natur liegenden Parks kann man mit etwas Glück direkt aus nächster Nähe Elche und viele andere arktische Tiere anschauen. Spiel-

platz für vor allem kleinere Kinder. Grillplätze, Bootsverleih, Bobbahn.

Allgemeine Informationen
Auskunft:
Namdalsopplevelser
7870 Grong
Tel. 74/33 15 50, Fax 33 11 46
Entsorgungsstation:
Statoil-Tankstelle
Namsskogan

C7 **Stiklestad**

Olav der Heilige, alias Olav Haraldsson (995–1030), trieb Anfang des 11. Jh. Norwegens Christianisierung voran, was keineswegs immer nur friedlich vor sich ging. Dort, wo heute der Altar der Stiklestad-Kirche (1180) steht, erhielt er schließlich am 29. Juli 1030 von seinem Erzfeind Tore Hund den Todesstoß. Der Stein, an den der sterbende Olav sich angeblich in seinen letzten Minuten gelehnt haben soll, wurde später in den Altar eingebaut. Die Kirche, in der bei Restaurierungsarbeiten übrigens auch interessante alte Kalkmalereien entdeckt wurden, war jahrhundertelang ein bedeutender Wallfahrtsort.

Sehenswertes
Stiklestad Kultursenter
Kulturhaus, Kirche und Freilichtmuseum
Tel. 74/07 31 00
Mai–Aug. tgl. 9–20 Uhr
Eintritt 60 NOK
Sehenswert: Multimediashow im Kulturhaus von 1992.

Allgemeine Informationen
Auskunft:
Stiklestad Nasjonale Kultursenter
7650 Verdal
Tel. 74/07 31 00, Fax 07 31 10

Stjørdal C7

Viele Reisende lassen die Gemeinde Stjørdal (ca. 17 500 Einwohner) links liegen, denn auf den ersten Blick wirkt dieses Industriezentrum am Trondheimfjord wenig einladend. Doch östlich des Gemeindezentrums Stjørdalshalsen liegen zwei wirklich sehenswerte kulturhistorische Denkmäler: Das Leirfall-Feld bei Hegra und die mittelalterliche Kirche von Værnes (1085) mit einem der ältesten Altarbilder Norwegens (1639). Ein Tip für Angler: Im Stjørdalsfluß wimmelt es nur so von Lachsen. Petri Heil!

Sehenswertes
Leirfall Felszeichnungen
Anfahrt: E 14, bei Hegra, ca. 13 km östlich von Stjørdalshalsen
Die größte Attraktion der insgesamt rund 900 Felszeichnungen ist eine Gruppe von 13 Menschenfiguren, die – wie bei einer Prozession – hintereinander hergehen.

Allgemeine Informationen
Auskunft:
Stjørdal Turistkontor
7501 Stjørdal
Tel. 74/82 22 70, Fax 82 20 07
Auch Verkauf von Angelkarten.

Routen und Touren

TINE
TINE

Routen und Touren

Reise zu Norwegens schönsten Stabkirchen

Diese rund 920 km lange Reise, für die man mit den beschriebenen Besichtigungen und Ausflügen ca. eine Woche berechnen sollte, führt von Oslo über Lillehammer durch das fruchtbare Gudbrandsdalen, ins Gebirge Sognefjell und zum Sognefjord sowie über die Hardangervidda und die Telemark nach Larvik, von wo aus man mit der Fähre nach Dänemark übersetzen kann. Für den Besuch Oslos und weiterer im Reiseteil erwähnter Orte und Abstecher entlang dieser Strecke sollte man zusätzlich Zeit einplanen. Die Route führt mehrmals durchs Gebirge, teilweise über schmale Straßen. Autofahrer mit Wohnwagen sollten gute Manövrierfähigkeiten besitzen.

1. Tag: Bevor Sie Oslo auf der E 6 über Hamar in Richtung Lillehammer verlassen, können Sie im Norsk Folkemuseum (→ Unterwegs am Oslofjord, Oslo, Museum) noch die hübsche *Gol Stavkirke* (um 1200), die nach dem Vorbild der Stabkirche von Borgund rekonstruiert wurde, mit ihren wunderschönen Schnitzereien an den Türeinfassungen anschauen. Außergewöhnlich sind auch die Masken oben an den Hochsäulen. Entlang dem Mjøsa-See, dem größten Norwegens, gelangen Sie in die Olympiastadt Lillehammer. Im wirklich sehenswerten Freilichtmuseum Maihaugen kann die *Garmo Stavkirke* (12. Jh.) bewundert werden (→ Unterwegs im Inneren Süd- und Ostnorwegens, Lillehammer, Museum).

Vorherige Seite: Eindrucksvolles Naturerlebnis: der 600 m senkrecht über dem Lysefjord aufragende Prekestolen
Links: Über 22000 Samen, die Ureinwohner Skandinaviens leben in Norwegen

Der gute Tip M:
Gudbrandsdalen
Seit Jahrhunderten ist das mächtige Tal einer der wichtigsten Verbindungswege des Landes.

2. Tag: Nördlich von Lillehammer beginnt das in Richtung Dombås immer enger werdende Gudbrandsdalen M, das im Ausland vor allem durch die Romantrilogie »Kristin Lavranstochter« der norwegischen Schriftstellerin Sigrid Undset bekannt geworden ist. In diesem Trogtal mit dem breiten Fluß Gudbrandsdalslågen klammern sich die Höfe teilweise wie Kletten an den steilen Berghängen, und mehrere alte Holzkirchen, u. a. auch die stark umgebaute rote *Ringebu Stavkirke* (1200), thronen schon von weitem sichtbar oberhalb des Tales. Obwohl die Kirche von Ringebu im 17. Jh. zu einer Kreuzkirche erweitert wurde, erkennt man noch immer die alten Schwellen, auf denen die zwölf Säulen der ursprüngli-

***Stabkirchen** Von einstmals rund 1000 norwegischen Stabkirchen, die vor allem im 12. Jahrhundert in Folge der Christianisierung Norwegens errichtet wurden, sind lediglich 28 erhalten, teilweise nur noch als Rekonstruktionen. Von gewöhnlichen Holzkirchen unterscheiden sie sich vor allem durch ihre an den Außenwänden angebrachten senkrechten Planken – bei später gebauten Kirchen wurden diese waagerecht befestigt – und dem sich im Inneren der Kirche befindenden Zentralbau mit großen freistehenden Hochsäulen, auch Masten (stav = Stab) genannt. Sie stehen auf einem Rahmen aus Grundschwellen. Am besten kann man diese Konstruktion in den Kirchen von Heddal, Kaupanger und Lom nachvollziehen. Regionale Bautraditionen wurden hier mit neuen Bauweisen vermischt. An einigen Kirchen entdeckt man auch einen »Svalgang«, einen rings um die Kirche führenden Laubengang mit Pultdächern, in dem sich die Kirchgänger vor und nach dem Gottesdienst versammeln konnten. Die Kirchen, die zumeist mitten in der Landschaft errichtet wurden, hatten damals auch eine soziale Funktion und gehörten, wie die älteren Thingplätze, zu den wichtigsten Sammelplätzen für die meist auf abgelegenen Höfen lebenden Bauern.*

chen Kirche stehen. Ungewöhnlich sind die Umrisse von zwei Schweinen an der südlichen Innenwand, die verdeutlichen, daß die Bauern auch nach der Christianisierung dem Heidentum noch nahestanden.

Entlang der wilden Otta

Bei Otta verlassen Sie die E 6 und folgen dem Rv 15 parallel zum wilden Ottafluß in Richtung Lom durch eine abwechslungsreiche Landschaft. In der Ferne können Sie schon die ersten schneebedeckten Gipfel erkennen. Von der ehemaligen *Vågå Stavkirke* (12. Jh.) sind noch das schöne Tierportal mit Halbsäulen, Kelchkapitellen und sehenswerten Schnitzereien mit Schlangen- und Drachenmotiven in der Südwand sowie ein altes Taufbekken (12. Jh.) erhalten geblieben. Die dunkelgeteerte neuere Kirche wurde im 17. Jh. zur Kreuzkirche umgebaut. Hübsch ist auch die wahrscheinlich bereits aus der Wikingerzeit stammende Hofanlage Ullinsvin auf einer Anhöhe in der Nähe von Vågå. Nächstes Ziel ist die *Lom Stavkirke* aus dem 12. Jh. mit einem sehenswerten Säulenrundbogenportal und einer wunderschönen Innenausstattung im Gebirgsort Lom (→ Unterwegs im Inneren Ost- und Südnorwegens, Lom).

Über das Hochgebirge zum Sognefjord

3. Tag: Der folgende Streckenabschnitt über das Gebirge *Sognefjell* (Rv 55) ist wirklich der Hö-

Am auffallendsten ist jedoch das bunte Durcheinander von heidnischen und religiösen Symbolen. So entdeckt man auf den nach Westen und Osten zeigenden Dachreitern einiger Stabkirchen – unter anderem bei denen von Borgund, Fortun in Fantoft bei Bergen, Hopperstad und Lom – züngelnde Drachenköpfe, auf den Nord- und Südgiebeln dagegen christliche Kreuze. Auf dem Vordersteven der Schiffe dienten geschnitzte Drachenköpfe bereits seit Jahrhunderten als Abwehrzauber. Mit seinem Ebenbild sollte der drachenähnliche Urdämon, der, wie die Menschen damals glaubten, im Meer lebte, ferngehalten werden. Obwohl die Menschen nun zum Christentum übergegangen waren, konnten sie sich nicht von einem Tag auf den anderen von ihren heidnischen Glaubensvorstellungen befreien. Hohe Schwellen, sogenannte Geisterschwellen, schmale Eingänge und mit Tiergestalten, Schlangen- und Drachenmotiven verzierte Portale sollten ebenso wie die eisernen Beschläge mit heidnischer Symbolik böse Geister und Dämonen abschrecken. Besonders beeindruckende Beispiele dafür sind die Verzierungen an den Nordportalen der Stabkirchen von Urnes und Lom und am Südportal der Heddal-Stavkirke.

hepunkt dieser Fahrt. Über das Bøverdalen und vorbei an der markanten, 35 m hohen Sagasäule in der Nähe des Elveseter Hotels steigt der Weg allmählich bis auf 1440 m (höchster Punkt in der Nähe der Sognefjellshytta) an. Unterwegs haben Sie eine phantastische Aussicht auf die schneebedeckten Gipfel des Jotunheimen (→ Unterwegs im Inneren Ost- und Südnorwegens, Lom, Orte in der Umgebung). Dieser Gebirgsübergang galt bereits im Mittelalter als wichtigster Verbindungsweg zwischen dem Gudbrandsdalen und der Küstenstadt Bergen. An der Sognefjellshytta sollte man eine Pause einlegen. Gut Trainierte können von hier aus mit einem Führer den Gletscher *Fannaråki* besteigen (einfache Strecke ca. 4 Std.). Beim Turtagrøt Høyfjellshotell beginnt die dramatische Fahrt hinunter nach Skjolden am Lustrafjord, wo die nächste Stabkirche wartet.

Allein schon die Fahrt von Skjolden bis zur Stabkirche ist ein Erlebnis. Auf dem recht schmalen Weg (nicht für Wohnwagen geeignet!), der am Ostufer des Lustrafjordes, einem Arm des 204 km langen Sognefjordes (→ Unterwegs im westnorwegischen Fjordland, Bergen, Orte in der Umgebung), an kleinen Gehöften und dem 218 m hohen Wasserfall *Feigumsfossen* vorbeiführt, ist man immer wieder zu Ausweichmanövern gezwungen. Alternativ kann man 14 km südlich von Gaupne (Rv 55)

Die reizvoll auf einer Landzunge am Lustrafjord gelegene Urnes Stavkirke gilt als älteste Stabkirche des Landes

nach Solvorn abbiegen und von dort mit einem kleinen Schiff ohne Auto zur Stabkirche über-

Der gute Tip M:
Urnes Stavkirke
Der Umweg zu dieser ältesten Stabkirche direkt am Lustrafjord mit ihrem einzigartigen Nordportal lohnt sich wirklich.

setzen (jede volle Stunde, nimmt auch bis zu 12 Autos mit, ca. 20 Gehmin. hinauf zur Kirche).

Urnes Stavkirke – Perle am Lustrafjord M
Die *Urnes Stavkirke* (11. Jh.), Norwegens älteste erhaltene Säulenstabkirche, wurde auf einer Landzunge errichtet, auf der sich in vorchristlicher Zeit möglicherweise ein Opferplatz befand. Sehenswert sind vor allem das in seiner ursprünglichen Form erhaltene Nordportal (1060) mit Motiven eines Löwen. Außerdem entdeckt man Drachen und Schlangen, die in einen Kampf verwickelt sind sowie ein prachtvolles dekoratives Muster im sog. Urnes-Stil. Sehenswert sind auch die Hochsäulen im Inneren mit ornamentierten Würfelkapitellen (Tel. 57/ 68 39 45, Ende Mai–Ende Aug. tgl. 10.30–17.30 Uhr).

Alter Handelsplatz
Vorbei an Gaupne, von wo man einen Abstecher zum Gletscher Nigardsbreen (→Unterwegs im Inneren Ost- und Südnorwegens,

Lom, Orte in der Umgebung, Jostedalsbreen) machen kann, führt die Straße nach Sogndal (ca. 6000 Einwohner, Verwaltungszentrum im inneren Sognefjord) und weiter zum kleinen Ort Kaupanger (Rv 5). Wie der Name *kaupangr* (Handelsplatz) schon verrät, lag hier einstmals ein bedeutender Marktflecken, in dem gleich in der Nähe des Hafens die *Kaupanger Stavkirke* (Ende Mai bis Ende Aug. tgl. 10.30 bis 18.30 Uhr) errichtet wurde. Das Äußere der ursprünglich 1180 erbauten Kirche erinnert kaum noch an eine Stabkirche, doch im Inneren sieht man noch sechs alte Masten des Zentralbaus und gut erhaltene Hochsäulen, die durch Bogenarkaden miteinander verbunden sind.

Königin der Stabkirchen

Durch den Amlatunnel (2960 m), weiter mit der Fähre von Mannheller nach Fodnes (ca. 20mal tgl.) und durch den Fodnestunnel (6582 m) gelangt man dann nach *Lærdal* (ca. 2300 Einwohner), wo man durch den kleinen Stadtteil Gamle-Øyri mit rund 160 unter Denkmalschutz stehenden alten Holzhäusern spazieren kann. Bevor die Reise über das Gebirge nach Aurland weiterführt, sollten Sie auf jeden Fall einen Abstecher zur *Borgund Stavkirke* (Tel. 57/66 81 09, Mai–Sept. tgl. 10–17 Uhr; Juni–Aug. 8 bis 19 Uhr), 27 km östlich (E 16) von Lærdal, machen. Nach einer schönen Fahrt entlang des Lærdalselvi, Norwegens bekanntestem Lachsfluß, taucht links des Weges eine der am besten erhaltenen Stabkirchen Norwegens (12. Jh.) auf (→ Unterwegs im westnorwegischen Fjordland, Ålesund). Dieses Prachtstück, bei dem mittelalterliche Baukunst mit nur wenigen Einflüssen aus der Steinarchitektur vermischt wurden, hat mit seinen schon von weitem sichtbaren Drachenköpfen, den verschachtelten Pultdächern und dem überdachten Laubengang mit Zwergarkaden für mehrere andere Stabkirchen Modell gestanden. Besonders schön sind das Westportal im Drachenstil mit Zylinderkapitellen und verzierter Archivolte und das Säulenrundbogenportal auf der Südseite mit kunstvoll geschnitzten Portallöwen.

Phantastische Fjord- und Gebirgswelt

4. Tag: Die Straße nach Aurland (Abzweigung 5 km westlich von Lærdal) führt mitten durch eine dramatische Gebirgslandschaft. Kurz bevor sich die kurvige Straße zum Fjord hinunterschlängelt, hat man eine phantastische Aussicht auf den Aurlandsfjord und den kleinen Ort Aurland (ca. 1900 Einwohner), von wo aus man mit dem Ausflugsschiff eine wunderschöne Fahrt auf dem Aurlands- und Nærøyfjord nach Gudvangen unternehmen oder vom nur wenige Kilometer entfernt liegen-

Um bösen Geistern den Zutritt zu den Kirchen zu erschweren, wurden unter anderem die Eingangstüren so schmal wie möglich gehalten. Hier die Tür zur Stabkirche von Lom

den Ort Flåm mit der Flåmsbahn von Meereshöhe innerhalb kürzester Zeit zur Gebirgsstation von Myrdal hinauffahren kann. Alternativ können Sie auch statt der Fahrt über das Gebirge von Revsnes mit der Fähre auf dem Nærøyfjord nach Gudvangen (2 Std.; viermal tgl.) übersetzen und auf der E 16 durch den 11,4 km langen Gudvangentunnel über Flåm nach Aurland gelangen.

Baumlose Hardangervidda

Auf einer Serpentinenstraße (Rv 50) und durch mehrere Tunnels führt die Reise wieder ins karge Gebirge hinauf. Am Ende des langgestreckten Sees Strandavatnet zweigt ein Weg zur Raggsteindalen Høyfjellsstue ab (→ Routen und Touren, Wandern auf der Hardangervidda). In Hol stoßen Sie auf den Rv 7, auf dem man ostwärts nach Gol und zur *Torpo Stavkirke* (ca. 26 km) gelangt. Unsere Reise führt jedoch weiter nach Geilo (→ Unterwegs im Inneren Ost- und Südnorwegens, Rjukan, Orte in der Umgebung).

5. Tag: Nach einer Nacht im Wintersportort Geilo geht die Fahrt auf dem Rv 40 erneut ins Gebirge. Zahlreiche klare Seen laden zum Angeln ein, und kleine Pfade führen weiter ins Gebirge. Nachdem Sie schließlich den dritten Paß (1 100 m) passiert haben, führt die Straße schließlich hinunter ins Uvdalen. Wenige Kilometer östlich des Gemeindezentrums von Uvdal steht etwas nördlich der Straße die *Uvdal Stavkirke* (12. Jh.), eine Mittelmastkirche, die jedoch 1720 zur Kreuzkirche umgebaut wurde. Am Westportal aus dem 13. oder 14. Jh. ist Gunnar in der Schlangengrube dargestellt. Mit den Füßen spielt er Harfe.

Abstecher zum Gaustatoppen

Wer abkürzen will, kann nun über das Numedal und Kongsberg (→ Unterwegs im Inneren Ost- und Südnorwegens, Rjukan, Orte in der Umgebung, Kongsberg) zur Stabkirche von Heddal bei Notodden gelangen und nachmittags noch Larvik erreichen. Unsere Reise führt jedoch zuerst noch einmal hinauf auf die Hardangervidda. Fahren Sie zurück nach Bjørkeflåta (ca. 15 km). Dort zweigt südwärts eine anfangs recht steile Straße zur Immingfjell-Gebirgsstube ab. Teile dieser Gebirgsstrecke sind übrigens nicht asphaltiert. Vorbei am langgestreckten Sønstevatn (9 Std. Wanderung zur bewirtschafteten Hütte Mårbu) und der beinahe am höchsten Punkt des Passes gelegenen Mautstelle (1175 m) nähern Sie sich durch das Tessungdalen mit schönen alten Höfen dem zweittiefsten See Europas, dem 460 m tiefen Tinnsjøen. Auf dem Rv 37 erreicht man schließlich Rjukan mit seinem interessanten Industriearbeitermuseum. Wer gerne wandert, sollte hier auf jeden Fall einen Tag zur Besteigung des 1883 m hohen Gaustatoppens (→ Unterwegs im Inneren Süd- und Ostnorwegens, Rjukan, Sehenswertes) einplanen.

Das Besondere an der Heddal Stavkirke sind die zahlreichen auf- und absteigenden Dachformen, die fast barock anmuten

Größte Stabkirche Norwegens
6. oder 7. Tag: Am letzten Tag dieser Fahrt steht nun die letzte Stabkirche und auch die letzte Gebirgsüberquerung auf dem Programm. Nehmen Sie am östlichen Ortsausgang von Rjukan die Gebirgsstraße, die zum Fuß des Gaustatoppens und weiter in das kleine Telemarksdorf *Tuddal* mit einer hübschen Kreuzkirche (1796) führt. Durch das romantische Tuddalsdalen und entlang des Flusses Skogsåi erreichen Sie den Rv 11. Von dort sind es noch rund 15 km bis zur kurz vor Notodden stehenden *Heddal Stavkirke* (13. Jh.), Norwegens größter erhaltener Säulenstabkirche mit einem großen Laubengang, zweistufigen Dachreitern und mehreren dämonenvertreibenden Drachenköpfen. Eine Besonderheit ist das phantasievolle Tier-Rankenportal auf der Westseite (Mitte Mai–Mitte Juni tgl. 10–17 Uhr; Mitte Juni–Mitte Sept. tgl. 9–19 Uhr).
Über Notodden und entlang des Nordsjø-Sees kommen Sie nach Skien mit Henrik Ibsens Elternhaus in Venstøp (→ Unterwegs am Oslofjord, Tønsberg, Orte in der Umgebung, Skien) und dem Ausgangspunkt für die romanti-

sche Kanalfahrt auf dem Telemarkskanal (→ Routen und Touren, Fahrt auf dem Telemarkskanal). Bald ist auch Larvik erreicht. Vielleicht bleibt noch Zeit für einen Besuch des kleinen Festungs- und Küstenstädtchens Stavern (→ Unterwegs am Oslofjord, Tønsberg, Orte in der Umgebung, Stavern).

Mit der Hurtigruten von Trondheim nach Kirkenes

Die Fahrt mit dem norwegischen Postschiff – der Hurtigruten – gilt als eine der schönsten Seereisen der Welt. Wer will, kann sich elf Tage lang auf einem der elf Postschiffe verwöhnen lassen und dabei in aller Ruhe auf einer Strecke von 2500 Seemeilen von Bergen bis Kirkenes und wieder zurück die phantastische, zumeist äußerst zerklüftete norwegische Küste genießen. Doch auch Teilstrecken sind möglich, und unterwegs können Sie aussteigen und ein paar Tage später wieder mit einem der nächsten Schiffe weiterfahren. Im folgenden wird der Streckenabschnitt zwischen Trondheim und Kirkenes mit dessen wichtigsten Höhepunkten beschrieben. Die Lektüre lohnt sich übrigens auch für jene, die nicht mit dem Postschiff reisen, denn die allermeisten Orte sind auch über den Landweg erreichbar.

Idyllisches Fosen

Auf dem 170 km langen und bis zu 577 m tiefen Trondheimsfjord steuert das Schiff langsam auf die Küste zu. Im Westen, weit draußen im Meer, liegen die bekannten Fischgründe Frøyabanken und Haltenbanken. Auf dem Heidrun-, Draugen- und Midgardfeld im Bereich der *Haltenbanken* gibt es reichliche Gasvorräte, die nach Fertigstellung der 245 km langen Erdgaspipeline südwärts zur Veredelungsanlage in Tjeldbergodden gebracht werden sollen.
Viele Menschen, die an der zerklüfteten Küste der Halbinsel Fosen ansässig sind, leben noch immer wie ihre Vorväter vom Fischfang und der Landwirtschaft. Eine relativ neue Einkommensquelle ist die Fischzucht. Nachmittags erreicht das Schiff den Hafen des kleinen Fischerdorfes *Stokksund*, von wo aus man über die idyllische Stokksundstraße zu den bekannten Lachsflüssen *Stordalselva* und *Nordalselva* bei Årnes gelangt. Vorbei an nackten Holmen und Schären und dem Leuchtturm *Buholmråsa fyr*, der vom Fischerdorf Osen aus mit dem Boot erreichbar ist (im Sommer jeden Mi), steuert das Schiff auf das offene Folda-Meer zu.

Sagenumwobene Küste

Nachdem Sie den Küstenort *Rørvik* (ca. 3700 Einwohner, Flugplatz, Hafen der Hurtigruten) und die im Westen liegende Inselgruppe Vikna mit rund 6000 Holmen, Schären, Inseln und zahlreichen Vogelkolonien hinter sich gelassen haben, tau-

chen die roten Felsen der sagenumwobenen Insel *Leka* auf (vom Festland erreichbar mit der Fähre von Gutvik). Weit draußen im Wasser fand man in der großen Solsemhöhle alte Höhlenmalereien aus der Steinzeit, darunter Tierfiguren und Sonnenzeichen. Direkt beim Anleger in Skei steht ein 12 m hoher Grabhügel, mit einem Durchmesser von 55 m der zweitgrößte Norwegens.
Der Berg Leka (209 m) soll der Sage zufolge das versteinerte Mädchen Lekamøya darstellen, das vom Hestmannen verfolgt wurde, als es weiter nördlich bei den sieben Schwestern zu Besuch war. Als die Mädchen bei ihrer Flucht auf die Insel Alsten kamen, mußten die sieben Schwestern vor Erschöpfung innehalten, und Lekamøya mußte alleine weiterfliehen. Hestmannen versuchte nun, Lekamøya mit einem Pfeil zu treffen. Das merkte der Brønnøykönig, und als er sah, was geschah, warf er seinen Hut gegen den Verfolger. Hestmannens Pfeil ging direkt durch den Hut. Als Lekamøya zur Insel Leka gekommen war, verschwand die Sonne, und alle Beteiligten wurden zu Stein: Lekamøya auf Leka, der »Hut« *Torghatten* vor *Brønnøysund* mit seinem markanten 30 m hohen Loch, zu dem man hinaufsteigen kann, *de sju søstre* – die sieben Schwestern – auf Alsten, südöstlich von Sandnessjøen, mit den beiden höchsten Bergen Botnkrona (1072 m) und Grytfoten (1066 m) ganz im Norden und *Hestmannen* (568 m) auf der Insel Hestmona, weit draußen im Meer, genau dort, wo der Polarkreis verläuft.

Taufe am Polarkreis

Einige Kilometer südlich von *Sandnessjøen*, das in wunderschöner Lage am Ostufer des Alstfjordes liegt, steht die hübsche romanische *Alstahaug Kirke* (12. Jh.) mit einem prachtvoll verzierten Altar. Kurz bevor das Schiff den Polarkreis (66° 33' nördliche Breite) überquert und die Passagiere von König Neptun getauft werden, taucht im Nordosten der mächtige Gletscher Svartisen (→ Unterwegs zum Nordkap, Bodø, Orte in der Umgebung, Svartisen) auf, und weit draußen im Meer entdeckt man die Insel *Lovunden* mit dem gleichnamigen Vogelberg, auf dem rund 25 000 Papageientaucher hausen. Bei klarer Sicht sehen Sie vielleicht auch die baumlose Inselgruppe *Træna* (ca. 550 Einwohner) mit mehreren Vogelfelsen und 5000 Jahre alten Höhlen. In der Höhle Kirkhelleren hat man 33 Skelette aus der Steinzeit gefunden. Beide Inseln können mit dem Schnellboot von Sandnessjøen und Stokkvågen aus erreicht werden.

Wenn die Lofotwand auftaucht

Am nächsten Tag, nachdem das Schiff nachmittags den Hafen von Bodø (→ Unterwegs zum Nordkap, Bodø) verlassen hat, sollte man sich wirklich an Deck

Hurtigruten *Als 1891 der für die norwegische Dampfschiffahrt zuständige Gutachter Gran auf die Idee kam, zwischen Trondheim und Hammerfest eine Schnellbootverbindung einzurichten, schüttelten beinahe alle nur ungläubig mit dem Kopf. Für den Bereich nördlich von Trondheim gab es nur zwei Seekarten. Doch Kapitän Richard With von der Reederei Vesteraalens Dampskibsselskap in Stokmarknes ließ sich nicht abschrecken. Er hatte schon seit einiger Zeit über diese Strecke Buch geführt. Zwei Jahre später, am 2. Juli 1893, verließ sein Dampfschiff »Vesteraalen« den Hafen von Trondheim. Bereits 67 Stunden später legte es im Hafen von Hammerfest an. Briefe, die zwischen Trondheim und Hammerfest bisher im Sommer bis zu drei Wochen und im Winter bis zu fünf Monate unterwegs waren, konnten nun innerhalb weniger Tage ausgeliefert werden. Die Bevölkerung entlang der Küste war begeistert, und es waren keineswegs nur Menschen und Waren, die mitgenommen wurden, sondern auch Hausrat und Haustiere. Es dauerte nicht lange, und schon setzten auch andere Reedereien Schnellboote ein. 1898 wurde die Strecke bis Bergen, 1907 bis Vadsø und 1914 bis Kirkenes erweitert. Seit 1936 hat täglich*

aufhalten, denn schon bald tauchen am Horizont die scharfen Spitzen und Zinnen der Inselgruppe Lofoten mit ihren bis zu 1000 m aus dem Wasser ragenden Bergen auf. Das Schiff überquert nun den *Vestfjord*, in den von Jan.–April der arktische Kabeljau zum Laichen kommt. Abends erreichen Sie den erst in diesem Jahrhundert angelegten Fischerort *Stamsund* (1300 Einwohner, Flugplatz ca. 16 km), dessen Häuser sich mit aller Kraft an den Felswänden festzuklammern scheinen. Mit seinen neuen Kaianlagen und seinen leider nicht gerade geruchlosen Fischverarbeitungs- und Tranfabriken ist Stamsund eines der größten Fischerdörfer der Lofoten. Nachdem Sie Henningsvær und Svolvær (→ Unterwegs zum Nordkap, Lofoten, Sehenswertes) hinter sich gelassen haben, passiert das Schiff mitten in der Nacht den engen Raftsund und den idyllischen *Trollfjord*, an dessen Südseite der 1045 m hohe Trolltindan thront. Der Trollfjord ist auch durch die Trollfjord-Schlacht bekannt geworden. Im Jahre 1880 gab es unter den Lofotfischern blutige Kämpfe um Fischgründe. Mehr über diese Schlacht kann man in Johan Bojers Roman »Lofotfischer« lesen.

Wo sich Schwert- und Pottwale treffen

Vorbei an *Stokmarknes* (ca. 3600 Einwohner) mit einem aufschlußreichen Hurtigrutenmuseum und Sortland (ca. 4000 Einwohner), dem Zentrum der

– nur mit Unterbrechung während der Kriegsjahre – ein Postschiff den Bergener Hafen in Richtung Norden verlassen.
Da die norwegische Küste nun auch vom Landesinneren aus erreichbar ist, hat die Hurtigruten einen guten Teil ihrer Bedeutung als Transportmittel für die Bewohner entlang der Küste verloren. Nun sind es zumeist Touristen, die sich auf einem der elf Schiffe der Hurtigruten den Wind um die Nase wehen lassen. Am meisten erinnert die Fahrt mit M/S »Ragnvald Jarl«, der »grand old lady« von 1956, die zusammen mit M/S »Harald Jarl« (1960), M/S »Nordnorge« (1964) und M/S »Kong Olav« (1964) zur alten Garde gehört, an Anno dazumal. Obwohl diese Schiffe umgebaut wurden, haben sie im Gegensatz zu den modernen Schiffen ihren ursprünglichen Charme beibehalten. Sie sind all jenen zu empfehlen, die diese Reise einzig wegen der gigantischen Natur entlang der Strecke unternehmen. Auf diesen alten Schiffen werden nur vier bis sechs Autos mitgenommen, während die neuen Platz für 40 bis 50 Personenkraftwagen bieten. Das neueste Schiff M/S »Nordlys« von 1994 mit insgesamt 490 Kabinenplätzen gleicht dagegen beinahe schon einem komfortablen Kreuzfahrtschiff.

Inselgruppe *Vesterålen*, nähert sich das Schiff Andøya, der bekanntesten Insel dieser Inselgruppe, an deren Nordspitze man vom ehemaligen Walfängerort *Andenes* (3500 Einwohner) aus an einer Walsafari teilnehmen kann. Hat man Glück, kann man an die 40 t schwere Pottwale und bis zu 20 m lange Schwertwale vor die Kamera bekommen.
Kurz vor *Harstad* (ca. 23000 Einwohner) gleitet das Schiff an der *Trondenes Kirke* (1250), einstmals Nordnorwegens wichtigste römisch-katholische Kirche mit drei spätmittelalterlichen Altarschränken, vorbei. Auf einer Anhöhe in der Nähe einer Festung aus dem Zweiten Weltkrieg steht die *Adolf-Kanone*, die weltweit größte auf dem Land stationierte Kanone. 68 Mann müssen hier zur Abfeuerung einer Kugel ran! Vielleicht sind Sie gerade Ende Juni in Harstad, wenn hier die Nordnorwegen-Festspiele mit Konzerten, Theater und Ausstellungen stattfinden.

Schmale Fjorde und unheimlich viele Gipfel

Am dritten Tag sehen Sie nur wenig vom offenen Meer. Schon frühmorgens überquert das Schiff den großen Vågsfjord. Im Westen ragen die bis beinahe 1000 m hohen Berge der Insel *Senja* in die Höhe. Vielleicht haben Sie Lust, von Finnsnes (ca. 5000 Einwohner) aus ins Dorf *Torsken* mit seiner kleinen Kirche von 1773 – mit Inventar von Lübecker Hansekaufleuten – im

Für Nostalgiker ein Muß: die Fahrt mit einem alten Postschiff der Hurtigruten entlang der norwegischen Westküste

Westen der Insel zu fahren, um dort mitten in der zerklüfteten Landschaft mit schroffen, nackten Felsen einige Ferientage zu verbringen.

Bis *Tromsø* (→ Unterwegs zum Nordkap, Tromsø) schlängelt sich das Schiff durch idyllische, schmale Fjorde und Sunde, vorbei an fast ganzjährig schneebedeckten Gipfeln. Nachdem Sie, genauso wie es vor Ihnen bereits zahlreiche Walfänger und Arktiserforscher getan haben, unter der großen, gebogenen, 38 m hohen *Tromsø-Brücke* hindurchgefahren sind, eröffnet sich schon bald der Blick auf die *Lyngsalpen* mit dem vor allem bei Bergsteigern beliebten *Store Jegervasstind* (1596 m) im Süden dieser Bergkette, der schon 1898 vom Engländer William C. Slingsby bezwungen wurde.

Nordkap in Sicht!

Vom Hafen der kleinen Gemeinde *Skjervøy* (3000 Einwohner) hat man einen schönen Blick auf den Fjord Kvænangen und die rund um den Gletscher *Øksfjordjøkulen* (1204 m) liegenden Berge. Nun hat Sie auch das offene Meer wieder. Vorbei an Hammerfest (→ Unterwegs zum Nordkap, Hammerfest), dem alten Fischerdorf Havøysund (1500 Einwohner) und der kleinen, Wind und Wetter ausgesetzten Insel *Måsøy*, auf der schon der französische König Louis Philippe während seiner Nordkapreise im Jahr 1795 übernachtete, erreichen Sie

Die Hurtigruten passieren viele kleine Hafenstädte, unter anderem Sandnessjøn am Ostufer des Alstfjordes

schließlich den Fischereiort *Honningsvåg* (2800 Einwohner). 34 km entfernt, auf der anderen Seite der Insel Magerøya mit ihren zahlreichen Rentierherden, sehen Sie dann endlich das Nordkap.

Zur russischen Grenze

Auch wenn es nur noch wie ein Katzensprung aussieht, so müssen Sie trotzdem noch eine weitere Nacht an Bord verbringen, um die Halbinseln Nordkynhalvøya und Varangerhalvøya zu umfahren. Die Hurtigruten läßt keines der kleinen Fischerdörfchen entlang dieser Strecke aus. Für die Bewohner in Kjøllefjord, Mehamn, Gamvik, Berlevåg und Båtsfjord ist das Postschiff die schnellste Verbindung nach Hammerfest oder *Vardø* (3200 Einwohner), Norwegens einziger Stadt in der arktischen Klimazone. Hier steht auch die nördlichste Festung der Welt, *Vardøhus festning* (Mitte Juni–Ende Aug.) von 1738, mit vier Bastionen und sternförmigen Wallgräben. Endlich ist das Ziel erreicht, der nur noch 11 km von der russischen Grenze entfernt liegende Grubenort *Kirkenes* (9700 Einwohner). Wer hier einige Tage verweilen will, kann sich die 11 km von Kirkenes entfernt liegenden Sydvaranger Gruben, in denen seit 1906 Eisenerz gefördert wird, anschauen oder im Süden des 120 km langen Pasvikdalen im *Øvre-Pasvik-Nationalpark* mit seinem enormen subarktischen

Kiefernwald wandern. Auf der Fahrt dorthin hat man die Möglichkeit, vom Aussichtspunkt Høyde 96 auf die russische Stadt Nickel zu schauen. Fahren Sie auch zum an der Barentssee liegenden Ort *Grense Jakobselv* an der Mündung des Jakobselva mit der protestantischen Kapelle Kong Oscar II. Kapell (1869), die Norwegens Souveränität verkörpern soll. Noch ein Tip: Von Kirkenes aus werden Tagestouren nach *Murmansk* (Finnmark Fylkesrederi og Ruteselskap, Tel. 78/414344, Buchung notwendig, aber keine Visumpflicht, Ende Juni–Juli) veranstaltet.

Hotels
Im folgenden nur einige wenige empfehlenswerte Übernachtungsmöglichkeiten in Orten, die im Kapitel »Unterwegs zum Nordkap« nicht erwähnt werden:

Andenes Vandrerhjem
Fjordgate 2
Andenes
Tel. 76/142222, Fax 141933
Mitte Mai–Mitte Juni
50 Betten
3. Kategorie
Auch Doppelzimmer, guter Ausgangspunkt für die Teilnahme an Walsafaris.

Hotel Arcticus
Havnegaten 3
Harstad
Tel. 77/065000, Fax 065200
75 Zimmer
Luxuskategorie (Æ, EC, Visa)
Modernes Hotel mit interessanter Architektur. Direkt am Hafen gelegen, Frühstückszimmer mit Blick auf den Vågsfjord.

Lankanholmen Sjøhus
Andenes
Tel. 76/142850, Fax 142855
12 Wohnungen
1. Kategorie
Hier übernachten Sie in alten Packhäusern.

Nordlandia Senja Hotell
Torsken, Insel Senja
Tel. 77/855430, Fax 855431
Mai–Aug.
30 Zimmer (5 Hütten)
2. Kategorie (EC, Visa)
Familiäres Hotel im Westen der Insel Senja.

Rica Hotel Kirkenes
Pasvikvelen 63
Kirkenes
Tel. 78/991491, Fax 991356
67 Zimmer, 2 Suiten
1. Kategorie (Æ, Diners, EC, Visa)
Aussicht über die ganze Stadt. Im Restaurant gibt's Rentiergerichte und gelaugten Stockfisch.

Allgemeine Informationen
Auskunft:
NSA Norwegische Schiffahrts-Agentur
Kleine Johannisstr. 10
20457 Hamburg
Tel. 040/376930, Fax 364111
Statt der gesamten Strecke Bergen–Kirkenes–Bergen (11 Tage, Doppelkabinen zwischen ca. 3000 und 4500 DM) kann man auch nur Teilstrecken fahren und unterwegs aussteigen, Weiterfahrt mit Bahn (Trondheim, Bodø) oder ansonsten mit Bussen und teilweise Flugzeugen;

alle Schiffe mit Reiseleitung, Veranstaltung von Landausflügen. Wer das eigene Auto mitnehmen will, sollte schon frühzeitig buchen!

Dauer und Fahrplan der beschriebenen Strecke:
4 Tage, tgl. ab Trondheim 12 Uhr, ab Bodø 15 Uhr, ab Svolvær 22 Uhr, ab Tromsø 18.00/18.30 Uhr, ab Hammerfest 8 Uhr, ab Honningsvåg Winter 14.45 Uhr/Sommer 17.30 Uhr, Ankunft Kirkenes zwischen 8.15 und 11.45 Uhr (abhängig von Jahreszeit und Wochentag); tgl. ab Kirkenes zwischen 9.45 Uhr und 13.45 Uhr, ab Honningsvåg 6.45 Uhr, ab Hammerfest 13 Uhr, ab Tromsø 1.30 Uhr, ab Svolvær 19.15 Uhr, ab Bodø 4 Uhr, Ankunft Trondheim 6.30 Uhr.

Grubenbesichtigung:
Sydvaranger Gruben
Information:
Grenseland A/S
Storgaten 1
Tel. 78/99 25 01, Fax 99 25 25

Walsafari:
Andøykontoret Andenes
Tel. 76/14 121 73, Fax 14 23 77
Preis 575 NOK, Kinder 400 NOK
Buchung mindestens zwei Tage im voraus.

Wandern auf der Hardangervidda

Auf der Hardangervidda, auf Nordeuropas größtem Hochgebirgsplateau mit einer Fläche von ca. 9000 qkm, das sich von Geilo bis zu den Ausläufern des Hardangerfjordes und vom Rv 11 und dem Gebiet um Rjukan bis zum Hallingskarvet erstreckt, kann man stundenlang wandern, ohne eine Menschenseele zu treffen. Eine der schönsten Wanderungen führt durch die steinige Gebirgslandschaft ins Raggsteindalen und von dort über das Hallingskarvet nach Haugastøl. Doch bevor Sie diese zweitägige Tour antreten, sollten Sie einen Tag für die Besteigung des Hardangergletschers bei Finse einplanen.

Der gute Tip **M**:
Hardangergletscher
Wer möchte, kann von Finse aus innerhalb von ein, zwei Stunden bis zum Fuß dieses mächtigen Gletschers wandern.

Hardangergletscher M

Lassen Sie den Wagen in *Haugastøl* (Rv 7, 24 km westlich von Geilo; → Unterwegs im Inneren Ost- und Südnorwegens, Rjukan, Orte in der Umgebung) stehen, und nehmen Sie von dort die Bergensbahn zum nur mit dem Zug erreichbaren Hochgebirgsort *Finse* mit dem am höchsten liegenden Bahnhof Norwegens (1222 m). Das erste Ziel ist der *Hardangergletscher* (1876 m). Eine Wanderung über den Gletscher sollte man nur mit einem erfahrenen Führer machen. Die Aussicht von dem riesigen Eisfeld aus ist überwältigend.

Das Gebirge, das sich hier ursprünglich befand, wurde vor 600 Mio. Jahren vom Meer überflutet und mit der Zeit nach und nach abgehobelt.

Durch Bäche und Geröllhalden

Am nächsten Tag beginnt die rund 9–10stündige Wanderung über das Gebirge ins Raggsteindalen. Vielleicht begegnet Ihnen unterwegs auch eine Herde Rentiere. Die rund 10 000 hier noch lebenden wilden Rentiere halten sich vor allem in der Nähe von Schneeresten auf. Nach dem Aufstieg nördlich von Finse gelangen Sie in eine mächtige Steinlandschaft mit großen Geröllhalden. Die Bäche – durch manche geht's nur barfuß – sind hier oben eiskalt. Gegen Nachmittag entdecken Sie dann irgendwann weit unten das Raggsteindalen und den Bergsee Strandavatnet (975 m). In der *Raggsteindalen Høyfjellsstue* gibt's abends dann als Belohnung gebratene Forelle oder sauren Rahmbrei.

Rundblick vom Hallingskarvet

Am dritten Tag dieses Ausfluges steht die Überquerung des schon von weitem sichtbaren Bergrückens *Hallingskarvet* auf dem Programm. Im Nordwesten thront der 1933 m hohe *Folarskarnut*, der höchste Gipfel des Hallingskarvets. Durch die Felsklüften dieses Bergrückens führten schon früher wichtige Verbindungswege. Berechnen Sie für diese Etappe mindestens 9 Std., denn vor allem der Abstieg hinunter nach Haugastøl dauert seine Zeit – und strapaziert die Knie!

Hotels

Finsehytta
Finse
Tel. 56/52 67 32, Fax 52 67 60
Nur mit der Bergensbahn erreichbar, geöffnet an Ostern und im Sommer
150 Zimmer (Mehrbettzimmer)
2. Kategorie (Æ, DC, EC, Visa)
Hütte des Norwegischen Bergwandervereins (DNT), von hier aus Führung auf dem Hardangergletscher.

Raggsteindalen Høyfjellsstue
Hovet
Tel. 32/08 85 40, Fax 08 98 03
Busverbindung vom Bahnhof Ål
13 km westlich des Rv 50
35 Zimmer/1 Hütte
2. Kategorie (Visa)
Gemütliche Gebirgsstube auf 1 000 m Höhe am Strandavatnet. Nach einer langen Wanderung kann man hier gute Hausmannskost genießen.

Allgemeine Informationen

Dauer der Wanderung:
3 Tage (mit Gletschertour)

Gletscherführung:
Geilo Aktivitetsguiding
Geilo
Tel. 32/08 84 65

Markierung und Karten:
Schilder und rote »T«s des Norwegischen Bergwandervereins DNT (Den Norske Turistforening), Karten erhältlich in den Gebirgshütten und Hotels.

Wandern auf der Hardangervidda
20 km
N
Vosseskavl
1597 m
Osa
Onen
1621 m
Kjeåsen
Eidfjorden
Eidfjord
Sæbø
Vøringsfoss
Vargevatn
Strandavatnet
Blåberga
1802 m
Djupvatn
Raggsteinhytta
Folarskarnut
1933 m
Finse
Finsevatn
Hallingskarvet
Hardanger jøkulen
1862 m
Bergsmulen
1496 m
Haugastøl
Tvist
Kleppesølen
Nordheim
Skoro
Hoved
Geilo
Ustevatn
Rjukan
Tuvaseter
Kyrkjehovda
1273 m
Fagerheim Fjellstue
Halne fjellstove
Store Grønnut
1883 m
Ossjøen
Tråastølen
Halnefjorden
Berakopen
1531 m
Veig
Høgahæ
1401 m
Rundenuten
1404 m
Hardangervidda Nasjonalpark
Langesjøen
50
60
7
40
Durchgangsstraßen
Unbefestige Straßen
Wanderung mit Laufrichtung
Der gute Tip
Sehenswürdigkeit
Kirche
Nationalparkgrenze

Fahrt auf dem Telemarkskanal
20 km
Lofthus
Åmot
Skogsåa
Follsjå
Kongsberg
Oslo
Hjartdøla
Notodden
Sundsbarmsv.
Eidsborg stavkirke
Dalen
Seljord
Lifjell
1288 m
Elangsfjell
804 m
Telemark
Bandak
Rjukan
Kviteseidvatnet
Bø
Akkerhaugen
Økteren
Bø
Fjellv.
N
Skreosen
Vråvatn
Vrådal
Flåvatnet
Lunde
Romnes kirke
Ulefoss
Norsjø
Nisser
Grova
Kilevatnet
Skien
Høydalen
Drangedal
Straume
11
37
36
360
355
41
38
358
356
Durchgangsstraßen
Unbefestigte Straßen
Bootstour
Der gute Tip
Kirche
Flugplatz

Voraussetzung:
Gute Kondition und festes Schuhwerk.

Fahrt auf dem Telemarkskanal

Als 1892 der Bandak-Norsjø-Kanal eröffnet und mit dem idyllischen Skien-Norsjø-Kanal (1861) verbunden wurde, hatte man ein Meisterwerk vollendet: Nun konnte man mit dem Schiff über mehrere Schleusen bis in den 110 km entfernten, mitten in der Telemark liegenden Ort Dalen fahren, eine Kanalfahrt, die auch heute noch zu den größten Attraktionen in dieser Gegend gehört.

Auf dem Weg nach Ulefoss

Die Fahrt auf dem Kanal mit den beiden alten Schiffen, die hier im Sommer verkehren, ist einzigartig. M/S »Victoria« feierte 1992 bereits ihren 110jährigen Geburtstag, und 1997 wird die traditionsreiche M/S »Henrik Ibsen« 90 Jahre alt. Die Schiffe benötigen für die einfache Strecke rund 10 Std.

Jeden Morgen pünktlich um 8.30 Uhr verläßt eines der Schiffe den Hafen von Skien (→ Unterwegs am Oslofjord, Skien). Bevor man auf den See Norsjø hinausgelangt, wird bei Skotfoss die 10 m hohe Løveid-Schleuse passiert.

Am Nordufer des Sees liegt die Mikaelshöhle, vor der Reformation ein alter Wallfahrtsort, der aber durch die Sprengungen eines Geologen zerstört wurde und seither nicht mehr besichtigt werden kann. Nördlich von *Ulefoss* sieht man die hübsche Romnes Kirke mit der Grabstätte der Familie Aal, in deren Besitz sich seit Generationen das kleine Empire-Schlößchen *Ulefoss Herregård* (von 1807, im Sommer geöffnet) mit seiner leuchtend weißen Fassade und einer auffallend blauen Kuppel befindet. Das Gut steht auf der Nordseite des Flusses Eidselva, auf dem man nun über die 11 m hohe Ulefoss-Schleuse zur Eidsfoss-Schleusenanlage weiterschippert.

Imponierendes Schauspiel

Die beeindruckendste Schleuse dieses Kanals ist ohne Zweifel die *Vrangfossen-Schleusenanlage* mit ihren insgesamt sechs Schleusenkammern. Während das Schiff langsam 23 m Höhenunterschied überwindet, kann man aussteigen und von den Treppen, die entlang der Schleuse angelegt wurden, diesem Schauspiel beiwohnen. Bis Lunde – von dort kann man mit dem Bus nach Skien zurückkehren – kann man sich nun bequem zurücklehnen und die liebliche Landschaft genießen.

Steil aufragende Berge

Nachmittags tuckert das Schiff langsam über die langgestreckten Seen Flåvatnet, Kviteseidvatnet und Bandak. Der letzte Teil der Strecke erinnert geradezu an eine Fjordfahrt. Die Berge links und rechts des Bandak ragen beinahe senkrecht bis zu 700 m direkt in den Himmel. Am Nordufer, bei Dalen, schraubt sich eine Straße hinauf zur *Eidsborg Stavkirke* (13. Jh.) mit wunderschöner Rankenornamentik und Kapitellen mit stehenden Löwen am Westportal. Wer in Dalen übernachten möchte, sollte sich im alten Hotel Dalen verwöhnen lassen. Rückfahrt am nächsten Morgen mit dem Schiff oder noch am gleichen Abend mit dem Bus.

Hotel

Hotel Dalen M
Dalen i Telemark
Tel. 35/07 70 00, Fax 07 70 11
38 Zimmer, 2 Suiten
1. Kategorie

Jahrelang stand dieser im Schweizerstil errichtete Holzpalast leer. Nach umfassenden Restaurierungsarbeiten wurde das Hotel im Jahr 1992 wieder eröffnet und gehört heute zu einem der prachtvollsten und romantischsten Hotels Norwegens. Am imponierendsten sind die große Halle mit ihrer wunderschönen Glasmalerei an der Decke und der wie in alten Zeiten mit reichlich Holz vertäfelte Speisesaal (Lunch ab 12 Uhr, warmes Abendessen von 18–22 Uhr).

Allgemeine Informationen

Auskunft:
Telemark Reiser
Postboks 743 Hjellen
3703 Skien
Tel. 35/53 03 00, Fax 52 70 07

Fahrkarten:
Skien-Dalen 250 NOK, Skien-Lunde 170 NOK, Kinder, Fahrräder und Kanus 50 Prozent Ermäßigung, es gibt dann auch 50 Prozent Rabatt bei der Rückfahrt.

Fahrplan:
Juni–Mitte Aug.: von Skien (ab 8.30 Uhr) nach Dalen (an 19.20 Uhr); Ende Mai–Mitte Juni und Mitte Aug.–Mitte Sept. nur Mo, Mi, Fr und Sa nach Dalen, Di, Do und So nur bis Lunde (an 13.15 Uhr).
Rückkehr von Dalen 8 Uhr (Ende Mai–Mitte Juni und Mitte Aug.–Mitte Sept. nur Di, Do, Sa und So), von Lunde tgl. 13.30 Uhr, Ankunft Skien 17.50 Uhr.

> Der gute Tip M:
> **Hotel Dalen**
> Dieses romantische Holzschlößchen von 1894 am Ende des Telemarkskanals gehört zu den schönsten Hotels Norwegens.

Rundtour:
Ende Mai–Mitte Sept. tgl. Bus von Lunde 13.50, an Skien 14.50 Uhr, Bus von Skien tgl. Mitte Juni–Mitte Aug. nur Mo 12.10, an Lunde 13.10 Uhr (zurück mit dem Schiff).
Busfahrkarte 48 NOK, Kinder 25 NOK
Mitte Juni–Mitte Aug. Di, Do, Sa, So, sonst Ende Mai–Mitte Sept. Fr und Sa Bus von Dalen 19.30, über Bø, Lunde (21.45 Uhr), an Skien 23 Uhr.
Busfahrkarte 140 NOK, Kinder 70 NOK

Allgemeine Informationen

GRAND CAFE

Anreise

Mit Auto und Fähre

Wer mit dem Auto nach Norwegen unterwegs ist, muß zumindest einen kleinen Teil der Strecke an Bord einer Fähre verbringen. Am komfortabelsten ist die Fahrt mit Color Line von Kiel nach Oslo (19 Std.). Eine kleine Seereise ist auch die Fährfahrt von Kopenhagen nach Oslo (16 Std.) mit Scandinavian Seaways. Ebenfalls nach Oslo fährt Color Line von Hirtshals (Dänemark, 8,5 Std.) und Stena Line vom nordjütischen Frederikshavn (ca. 8 Std.). Stena Line fährt nach Moss (7,5 Std.), ca. 60 km südlich von Oslo. Die Fähre zwischen Frederikshavn und Göteborg (3,5 Std., bis zu achtmal tgl.), ebenfalls Stena Line, ist eine billigere Alternative. Die Nachtfahrten sind günstiger als die Tagesfahrten. Von Göteborg bis Oslo sind es 320 km auf gut ausgebauten Straßen. Stena Line unterhält auch eine Fähre zwischen Kiel und Göteborg (ca. 14 Std.). Billig sind auch die Überfahrten entlang der »Vogelfluglinie« zwischen Puttgarden–Rødbyhavn (Dänemark, 1 Std.) und Helsingør (Dänemark)–Helsingborg (Schweden, 25 Min.).

Wer nicht nach Oslo will, kann mit Larvik Line von Frederikshavn auch nach Larvik (4 Std. tagsüber, 6–8 Std. nachts) übersetzen. Color Line fährt von Hirtshals (Dänemark) nach Kristiansand (4,5 Std.), und Fjord Line unterhält eine Fährverbindung zwischen Hanstholm (Dänemark) und Egersund an der Südwestküste bzw. Bergen.

Fährlinien:

Color Line
Oslo-Kai
24108 Kiel
Tel. 0431/974090
Fax 9740920

Fjord Line
Karl Geuther GmbH
Martinstr. 58
28195 Bremen
Tel. 0421/1761, Fax 18557

Larvik Line
Reisebüro Norden
Ost-West-Str. 70
20457 Hamburg
Tel. 040/36001 50, Fax 366483

Scandinavian Seaways
Van-der-Smissen-Str. 4
22767 Hamburg
Tel. 040/389030
Fax 38903120

Stena Line
Schwedenkai 1
24103 Kiel
Tel. 0431/9090
Fax 909200

Mit der Bahn

Eine Eisenbahnfahrt nach Norwegen ist ganz einfach. Abends steigen Sie in den Nachtzug in

Vorherige Seite: Jazzfestival in Oslo: Gekleidet ist hier jeder nach seiner Fasson
Links: Die Karl Johans gate, Oslos bunte Flaniermeile, erstreckt sich quer durch die Innenstadt über fast anderthalb Kilometer

Nichts für schwache Nerven: Die Flåmsbanen, die die Stadt Myrdal im Hochgebirge und das Fjorddorf Flåm verbindet, durchquert auf ihrer Fahrt 20 Tunnels – bei einem Gefälle von 5,5 Prozent ...

Hamburg, und 17 Std. später steigen Sie in Oslo wieder aus. Der Zug fährt über die »Vogelfluglinie« (→ Mit Auto und Fähre) und wird dabei auf die Fähren verladen. Sie können entweder mit der Inter-Rail-Karte fahren oder mit dem Scanrail-Ticket für 606/756 DM (2. bzw. 1. Klasse), mit dem Sie einen Monat lang in Norwegen, Schweden, Finnland und Dänemark im Zug unterwegs sein können. Alternative: Scanrail flexi für fünf Tage (310/376 DM) oder 10 Zugfahrtage (420/516 DM) pro Monat. Verkauf dieser Tickets in deutschen Reisebüros.

Mit dem Bus

NOR WAY-Bussekspress fährt von Hamburg über Göteborg nach Oslo (16,5 Std., einfach 640 NOK, Kinder 320 NOK, Studenten 605 NOK), auch Verbindung nach Basel und Paris.

NOR WAY-Bussekspress
Karl Johans gate 2
0154 Oslo
Tel. 22/33 01 90, Fax 41 60 04

Mit dem Flugzeug

Oslo wird von mehreren Fluggesellschaften direkt von Hamburg, Berlin, Düsseldorf, Frankfurt und München angeflogen. Auch Bergen ist direkt von Hamburg aus erreichbar. Derzeit günstigstes Angebot hat die Deutsche British Airways von Berlin nach Oslo, aber auch Lufthansa und SAS bieten im Sommer Flieg- und Sparpreise an.

Bereits in Deutschland können Sie den Visit Norway Pass von Braathens SAFE kaufen, mit dem Sie 13 Flugplätze für 115 DM bzw. 230 DM anfliegen können. 50 Prozent Rabatt für Kinder bis 16 Jahre. SAS bietet den Visit Scandinavia Air Pass mit bis zu sechs Coupons an, mit denen Sie unter bestimmten Voraussetzungen in ganz Skandinavien günstig fliegen können.

Braathens SAFE
Tickets: Haakon VII's gate 2
Oslo und auf dem Flughafen Fornebu
Tel. 67/597000, 586000
Fax 22/836361

British Airways
Tickets: Karl Johans gate 16 B
Oslo
und auf dem Flughafen Fornebu
Tel. 22/331600, 67/581690 (Flughafen)
Fax 22/332875

Lufthansa
Tickets: CitySenter
Nygaten 3
Oslo
Tel. 22/423880, 67/582730 (Flugplatz Fornebu)
Fax 67/536396

SAS
Tickets: Flughafen Fornebu
Tel. 81/003300

Auskunft

In Deutschland:

Norwegisches Fremdenverkehrsamt
Postfach 760820
Mundsburger Damm 45
22058 Hamburg
Tel. 040/22710810
Fax 22710815

Das deutsche Büro ist auch für Österreich und die Schweiz zuständig.

In Norwegen:

Norges Informasjonssenter
Vestbaneplassen 1
0250 Oslo
Tel. 22/830050
Fax 838150

Auto

Entlang der Fjorde, der Küste und im Gebirge sind die Straßen teilweise recht eng und unübersichtlich. Etappen über 300 bis 350 km pro Tag sind in diesen Regionen daher nicht zu empfehlen. Berechnen Sie auch Wartezeiten auf Fähren. Fahrpläne im »Rutebok for Norge«, erhältlich in Narvesen-Kiosken.

Abblendlicht

Die Autofahrer müssen das Abblendlicht rund um die Uhr während der Fahrt einschalten.

Höchstgeschwindigkeiten

Innerhalb der Ortschaften 50 km/h, außerhalb 80 km/h, auf einigen Schnellstraßen 90 km/h. Wohnwagengespanne maximal 80 km/h. Überschreitungen, auch geringe, sind teuer.

Mietwagen

Verleiher an allen Flughäfen, aber auch in den größeren Städten. Sommerpreise und Wochenendangebote, meist nur Vermietung an Personen über 25 Jahre.

AVIS-Bilutleie
Postboks 154
1361 Billingstad
Tel. 66/847880, Fax 849506
Budget Rent-a-car
Sonja Henies plass 4
0185 Oslo
Tel. 22/171050, Fax 171060
Buchung auch Tel. 80/030210
Europcar Interrent Bilutleie
Parkveien 31
0350 Oslo
Tel. 22/607022, Fax 608244
Hertz Bilutleie
Strandveien 5
1324 Lysaker
Tel. 67/580630, Fax 591726

Mautgebühren
Um neue Brücken, große Straßen und Tunnels finanzieren zu können, wird vielfach Maut (5–110 NOK) verlangt.

Pannenhilfe
Auf allen Gebirgsstrecken im Sommer Pannenhilfe durch NAF, der Schwestergesellschaft des ADAC. Der Kauf eines ADAC-Euroschutz-Briefes wird empfohlen. Die Alarmzentrale ist rund um die Uhr besetzt.
Norges Automobil-Forbund (NAF)
Storgata 2
0105 Oslo
Alarmzentrale Tel. 81/000505
Service Tel. 22/341400
Reisebüro Tel. 22/341500

Promillegrenze
Wer mit mehr als 0,5 Promille im Blut erwischt wird, muß mit Führerscheinentzug rechnen.

Campinghütten sind eine echte Alternative, wenn man nicht so gerne zeltet – oder in Hotels übernachtet

Verkehrsregeln
Größtenteils gelten die gleichen Verkehrsregeln wie in Deutschland. Eine Ausnahme: Norwegens Kreisverkehr (*rundkjøring*). Hier hat immer der, der sich im Kreisel befindet, Vorfahrt! Grundsätzliche Vorfahrtsregel ist rechts vor links – auch auf breiten, großen Straßen, falls nichts anderes angegeben ist. Straßenbahnen haben immer Vorfahrt. *Kollektivfelt*, eigene Fahrbahnen für den öffentlichen Verkehr, sind durch ein Bus- und Taxisymbol gekennzeichnet. Halter von Privatwagen müssen, wenn sie darauf fahren und erwischt werden, 1500 NOK Strafe bezahlen.

Winterreifen
Von Nov. bis Mitte/Ende April darf mit Spikes gefahren werden. Obligatorisch sind Winterreifen ohne Spikes. Nehmen Sie Schneeketten mit.

Wohnwagen/Wohnmobile
Einige Straßen empfehlen sich nicht für Wohnwagengespanne (eigene Karte im Norwegischen Fremdenverkehrsbüro erhältlich). Auf öffentlichen Rastplätzen darf nicht übernachtet werden. Für die Entsorgung des Inhaltes chemischer Toiletten müssen spezielle Entsorgungsstationen benutzt werden. Angaben darüber im Campingführer und unter den einzelnen Orten.

Camping

Es gibt rund 1400 Campingplätze, eingeteilt in fünf Kategorien. Auf vielen Plätzen findet man auch Campinghütten, die ebenfalls ein bis fünf Sterne haben, jedoch unabhängig von der Klassifizierung des Campingplatzes.
Auf Plätzen des Norwegischen Automobilverbandes (NAF) erhalten ADAC-Mitglieder Ermäßigung (Adresse → Auto, Pannenhilfe).

Diplomatische Vertretungen

In Deutschland:
Kgl. Norwegische Botschaft
Mittelstraße 43
53175 Bonn
Tel. 0228/819970, Fax 373498

In Österreich:
Kgl. Norwegische Botschaft
Bayerngasse 3
A-1030 Wien
Tel. 01/71566920
Fax 7126552

In der Schweiz:
Kgl. Norwegische Botschaft
Dufourstraße 29
CH-3005 Bern
Tel. 031/3524676
Fax 3515381

In Norwegen:
Tyskland Forbundsrepublikken Ambassade (Deutschland)
Oscarsgate 45
0258 Oslo
Tel. 22/552010, Fax 447672

Østerriske ambassade (Österreich)
Thomas Heyftyes gate 19
0264 Oslo
Tel. 22/552349, Fax 554361

Sveitsiske ambassade (Schweiz)
Bygdøy allé 78
0268 Oslo
Tel. 22/430590, Fax 446350

Einreise

Deutsche brauchen nur einen Personalausweis oder Reisepaß. Auch für alle anderen Bürger der EU-Länder und der Schweiz genügt der Reisepaß. Kinder über 10 Jahre müssen einen eigenen Kinderausweis mit Bild vorzeigen.

Essen und Trinken

Norwegens Küche hat sich in den letzten Jahren stark verändert. Ausländische Einflüsse sind deutlich spürbar, gleichzeitig

wird Wert auf die »Küche der Natur« gelegt.
Auf den Speisekarten der preisgünstigsten Selbstbedienungsrestaurants, den *kafeterias,* finden Sie zumeist *pølser* (Würste), *karbonader* (Frikadellen), *kokt torsk* (gekochten Kabeljau), *sei* (Köhlerfisch), serviert mit *poteter* (Kartoffeln) und Gemüse. Als Nachtisch gibt's vielfach *riskrem* (sahnigen Reisbrei) mit roter Himbeer- oder Erdbeersauce, Schokoladenpudding mit Vanillesauce oder auch *vafler* (Waffeln). Wer Bier trinken möchte, erhält hier meistens nur *lettøl* (Bier mit niedrigem Alkoholgehalt) oder *alkoholfritt øl* (alkoholfreies Bier). Sie können auch ganz einfach nach einem Glas Wasser fragen. Wasser gibt's in allen Restaurants – auch in den Gourmetrestaurants – kostenlos. Bestellt man eine warme Mahlzeit, ist die Tasse Kaffee oder Tee im Preis inbegriffen.

Gourmetrestaurants
Auch wenn die norwegische Küche nicht sonderlich berühmt ist, so gibt es sie dennoch, die wirklichen Gourmetrestaurants. Mehrere norwegische Köche haben in den letzten Jahren internationale Preise gewonnen, und die Vermischung von kontinentaler Kochkunst mit norwegischen Spezialitäten ergibt vielfach recht gute Resultate. Schmackhaft ist vor allem alles, was aus dem Meer kommt. Bei Gerichten mit Fisch und Schalentieren kann man sicher sein, daß die Ware frisch ist. Bei den Fleischgerichten sollte man auf jeden Fall einmal *reinsdyr* (Rentier), insbesondere in Nordnorwegen, und *elg* (Elch) probieren.

Kaltes Büfett
Auf dem *koldtbord*, dem typisch skandinavischen kalten Büfett, findet man sehr viel Geräuchertes und Gepökeltes, vor allem von Hammel, Elch und Rentier. Hier fehlt es auch nicht an gekochtem, geräuchertem Lachs und *gravlaks*, dem typisch norwegischen leicht gesalzenen und angegorenen Lachs.
Wer Nachtisch liebt, wird hier selten zu kurz kommen. Zumeist werden Puddinge in verschiedensten Variationen, köstliche Geleespeisen und Fruchtschalen angeboten, manchmal auch verschiedene Kuchen, u.a. auch *bløtkake*, die enorm kalorienreiche Sahnetorte.

Essenszeiten
Der Begriff *middag* (Mittagessen) schafft bei Ausländern gerne Verwirrung, denn diese warme Mahlzeit wird keineswegs zur Mittagszeit eingenommen, sondern erst am späten Nachmittag und in den Hotels erst ab 18 Uhr. Zur Mittagszeit gibt's nur einen leichten *lunsj* (Lunch) mit *smørbrød*, lecker belegten Schnitten. In den Cafeterias wird trotzdem auch warmes Essen serviert, in manchen guten Restaurants ein kaltes Büfett. In den typischen Touristenhotels kann aber auch abends erst das kalte Büfett an-

geboten werden, anstelle des warmen Mittagessens. Neben den verschiedenen kalten Speisen sind immer mindestens ein bis zwei einfache, warme Gerichte zu bekommen. Nach dem *middag* steht Kaffee und Teewasser bereit. Und wer noch nicht genug von der Schlacht am kalten Büfett hat, kann sich morgens auf das zumeist sehr üppige skandinavische Frühstücksbüfett stürzen. In einigen Hotels können Sie gegen einen kleinen Aufpreis um ein Lunchpaket bitten. In den Gebirgshotels wird ein solches Paket mit belegten Broten, Ei, Obst und manchmal auch einem leckeren Salat vielfach Wanderern und Skiläufern angeboten.

Speisen- und Getränkelexikon

Agurk: Gurke
Ål: Aal
appelsinjuice: Orangensaft
asparges: Spargel
Banan: Banane
barnemeny: Kinder-Speisekarte
bjørnebær: Brombeere
blomkål: Blumenkohl
bløtkake: Sahnetorte
blåbær: Blaubeere, Heidelbeere
brennevin: Spirituosen
bringebær: Himbeere
brun saus: dunkle Sauce
brunost: brauner Käse aus Ziegen- und/oder Kuhmilch
brus: Limonade
brød: Brot
bønner: Bohnen
Dessert: Nachtisch
drikkevarer: Getränke
Egg: Ei
eggerøre: Omlett
elgsteik: Elchbraten
eplejuice/-most: Apfelsaft
eplekake: Apfelkuchen
erter: Erbsen
Fatøl: Bier vom Faß
fenalår: geräucherte Hammelkeule
fersk: frisch
finnbiff: Rentiersteak
fisk: Fisch
fiskeboller/fiskekaker: Fischklöße
fiskesuppe: Fischsuppe
flatbrød: hauchdünnes Knäckebrot
flesk: Speck
fløte: Sahne
forrett: Vorspeise
frukt: Obst
fårikål: Hammelfleisch in Kohl
Gammelost: Käse aus geronnener Sauermilch
gravlaks: leicht gesalzener und angegorener Lachs
grønnsaker: Gemüse
gulrøtter: Möhren
Hasselnøtter: Haselnüsse
havregryn: Haferflocken
helmelk: Vollmilch (3,8 Prozent Fett)
hovedrett: Hauptgericht
hvete: Weizen
hvitløk: Knoblauch
hvitvin: Weißwein
høne: Huhn
Is/iskrem: Eis/Speiseeis
Jordbær (med fløte): Erdbeeren mit Sahne
Kaffe (med sukker og fløte): Kaffee (mit Zucker und Sahne)
kake: Kuchen
kalvesteik/-stek: Kalbsbraten
kanel: Zimt

E

karbonade: Frikadelle, Bulette
kirsebær: Kirsche
kjeks: Keks
kjøtt: Fleisch
kjøttdeig: Hackfleisch
kjøttkake: Fleischbulette
knekkebrød: Knäckebrot
kokt: gekocht
kolje: Schellfisch
kremfløte: Schlagsahne
kreps: Krustentier
kryddersild: Bismarckhering
krydret (sterkt/svakt): gewürzt (stark/wenig)
kveite: Heilbutt
kulturmelk: Sauermilch
kylling: Hühnchen
kål: Kohl
kålrotstappe: Kohlrübenmus
Laks: Lachs
lammegryte: Hammeleintopf
lefse: pfannkuchenähnlicher Mehlfladen
lettmelk: Magermilch (1,5 Prozent Fett)
leverpostei: Leberwurst
lunsj: Lunch
lutefisk: gelaugter Stockfisch
løk: Zwiebel
Melk: Milch
meny: Speisekarte
molte/multe: Torfbrombeere
moltekrem: Torfbrombeeren mit Schlagsahne
morell: Süßkirsche
Nudler: Nudeln
nøtter: Nüsse
Øl: Bier
Olje: Salatöl
oppskåret: geschnitten
ørret: Forelle
ost: Käse
Pannekake: Pfannkuchen
pepper: Pfeffer
peppermynte(te): Pfefferminz(tee)
persille: Petersilie
pinnekjøtt: auf Birkenholz geräuchertes Hammelfleisch
plomme: Pflaume
poteter: Kartoffeln
pultost: Kümmelkäse
purre: Lauch
pytt i panne: gebratene Kartoffeln mit Fleisch oder Speck und Zwiebeln
pære: Birne
pølse: Wurst
Rakørret: gesalzene und angegorene Forelle
reinsdyrste(i)k: Rentierbraten
reke: Krabbe
ribbe (stekt): Rippenfleisch (gebraten)
rips: Johannisbeere
ris: Reis
riskrem: sahniger Reisbrei
rognkaker: Rogenfrikadellen
rundstykke: Brötchen
rype: Schneehuhn
rød saus: Himbeer- oder Erdbeersauce
rødbete: Rote Bete
rødspette: Scholle
rødvin: Rotwein
rømme (lett-/seter-): Sahne (halbfett/sehr fett)
rømmegrøt/-graut: saurer Rahmbrei mit Butter, Zimt und Zucker
rå: roh
Salt: Salz
sei: Köhlerfisch
sennep (skarp/mild): Senf (scharf/mild)
sild: Hering
sitron: Zitrone
sjøørret: Meeresforelle

skalldyr: Schalentiere
skarp: scharf
skinke: Schinken
skjell: Muschel
skummet melk: Magermilch (0,5 Prozent Fett)
smør: Butter
smørbrød: skandinavische, üppig belegte Schnitte
sopp: Pilz
speilegg: Spiegelei
spekemat: gepökeltes Rauchfleisch
spekesild: Salzhering
steik/stek: Braten
stekt: gebraten
sukker: Zucker
sursild: eingelegter saurer Hering
svinekjøtt: Schweinefleisch
syltetøy: Marmelade
Torsk: Dorsch
tunfisk: Thunfisch
tyttebær: Preiselbeeren
tørket: getrocknet
Valnøtter: Walnüsse
vann: Wasser
vin: Wein
Wienerbrød: Gebäckstück

Feiertage

1. Jan., Gründonnerstag (*skjærtorsdag*), Karfreitag (*langfredag*), Ostermontag (*andre påskedag*), 1. Mai, 17. Mai (Nationalfeiertag), Himmelfahrt (*himmelfart*), Pfingstmontag (*andre pinsedag*), 25. und 26. Dez.

Geld

Die norwegische Krone (NOK) besteht aus 100 Øre. Gezahlt wird mit: 50-Ørestücken und 1-, 5-, 10- und 20-Kronenstücken, außerdem 50-, 100-, 500- und 1000-Kronenscheinen. Devisen und auch Reiseschecks können unbegrenzt eingeführt werden. Von Postsparbüchern können Sie auf allen Postämtern Geld abheben. Dort können Sie ebenfalls wie in den Banken Euroschecks bis zu 1000 NOK pro Scheck einlösen. Die Benutzung von Kreditkarten ist in Norwegen sehr verbreitet, vor allem die Visa Card. In Hotels und Restaurants werden außerdem Eurocard (EC), American Express (Æ), Master Card (MC) und auch Diners Club (DC) akzeptiert.

Hotels

Im Verhältnis zur Einwohnerzahl besitzt Norwegen äußerst viele Hotels, Pensionen, Hütten und andere Übernachtungsstätten in allen Preisklassen. Private Zimmer werden teilweise direkt an der Straße mit dem Schild »Ledig rom« angeboten, in den Städten auch über die Touristenbüros vermittelt. Zu den schönsten Hotels gehören Norwegens historische Hotels, die vor allem in Westnorwegen im letzten Jahrhundert im zumeist prachtvollen »Schweizerstil« gebaut und vielfach von reichen Engländern besucht wurden. Im Gebirge findet man entweder gemütliche kleine *fjellstuer* (Gebirgsstuben) oder komfortable *høyfjellshoteller* (Hochgebirgshotels). Viele der norwegischen Hotels sind Hotelketten angeschlossen, die mit Ermäßigungen für Besitzer von Hotelschecks oder -pässen dieser Hotelketten locken. Zu den bekanntesten gehören die Ketten Best Western Hotels, Inter Nor Hotels, Rica Hotels, Rainbow Hotels und Fjord Tours.

Hütten und Ferien auf dem Bauernhof

Viele Norweger verbringen ihre Ferien in der eigenen Hütte, entweder im Gebirge oder an der Küste, vor allem an der südnorwegischen. Aber auch Ausländer können Hütten mieten. Der Komfort variiert von der einfachen Unterkunft ohne Strom bis zur Luxushütte mit Sauna und kleinem Swimmingpool. Eine Besonderheit sind *rorbuer* (Fischerhütten) entlang der Küste und vor allem auf den Lofoten. Je nach Standard und Lage muß man in der Hauptsaison mit zwischen 2000 und 10000 NOK pro Woche rechnen. Billiger ist es bis Mitte Juni und ab Mitte Aug. Auch Ferien auf dem Bauernhof werden immer beliebter.

Reservierung und Buchung:

Norsk Bondegårdferie
Postboks 99
1482 Nittedal
Tel. 67/07 23 83, Fax 07 22 65

Einige größere Hüttenvermittlungen:

Fjordhytter
Lille Markevei 13
5005 Bergen
Tel. 55/23 20 80, Fax 23 24 04

Norsk Hytteferie
Boks 3404 Bjølsen
3404 Oslo
Tel. 22/35 67 10, Fax 71 94 13

Norway Apartments
Eugeniesgate 23
0168 Oslo
Tel. 22/60 36 66, Fax 60 55 06

Sørlandets Hytteutleie
Kongsgård allé 59
4632 Kristiansand
Tel. 38/09 25 50, Fax 09 05 26

Jugendherbergen auch für Erwachsene

Norwegens Jugendherbergen sind im Vergleich mit einigen Herbergen im deutschsprachigen Raum äußerst komfortabel. Hier übernachten auch Erwachsene, mit und ohne Kinder, viele kommen mit dem Auto, und wer möchte, kann zumeist auch ein Einzel-, Doppel- oder Familienzimmer mit WC-/Dusche bekommen. Einzelzimmer kosten zwischen ca. 100 und 350 NOK, Doppelzimmer für zwei Personen ca. 160 bis 450 NOK. Ansonsten kostet das Bett im Zwei- bis Vierbettzimmer zwischen 65 und ca. 165 NOK (mit Frühstück). Mitglieder von Jugendherbergsverbänden bezahlen 20 NOK weniger. Kinder zwischen 4 und 14 Jahren, die mit ihren Eltern reisen, erhalten 50 Prozent Ermäßigung. Wenn das Frühstück nicht schon im Preis inbegriffen ist, kostet es 40 bis 60 NOK, warmes Abendessen zwischen 70 und 100 NOK. Anschrift des norwegischen Jugendherbergsverbandes:

Norske Vandrerhjem
Dronningensgate 26
0154 Oslo
Tel. 22/42 14 10, Fax 42 44 76

Jedermannsrecht

Norwegen ist eines der wenigen europäischen Länder, in denen man immer noch wild zelten kann, vorausgesetzt man tut dies mindestens 150 m vom nächsten Haus entfernt oder nach Absprache mit dem Grundbesitzer. Seitdem Norwegen aber immer mehr von wohnmobilfahrenden Touristen besucht wird, ist das wilde Campen auf vielen öffentlichen Rastplätzen verboten worden. Camper sowie Wohnwagen- und Wohnmobilfahrer werden nunmehr gebeten, die Campingplätze zu benutzen. Das Jedermannsrecht erlaubt im Prinzip jedoch allen, sich überall frei zu bewegen und Beeren und Pilze zu sammeln, doch dabei darf die Natur nicht beeinträchtigt oder zerstört werden. Für Moltebeeren bestehen in Nordnorwegen gewisse Einschränkungen. Vom 15. Juni bis 15. Sept. ist es außerdem verboten, Vogelschutzgebiete zu betreten und offenes Feuer zu machen.

Klima und Reisezeit

Wenn die Tage im Juni und Juli am längsten sind, dann ist in Norwegen auch die beste Reisezeit mit warmen Tagen bis zu plus 25 Grad, wenig Regen und teilweise auch schon recht brauchbaren Badetemperaturen. Von Ende Juni bis Mitte Aug. haben aber auch die Norweger Ferien. Wer früher kommt, muß vor allem im Gebirge noch mit Schnee rechnen. Ab Mitte Aug. kann es bereits schon wieder kühl werden. Wunderschön ist aber auch der Spätsommer mit der beginnenden Laubfärbung im Gebirge. An der Südküste und südlich von Stavanger beginnt das Frühjahr bereits schon Ende März, in Ostnorwegen meist erst Ende April, und im Gebirge und in Nordnorwegen oft nicht vor Ende Mai. Ins Reisegepäck gehören sowohl die Badehose und dünne Kleidung als auch ein dicker Pullover und Regenzeug. Im Winter ist es am schönsten im Februar und März. Dann sind die Tage schon wieder länger, die kältesten Perioden vorbei, aber der Schnee ist immer noch pulvrig. Vermeiden Sie die letzte Februarwoche – dann haben die Norweger Winterferien – und die Osterwoche, denn dann ist es überall recht voll und teuer.

Literatur und Karten

Ahrens, Claus: »Frühe Holzkirchen im nördlichen Europa«, Hamburg (Helms-Museum Nr. 39), 1982

Askildsen, Kjell: »Eine weite, leere Landschaft«, Mönkeberg (W. Butt Verlag), 1992

Gaarder, Jostein: »Sofies Welt«, München (Hanser Verlag), 1993

Die genauen Klimadaten am Beispiel von Lillehammer

	Durchschnittliche Temperaturen in °C		Sonnenstunden pro Tag	Regentage
	Tag	Nacht		
Januar	-5,7	-12,1	1,1	9
Februar	-3,7	-11,4	2,0	7
März	1,7	-7,6	4,4	5
April	8,0	-1,8	6,3	7
Mai	14,7	3,1	7,1	6
Juni	19,5	7,8	8,0	11
Juli	21,6	10,5	7,6	13
August	19,6	9,2	6,6	11
September	14,2	5,0	4,5	10
Oktober	7,0	0,5	2,6	9
November	0,5	-4,1	1,3	9
Dezember	-2,9	-8,2	0,5	11

Quelle: Deutscher Wetterdienst Offenbach

Hamsun, Knut: »Benoni«, München (dtv), 1990

Ibsen, Henrik: »Die Wildente«, Stuttgart (Reclam)

Schroth-Jakobsen, Anja: »Ein Reisebuch – Norwegen«, Hamburg (Ellert & Richter Verlag), 1991

Staalesen, Gunnar: »Bittere Blumen«, Mönkeberg (W. Butt Verlag), 1993

Storsletten, Ola: »Stabkirchen Norwegens. Meisterwerke nordischer Baukunst.«, Freiburg (Herder Verlag), 1993

Undset, Sigrid: »Kristin Lavranstochter«, Freiburg (Kerll Verlag), 1995

Wassmo, Herbjœrg: »Das Buch Dina«, München (Paul List Verlag), 1992

Karten

Autokarte 1:1 000 000, Bilkart over Norge, 12,80 DM.

Norwegen-Karte in fünf Blättern:

1. Südlich von Oslo und Bergen, 2. Westnorwegen Gebirge, Nordnorwegen, 3. Møre og Romsdal, Trøndelag, 4. Nordland mit Lofoten, Teile von Troms, 5. Rest Troms und Finnmark. Karten 1 bis 3: Maßstab 1:325 000, 4 bis 5: Maßstab 1:400 000, je 16,80 DM.

Für Wanderer: topographische Karten im Maßstab 1:50 000 bis 1:100 000, erhältlich beim DNT (Adresse → Sport, Wandern und Bergsteigen) oder bei:

NORDIS Buch- und Landkartenhandel
Postfach 100 343
40767 Monheim
Tel. 0 21 73 / 5 66 65, Fax 5 42 78
(Lieferung gegen Rechnung)

Medizinische Hilfe

Abgesehen von einem Eigenanteil von ca. 100 NOK bei öffentlichen Ärzten übernimmt die norwegische Krankenkasse die Arztrechnung, vorausgesetzt, man legt das Formular »E111« der hiesigen Krankenkasse vor. Privatärzte und private Ärztezentren sind wesentlich teurer. Zahnarztrechnungen muß man wie die Norweger selbst bezahlen. Privatversicherte benötigen weiterhin eine Privatversicherung. Die Nummer des Notfallarztes oder der Notfallpraxis finden Sie unter *legevakten* im Telefonbuch, ansonsten stehen die Ärzte bzw. Zahnärzte unter *leger* bzw. *tannleger* im Branchenverzeichnis.

Notruf

Feuerwehr (*brann*): 110
Polizei (*polit*): 112
Krankenwagen (*medisinsk nødtelefon*): 113

Post

Die Postämter sind in den Städten zumeist Mo–Fr 8.15–17, im Sommer 8.15–16.30 und Sa 8.15–13 Uhr geöffnet. In kleineren Ortschaften muß man mit kürzeren Öffnungszeiten rechnen. »Post restante« ist in den meisten Postämtern möglich, außerdem können Sie überall vom Postsparbuch Geld abheben.

Radio und Fernsehen

An Norwegens Südküste, in den Gebieten um Oslo und Stavanger und in teureren Hotels findet man zumeist Kabelfernsehen mit zahlreichen ausländischen Programmen, auch deutschen, vor. Ansonsten gibt es mehrere private norwegische und skandinavische Kanäle, zwei schwedische Kanäle und den Fernsehkanal von Norwegens staatlicher Rundfunk- und Fernsehgesellschaft NRK. Sie unterhält auch drei Radiokanäle, auf denen keine Werbung gesendet wird. Filme werden in der Originalsprache mit Untertiteln gezeigt.

Ist man erst einmal so weit gekommen, läßt man es sich nicht nehmen, vom Polarkreis einen Gruß nach Hause zu schicken

Sport

Angeln

Norwegens Flüsse sind reich an Lachsen, Forellen und Saiblingen. In den Lachsflüssen ist Saison meist vom 1. Juni–15. Sept. Für das Angeln in Seen und Flüssen benötigt man eine *fiskeavgiftskort* (staatl. Angellizenz), die man bei der Post für 180 NOK, in Gebieten mit zeitlicher Begrenzung für 90 NOK kaufen kann. Außerdem muß eine lokale *fiskekort* (Angelkarte) erstanden werden. Verkauf in Touristenbüros, Hotels, Pensionen und Sportgeschäften sowie auf Campingplätzen und an Tankstellen. Zum Lachsangeln werden oftmals recht teure Tageskarten verkauft. Es ist verboten, Angelnetze und Krebsfangausrüstungen aus dem Ausland einzuführen, um zu verhindern, daß sich die Krebspest in norwegischen Gewässern verbreitet.

Baden

Obwohl die Badetemperaturen selten 18–20 Grad übersteigen: Zahlreiche saubere Badeseen laden zum Sprung ins kühle Naß ein. Baden im Meer, vor allem entlang der Südküste, und auch in den Fjorden.

Golf

Golf wird auch in Norwegen immer beliebter. An der Südküste und im Osten des Landes sind in den letzten Jahren mehrere Golfplätze angelegt worden.

Kanu und Kajak
Norwegens Flüsse und Seen eignen sich gut zum Paddeln. Erkundigen Sie sich aber vorher, ob es sich bei dem von Ihnen gewählten Gewässer um ein reguliertes Gewässer handelt. Falls dies der Fall ist, müssen Sie mit schwankenden Wasserständen rechnen. Am beliebtesten sind die Seen Femunden und Isteren südlich von Røros, schön ist es aber auch auf den Kanälen. Tips und Tourenbeschreibungen findet man in der englischen Ausgabe des Buches »Elvepadling« des norwegischen Paddelverbandes:

Norges Padleforbund
Hauger skolevei 1
1351 Rud
Tel. 67/154600, Fax 133335

Radfahren
Norwegen ist ein gebirgiges Land. Für längere Touren ist daher eine gute Kondition erforderlich. Wer Pässe überqueren will, sollte bis Juni warten. Nehmen Sie wasserdichte Taschen, Regenschutz, Gummistiefel, Ersatzschläuche, einen Ersatzreifen und eine Lampe für die unbeleuchteten Tunnels mit. Achtung, manche Tunnels sind für Radfahrer gesperrt!

Rafting/Wildwasserfahren
Auf mehreren Flüssen kann man an Wildwasserfahrten teilnehmen. Da immer mal wieder Unfälle passieren, sollte man sich nur einem autorisierten Rafting-Unternehmen anvertrauen.

Segeln
Norwegens zerklüftete Küste mit ihren vielen Schären und Holmen ist ideal zum Segeln, erfordert aber auch einiges Können. Beliebt sind vor allem der Oslofjord und die Südküste. Gute Seekarten (Maßstab 1:50000 bis 1:100000) gibt Norges Sjøkartverk heraus. Alle Küstenstrecken sind mit dem IALAA-System markiert. Über Nacht können Sie in rund 120 Gästehäfen anlegen. Tips gibt das Buch »Gästehäfen in Norwegen« vom Verlag Nortrabooks. Wer mit dem eigenen Segelboot oder einem geliehenen Boot aus dem Ausland kommt, muß es in einem Zollhafen anmelden.

Norges Sjøkartverk
Postboks 60
4001 Stavanger

Skilaufen: Langlauf und Alpin
Wer lange Alpinabfahrten sucht, sollte eher in die Alpen fahren, obwohl Norwegen einige recht gut ausgebaute Skizentren besitzt, z. B. in Trysil, Geilo, Hemsedal, Oppdal. Langläufer kommen jedoch voll auf ihre Kosten. Abgesehen vom Küstenbereich findet man überall Loipen, sogar in den Städten, wo sie vielfach beleuchtet sind. Besonders schön sind die Loipen auf den Gebirgshochflächen. Hier ist es nicht so überfüllt, und man sollte ein wenig Kondition mitbringen und die norwegischen *fjellregler* (Gebirgsregeln) beachten. Das Wetter kann schnell umschlagen, daher ist es ratsam, auch bei kürze-

ren Touren gegen Unwetter und Kälte gewappnet zu sein und im Rucksack einen Spaten, mit dem man sich im Notfall eine Schneehöhle schaufeln kann, mitzunehmen. Zur Osterzeit kann man mit den Langlaufskiern von Hütte zu Hütte des Norwegischen Gebirgswandervereins (DNT; → Wandern und Bergsteigen) wandern. Breitere Tourenskier sind hierfür erforderlich. Der Verein gibt Tips über Routen und organisiert Skitouren.

Wandern und Bergsteigen
Außer im Sommer trifft man im norwegischen Gebirge beinahe keine Menschenseele beim Wandern. Übernachten kann man in den Hütten des Norwegischen Gebirgswandervereins, die teils bewirtschaftet, teils auch nur für Selbstversorger gedacht sind. In letzteren können nur DNT-Mitglieder übernachten, während die anderen Hütten auch von Nichtmitgliedern gegen einen Aufpreis – und solange Platz ist – genutzt werden können. Die Jahresmitgliedschaft im DNT kostet für Erwachsene 290 NOK, für Jugendliche 155 NOK und für jedes weitere Familienmitglied 95 NOK. Der DNT veranstaltet Wander-, Gletschertouren und Kletterkurse, gibt Tips und verkauft Karten.

Den Norske Turistforening (DNT)
Postboks 1963 Vika
0125 Oslo
Für Besucher: Stortingsgate 28
Tel. 22/83 80 40, Fax 83 24 78

Für Abenteuerlustige ein eisiges Vergnügen: Gletscherwanderung auf dem Jostedalsbreen, die aber nur unter kundiger Führung unternommen werden sollte

Sprache

Norwegens zwei Amtssprachen, das vor allem in Ost- und Nordnorwegen verbreitete *bokmål* (Buchsprache) und das im 19. Jh. in Westnorwegen geschaffene *nynorsk* (Neunorwegisch), findet man auf allen öffentlichen Formularen, und sie werden auch nach einem bestimmten Verteilungsschlüssel im staatlichen Rundfunk und Fernsehen abwechselnd gesprochen. In Nordnorwegen ist bei den Samen auch die samische Sprache als offizielle Sprache anerkannt. Als Ausländer empfiehlt sich Englisch, aber auch Deutsch.

Stromspannung

Die Stromspannung in Norwegen beträgt 220 Volt. Deutsche Stecker passen.

Telefon

Von öffentlichen Telefonzellen aus wird mit 1-, 5- und 10-Kronenstücken gezahlt, teilweise auch mit Telefonkarten, die Sie u. a. in Narvesen-Kiosken erhalten. Telegrafenämter sind zumeist nicht im gleichen Gebäude wie die Post untergebracht.

Vorwahlen ins Ausland:
N → D 0049
N → A 0043
N → CH 0041
Vorwahl nach Norwegen:
D, A, CH → N 0047
Telefonauskunft (Ausland): 181
Telefonauskunft (Skandinavien): 180
Bestellung von Gesprächen ins Ausland: 115

Tiere

Es gelten sehr strenge Einreisebestimmungen für Hunde und andere Haustiere. Erkundigen Sie sich vor Ihrer Reise genau bei der norwegischen Botschaft über die derzeit geltenden Regeln.

Trinkgeld

Keiner kann es fordern, aber in Restaurants und vom Taxifahrer wird normalerweise ein Trinkgeld von 5–10 Prozent erwartet. Bei gutem Service gibt man auch Führern und Hotelpersonal ein kleines Trinkgeld.

Zeitungen und Zeitschriften

Die Norweger sind Zeitungsleser, und neben dem Lokalblatt lesen viele auch noch eine der großen überregionalen Zeitungen »Aftenposten«, »Dagbladet« oder »VG«. In diesen drei Zeitungen findet man auch das Kino-, Konzert- und Theaterprogramm Oslos. An den Zeitschriftenkiosken der Narvesen-Kette (gekennzeichnet durch ein großes »N«) bekommt man auch deutsche Zeitungen und Zeitschriften.

Zeitverschiebung

Es gilt die gleiche Zeit wie in Deutschland.

Zoll

Solange Norwegen noch kein Mitglied der EU ist, gelten folgende Einfuhrbeschränkungen: Reisende über 16 Jahre dürfen bis zu 200 Zigaretten bzw. 250 g Tabak zollfrei einführen. Ist man 20 Jahre und älter, darf man 2 l Wein bzw. 1 l Wein und 1 l Spirituosen, außerdem 2 l Bier zollfrei einführen.
Es ist verboten, frisches Fleisch, Milchprodukte, Eier, Kartoffeln, Tiere (siehe oben) und Pflanzen, Waffen, Ausrüstungsgegenstände für den Krebsfang und Angelnetze nach Norwegen mitzunehmen.

Register

Hier finden Sie die in diesem Band beschriebenen Orte, Ausflugsziele, Sehenswürdigkeiten sowie wichtige Persönlichkeiten. Wird ein Begriff mehrfach aufgeführt, verweist die **fett** gedruckte Zahl auf die Hauptnennung. Die Buchstaben-Zahlen-Kombinationen verweisen auf die Planquadrate der Karten in den vorderen und hinteren Umschlagklappen. *Kursive* Zahlen beziehen sich auf Abbildungen. Im Norwegischen stehen die Buchstaben å, æ, ø am Ende des Alphabets.

M = Der gute Tip von MERIAN

Die Autorin dieses Buches

Anja Carstanjen Schroth, geb. 1957 in Stuttgart, studierte Journalistik, Germanistik, Skandinavistik und Betriebswirtschaft in der Schweiz und in Oslo. Seit 1979 lebt sie in Norwegen. Sieben Sommer lang reiste sie mit deutschen Touristen durch ihre neue Wahlheimat, arbeitete jahrelang als Auslandskorrespondentin für deutsche Medien, als Journalistin in Norwegen, außerdem als Übersetzerin und verantwortliche Redakteurin und Layouterin einer Informationszeitung der Stadt Oslo.
Im Laufe dieser Jahre sind auch mehrere Reiseartikel und Reiseführer und eine Anthologie über Norwegen entstanden. Für das MERIAN-Heft »Norwegen« schrieb sie das Serviceheft »WIE WO WAS« und für MERIAN live! den Band *Norwegen*. Seit Januar 1995 lebt und arbeitet sie als freie Journalistin, Autorin und Übersetzerin.

Fotonachweis

Udo Haafke 94
Axel Mosler 7, 10, 12, 15, 18, 31, 53, 54, 57, 58, 59, 61, 63, 64, 70, 71, 79, 80, 84, 89, 92, 97, 98, 105, 109, 113, 116, 119, 129, 135, 138, 143, 152, 153, 157, 160, 170, 171, 174, 184, 185, 198, 200, 206, 207, 216
Dirk Schröder 14, 19, 24/25, 26, 34, 35, 40, 44/45, 46, 51, 126, 141, 149, 159, 192/193, 194, 201, 214/215, 218, 220, 230, 232
Ernst Wrba 14/15, 76